日本最新
商法典
译 注 详 解

第二版

刘成杰 著　柳经纬 审校

中国出版集团
中译出版社

图书在版编目（CIP）数据

日本最新商法典译注详解 / 刘成杰著. -- 2版. -- 北京：中译出版社，2021.4
　　ISBN 978-7-5001-6641-2

Ⅰ. ①日… Ⅱ. ①刘… Ⅲ. ①商法－法典－法律解释－日本 Ⅳ. ① D931.339.9

中国版本图书馆 CIP 数据核字（2021）第 055926 号

出版发行 / 中译出版社
地　　址 / 北京市西城区车公庄大街甲 4 号物华大厦 6 层
电　　话 / 010-68359719
邮　　编 / 100044
电子邮箱 / book@ctph.com.cn
网　　址 / www.ctph.com.cn

出 版 人 / 乔卫兵
策划编辑 / 刘香玲
责任编辑 / 张　旭
助理编辑 / 赵浠彤　陈　芳

装帧设计 / 潘　峰
内文制作 / 浩文博学

印　　刷 / 北京玺诚印务有限公司
经　　销 / 新华书店

规　　格 / 880 毫米 ×1230 毫米　1/32
印　　张 / 11
字　　数 / 280 千
版　　次 / 2021 年 4 月第 1 版
印　　次 / 2021 年 4 月第 1 次

ISBN 978-7-5001-6641-2　定价：68.00 元
版权所有　侵权必究
中　译　出　版　社

第二版说明

《日本商法典》自1899年颁布120年间，已历经50余次修订；但现行"商法典"第二编商行为中关于运输的规定及第三编"海商法"部分，从未曾进行过实质性修订。2018年5月25日，日本公布《商法典及国际海上货运法的修订案（2018年第29号法）》，并确定该修订案自2019年4月1日起生效。此次修法，对商法典运输和海商相关规定进行了大幅修订，堪称实质性修改。同时，将商法典中尚遗存的以片假名方式书写的条款，全部修订为现代用语。

本次修法实质性修订之处较多，择其新规阐述如下：

一、构建通用于运输领域的新规则

日本商法典颁行年代较为久远，运输部分仅对一个世纪前较为常见的陆运、海运进行了规定；但社会发展至今日，航空运输及涵盖陆运、海运、空运等方式的联合运输方式，已经较为普遍，现行法已经明显脱节。本次修订中，由于现代社会交通运输的实际情况，日本立法构建了适用于包括陆路运输、海上运输、航空运输和联合运输等一般运输的通用规则：

首先，商法典新规则适用于空运和联运。反复处理大量货物，是运输业最显著的特征。基于此，此次修订中新增了一些特殊规定，进一步厘清了运输中的法律关系，更有利于保障了运输业高效和良性的发展。其次，新增联运特别规定。运输合同中，一旦货物损坏，就会涉及承运人损害赔偿问题。由于联合运输融合陆、海、空等不同方式，出现物品损坏时，损害赔偿责任的认定就相对复杂。需要确定货物损坏于哪个运输环节，或者无法明确哪个运输环节时，应当分别依照什么规则对承运人提出损害赔偿请求。按新修订的规定，能够明确货物损坏于某个运输环节时，直接适用该运输环节的规则；反之，则适用一般运输的通用规则。

二、新增客运承运人免责的特别规定

日本商法典中的"运输"，货运之外还包括客机、出租车、渡轮等交通工具的客运。本次修订前，出现人身或生命侵害时，商法典未规定客运承运人的免责条款。因此，客运实践中，存在承运人要求妊娠期乘客签署书面保证书，承诺乘船中出现问题不得向承运人索赔等情况。为杜绝此类现象，防止承运人对损害赔偿进行不合理限制，在本次修订中，作为一项通用规则，规定：除个别特殊情况外，旅客在运输过程中发生意外伤害等生命、身体受侵害时，减轻或免除承运人损害赔偿责任的特殊约定原则上将视作无效。

三、新增承运人责任的统一化规定

商法典本次修订中，新增第587条准用性规定，明确了承运人侵权责任认定及担责的相应规则。按本条规定，承运人对于托运人责任收货人的侵权损害赔偿责任，准用商法典第576条确定损害赔偿额、第577条贵重物品运输的特殊规定、第584条及第585条关于责任消灭和诉讼时效的规定，新的规定统一了承运人的责任范围，比较法视野下也更符合世界立法趋势。此外，新的规定还消除了契约责任和侵权责任之间可能存在的实践落差。按照日本法院判例传统，因承运人故意或重大过失，造成托运人、收货人损失时，承运人应承担债务不履行责任和侵权责任。发生请求权竞合时，若存在减免承运人责任的规定或双方约定，则侵权责任原则上将不适用。换言之，按日本传承判例，此时基于两种不同的请求权对承运人追责时，会产生不同的法律后果；但根据修订后的规则，弥合了可能存在的明显差异。

四、修订承运人责任消灭期间

社会发展日新月异，与过去相比，运输业的流通量显著增加，相应地承运人的货运量也越来越巨大。按日本修订前的商法典规定，承运人最长责任期间是5年，这显然已经不适用于现代物流业的发展形式。此次修订，从承运人需处理大量货物的风险管理视角，着眼货运业的持续健康发展，修订了原有规则，规定承运人在所运货物受损等情况下的赔偿责任，至货物交付于指定收货人后一年内消灭。换言之，与原规定中所采用的"消灭时效"制度不同，此次修订时，采用"除斥期间"制度作为承运人责任消灭的制度。当法定期间经过，权利消失责任自然消灭，不再存在所谓期间的暂停或重新计算。

总之，商法典颁布百余年来，本次因应日本社会经济形势的发展变化，围绕运输法制的修订，无论是内容还是形式上，都称得上实质性修订。本次修订中较多借鉴了《海牙—维斯比规则》及《国际海上货物运输法》，尤其运输总则的制度设计较多参考了后者的相关规定，是非常值得肯定的。此次修法后，日本运输法制正式走向体系化道路，运输法领域从原有的分散化立法方式，构建成为"一般法"统领"特别法"的立法架构。其实，此种采用一般法与特别法结合的模式，与我国现行的运输法制立法模式类似。我国合同法规定了一般运输规则，通过民航法、铁路法及海商法等特别法，规定了航空运输、铁路运输及国际海上运输的特别规则。但从立法理念而言，日本商法典此次设立运输总则的立法经验，值得我们借鉴。

初版序

日本商法典于1899年6月16日正式颁行，经过百年来多次的修订，已发生了相当大的变化，足以称得上是一部具有独特风格的商法典。研习这样一部变化了的商法典，对于进一步完善我国商事法律制度及促进我国商法学的发展，显然是有益的。

我国民商立法究竟应当采用何种模式，自民国初年争论至今，尚未达成共识。在"民商合一"和"民商分立"之外，近年来又有学者提出超越这两种传统模式的"第三条路"，主张制定"商法通则"（王保树：《商事通则：超越民商合一与民商分立》，载《法学研究》2005年第1期）。在传统意义上，日本采取了典型的"民商分立"模式，但历经多次修订后，尤其是经过2005年的修订，现行之日本商法典已非昔日之日本商法典。其编目仅余三编，即第一编"总则"、第二编"商行为"及第三编"海商"。从形式上来看，其虽仍名为"典"，但从内容来看，如抛却第三编关于海商的规定，其与我国学者主张的"商法通则"颇有相似之处。因此，对日本最新商法典的翻译及研究的现实意义尤为明显。

本书仅对日本商法典的第一编"总则"及第二编"商行为"逐条进行了学术性注解。第三编"海商"，在我国对应的是独立的《海商法》，本书不做译注。

关于本书的内容，还有几点须向读者说明：

第一，在对条文进行翻译及学术性注释中，本书对日本商法典上一些重要法律术语进行了全面的介绍、分析，并重点对这些重要术语的中译方式进行了细致的考证，如书中对日本商法典上的"交互計算""塲屋""商業使用人""支配人""組合""相場"及"船荷証券"等术语的中译方式进行了精细的考证。相信这些考证能够在一定程度上对我国的中日商法的比较研究有所裨益。

第二，本书的学术性注解不单是观点的罗列与资料的堆积，更多的是在分析的基础上通过梳理学者观点以及日本法院的典型判例解释条文内涵或立法本意，使读者能够读有所获，能够对日本商法典的具体规定知"其然"及知其"所以然"。

第三，书中对一些重要法律制度及法律术语均于注释中标注了日文原文及较为权威的英译。同时，本书附录中还专门制作了中日英对应的法律专业术语对译表，相信这些细致的工作能够更为准确地向读者传递日文原文的含义，且方便读者核对。

本书由成杰主译完成，成杰具有日语和法学双重专业背景，这对于从事比较法学研究来说应该是很有利的。

柳经纬

引　言

一、日本商法典的沿革及现状

　　幕府时期以及之前的日本，因受儒家重农抑商思想的影响，在国家政策层面一直以发展农业为优先国策，商业一直处于较低层次，因此，很长一段时间日本并无国家层级的商事立法，商事交易通常由商习惯调整。直至1867年德川幕府还政于朝廷、日本开始明治维新时起，即日本由封建社会开始向近代民主社会转型后，日本才正式出现现代意义上的企业组织、商事活动及商事立法。

（一）日本"旧商法典"的制定及废止

　　明治维新开始后，随着维新效果的显现，深受西方列强欺凌的日本政府开始重视商业发展的重要性，也逐渐认识到商事立法的必要性。1872年《日本国立银行条例》、1875年《股票交易所条例》及之后的《汇票本票条例》三条例的制定，标志着日本正式出现近代意义上的商事立法。但是，此三项商事立法也仅为零散的应急性立法，并不能有效因应及进一步促进日本明治维新后经济的发展，也不可能满足日本富国强民的良好愿望。

　　于是，日本政府继1873年聘请法国法学家G.E.波斯桑纳德（G.E.Boissonade）作为立法顾问制定日本民法典后，于1881年4月开始委托德国法学家、经济学家H.Roesler起草日本商法典。

H.Roesler在参酌法国商法典体例的基础上,以德国商法为母法,于1884年1月完成法律草案的拟定。该草案于1890年由日本元老院通过并颁布,史称"旧商法典"。该法典共三编1064条,第一编为"商通则",主要内容包括商事公司、商事合同、货运行纪商、货运承运人、买卖、保险、票据及支票等;第二编为"海商";第三编为"破产"。

旧商法典原定于1891年1月1日正式实施,但由于受到实务界"过度模仿外国立法而无视本国习惯"的指责,以及学界提出的该法典内容与颁布施行的民法典存在冲突等原因,法典的大部分内容被延期施行,仅其中的公司、票据及破产三部分规定被准许自1894年7月1日起正式施行。虽几经修改该法典全部内容于1898年7月1日被颁布施行,但其正式实施仅历经一年,便在日本法制史上有名的"法典论争"[1]中遭到废止。

(二)日本"新商法典"的制定及修改

由于上述旧商法典在制定及施行中均遭到了强烈的质疑与批判,日本政府迅速设立了以当时首相伊藤博文为委员长的法典调查委员会,负责起草商法修正案;由以梅谦次郎、冈野敬次郎、田部芳三名法学家为中心起草新的商法草案,经梅谦次郎、著名比较法学者穗积陈重及富井政章进一步审定后,形成正式的商法法案报送日本帝国议会审议。该法案于1899年由日本帝国议会通过,并于同年6月16日开始正式实施,日本法制史上的"新商法典"正式诞生(现行《日本商法典》),前述"旧商法典"同时废止。新商法典无论体

---

[1] 由于日本旧商法典及旧民法典分别由德国人及法国人起草制定,两法典颁布后均遭到了无视本国国情的严厉批判;围绕日本旧商法典及旧民法典实施与否,日本法学者于1890年及1892年展开了两次较大规模的大辩论,并分别产生了支持法典实施的"施行派"与主张推迟施行的"延期派"。

例还是内容均取法《德国商法典》，属于典型的大陆法系法典；法典共分五编689条，分别为第一编"总则"、第二编"公司"、第三编"商行为"、第四编"票据"及第五编"海商"。

至2021年，日本"新商法典"，即现行商法典已历经百余年历史；百余年间，为因应日本经济发展状况，该商法典已经历近五十次修改。不过，除1934年因票据法及支票法的单行法化以及第四编关于票据的规定被废止外，截至2005年，日本将法典第二编剥离单独制定公司法典，此数十次的修改主要集中于第二编公司法部分。百余年间的数十次修改，真正涉及商法总则及商行为法内容部分的修改仅有四次：一是1938年商法典修改。此次修改就总则部分的"虚假登记事实的效力""禁止使用使人误认为是其他商人的名称"及"名义借用"等与商号相关的制度作出了详细的规定；此次修改中，商行为编部分的内容也经历了不同程度的修订。二是1974年商法典修改。主要就商业账簿制度及资产评估等准则作出了规定。三是2005年伴随公司法单行法化，商法典中总则及商行为编的规定经历了较大幅度的修订；作为形式上的修改，现行商法典的总则部分及商行为编的前四章均修订为现代语，此外，个别章节在此次修改中追加了章节名称；作为内容方面的修正，主要集中在商业账簿、商业登记、商号制度以及其他个别条文的追加及修改。[1] 四是2008年5月30日日本国会通过了新的保险法，商法典商行为编第十章规定的所有有关保险的规定，于2010年4月1日新保险法正式生效时同时废止。此外，2006年日本制定了新的信托法，日本商法典随之于第502条营业性商行为中，追加了第13项"信托行为"作为营业性商行为

---

[1] 其中，商业账簿相关规定经修改整合后仅保留了第19条这一条，1938年商法修改时追加修订的内容基本悉数删除；商业登记相关规定修改后也仅剩3条，具体规定基本均委付于单行的商业登记法。

的新类型。2018年修订,对商法典运输和海商相关规定进行了数十年来的首次大幅修订,堪称实质性修改;同时,将商法典中尚遗存的以片假名方式书写的条款,全部修订为现代用语。

(三)日本现行商法典的现状及适用

经过2005年、2006年及2008年三次修订,尤其商法典第二编移除并制定单行的公司法后,日本现行商法典的编目仅余三章,即第一编"总则"、第二编"商行为"及第三编"海商"。现行法典第一编"总则"部分,主要就商法适用关系通则、作为商法典基础性制度的商人制度、商人营业公示制度以及商业雇员、商号、商业账簿和代理商等商人营业中必要的人力性及物质性要素作出了规定。第二编"商行为"部分,首先,规定了商法典支撑性制度的商行为制度以及若干通则;其次,就商事买卖、居间营业、行纪营业、货运行纪营业、运输营业、保管以及往来账和隐名合伙等商人营业相关的特别制度作出了规定。第三编"海商"部分,重点规定了海运营业的人力性与物质性要素及海运商事活动的若干特殊制度。

经2005年商法典修改及公司法单行后,日本商法典第一编虽仍名为"总则",但就适用范围而言,此"总则"已非2005年商法修改前的"总则"。2005年日本商法典修改前,商法典"总则"部分的规定与"商行为"及"海商"部分的规定均适用于所有的商人,但根据现行商法典第11条第1款之规定,现行商法典总则部分第11—31条的规定,仅适用于公司及外国公司以外的商人。[1]不过,由于日本公司法典第5条明确规定了公司及外国公司"作为事业(Business)实施的行为以及为事业实施的行为均为商行为",故现

---

[1] 新制定的公司法典中单独规定了"公司法总则"(日本公司法典第6—24条),特别就公司商号、公司雇员、公司的代理商以及公司事业转让时的竞业禁止等作出了专门规定;由于特别法优于一般法,公司法的特别规定当然优先适用于公司。

行商法典第二编"商行为"及第三编"海商"部分的规定均适用于公司的商事交易及经营行为。

因此,概括而言,经2005年商法典修改后,日本现行商法典第一编"总则"中第1—10条规定的内容,适用于所有商人,但对公司及外国公司而言仅能作为补充性规定,即当公司法典无具体规定时作为商法优先顺位的法源适用于公司及外国公司;而"总则"中的第11—31条的规定,如前所述,仅适用于公司及外国公司以外的一般商人;第二编"商行为"及第三编"海商"部分的规定则无条件适用于包括公司在内的所有商人。

(四)日本商法的法源

如前所述,日本"新商法典"自1899年颁行以来,百余年中经历了数十次修改,但处于商事交易指引地位的"总则"及"商行为"部分,却并未经历过太大规模的修正。其实,这不是因为日本早期立法者具有过人的长远眼光,更不是因为日本商事交易未出现新的交易形式或商行为类型,事实上,针对许多实务中出现的现实问题,大量单行商事法的制定以及日本较为成熟的判例制度,极大地缓解了商法典"总则"及"商行为"部分修改的迫切性;同时,日本在法治化进程中形成的一套相对完备的法源适用体系,亦是功不可没。

对于日本单行法及判例制度,在此不赘述,欲就日本商法上的法源做进一步探讨。与我国相似,对于如何理解或认识商法的法源,即如何看待实质商法的存在形式或商法的构成,日本商法学上存在分歧。但总体而言,除对如何定位判例、学说及法理的法源性,学术界存在争议外,通常观点均认为,商法法源包括商事制定法、商事条约、商习惯及商事自治法四类,尤其是商事制定法、商事条约、商习惯的法源性质已不存在争议。[1]具体而言，作为日本商法上法源的商事制定法、商事条约、商习惯及商事自治法的内涵如下：

1.商事制定法。作为商事活动最重要的规范，日本商事制定法主要分为两个层面：第一层面当然是作为形式意义商法的现行商法典；第二层面则是商法典之外的商事制定法。这个层面的制定法较为广泛，首先，是商法典的附属法律法规，如商法施行法、商法施行规定、商业登记法等；其次，是本身具有一定程度的独立性，主要对商法典的原则性规定起到补充、变更等作用的单行特别法，如与日本商法典总则存在密切关系的不正当竞争防治法，与"商行为"编关系密切的商品交易所法、信托业法、银行法、外汇外贸法、铁路事业法、消费者合同法等单行法；最后，与公司相关的公司法、证券交易法及附担保公司债信托法等独立性相对较强的单行法，也属于典型的商事制定法范畴。

2.商事条约。作为日本商法法源的商事条约，主要包括两类：一是指一些经日本国会通过后直接以国内法形式生效的条约；二是一些无须国内法具体化，本身即具有自动执行效力（self-executing）的条约，如《统一国际航空运输某些规则的公约》及《蒙特利尔议定书》等国际性条约。

3.商习惯。日本现行商法典第1条第2款规定中的"本法没做规定的事项遵照商习惯"，为2005年商法修改时修订后内容，修改前商法典此处规定为"本法没做规定的事项遵照商习惯法"。修改前后虽仅一字之差，但其意义却十分深远。针对此次修改，有日本商法学

―――――――
〔1〕 大隅健一郎：《商法总则》，有斐阁1978年版，第72页；泓常夫：《商法总则》（第5版），弘文堂1999年版，第47—66页；落合诚一、大塚龙儿、山下友信：《商法Ⅰ——总则·商行为》，有斐阁2006年版，第15—19页；莲井良宪、森淳二朗：《商法总则·商行为法》（第4版），法律文化社2006年版，第30页；弥永真生：《商法总则·商行为法》（第2版），有斐阁2006年版，第1—2页。

者认为，本款将"商习惯"作为比民法优先的商法法源，是肯定了商事交易中形成的商习惯所具有的合理性及进步性，这是值得肯定的立法突破。[1]

4.商事自治法。公司、交易所等一些商事组织在法律法规许可的范围内，就其自身组织及其成员管理所作出的自主性规定（如公司章程、交易所规章等），作为团体自治法所具有的商事法源性，日本商法学上及司法实务上基本不存在争议。但是，对于广泛存在于运输、银行、保险及仓储等行业针对大批量的同类型同性质的交易，为提高交易效率及简化交易流程所制定的格式合同，是否也具有商事自治法的效力，日本商法学界及实务界则存在不同的观点。有的观点认为此类格式合同与公司章程相似，在局部社会的交易圈中格式合同本身具有规范性，因此应认可其作为法规的适用性，即应认可其法源性；[2]但作为多数的反对观点认为，格式合同仅是特别行业的商事组织为了简化交易流程单方所采取的一种事实手段，格式合同本身并不是普遍适用的法律依据，因此不应认可其法源性。[3]其实，从比较法角度考察，为了保证格式合同条款的公正性，各国均对格式合同作出了相应的限制，如德国、英国等国家均明确规定，仅在向对方出示格式合同并告知合同内容的前提下合同才发生效力。目前，日本对上述行业中的格式合同也作出了行政、司法及立法等多重层面的限制。

---

[1] 田边光政：《商法总则·商行为法》（第3版），新世社2006年版，第34页。
[2] 西原宽一：《商行为法》，有斐阁1973年版，第52页；服部荣三：《商法总则》（第3版），青林书院新社1983年版，第30页；落合诚一、大塚龙儿、山下友信：《商法Ⅰ——总则·商行为》，有斐阁2006年版，第19页。
[3] 大隅健一郎：《商法总则》，有斐阁1978年版，第77页；石井照久、泓常夫：《商行为法》，劲草书房1978年版，第52页；泓常夫：《商法总则》（第5版），弘文堂1999年版，第59—64页；末永敏和：《商法总则·商行为法》，中央经济社2004年版，第15页。

总之，基于大量单行的商事制定法的有效规制以及较为成熟之判例制度的个案平衡，辅之以一套相对完备的法源适用体系，日本商法典的"总则"及"商行为"部分虽已历经百年，但经个别修订后仍能够有效地适应日本社会及经济发展的需要。

二、日本商法学的形成及发展

日本属于典型的法律继受型国家，就商法领域而言，无论是1881年的旧商法还是1899年的新商法，均是以法国或德国商法为母法制定；相应地，日本早期的商法学也属于典型的外来法学。与跨越百年沧桑的日本商法典同行，历经百年锤炼的日本商法学也已经发展成为具有日本特色的成熟法学领域，而且在世界商法学研究中也占有了一席之地。

纵观日本百余年商法发展史，笔者认为，可以将日本商法学的发展大致划分为以下几个时期。

（一）继受注释阶段

日本早期的商法学主要继受外国法学的学说及思想，其中尤以德国法学为甚，19世纪末期甚至呈现出"非德法不法"的状态。[1] 这一时期，作为日本商法学创始人的冈野敬次郎及作为这一阶段重要代表人物的松本丞治、竹田省等当时的商法学者，均是研究德国法学的习法者。他们将德国19世纪所取得的丰硕商法研究成果引进日本，并对这些当时较为先进的制度和理念进行了精细而巧妙的分析研究。这些比较法学习经历及基础性研究，不仅为当时日本国内法规的理论解释提供了丰富的解释论路径，更为日后日本商法学的

---

[1] 由于这一时期的日本商法学的研究主要在于对德国法的吸收和消化，因此，德国法的痕迹相当明显，如当时支配德国法学的概念法学在日本这一时期的商法学研究中有着十分充分的体现。

独立发展打下了坚实的基础。作为上述成果的结晶,这一阶段中,松本丞治、竹田省等一批商法学者围绕商法总则、商行为法等,出版和发表了一大批高质量的著作和论文,这些著作的比较研究及对外国商法学的精细分析,无疑对日本商法学此后的发展产生了巨大的推动作用。

(二)开拓自立阶段

20世纪初期以来,日本商法学界逐渐发现一味追随德国的弊端及概念法学研究的缺陷,开始认识到通过扩大比较法研究视野并进行综合性研究,进而探寻商法本质的必要性。这一阶段的日本商法学者开始从商法的历史出发,挖掘商法与作为一般法民法的区别与联系;更为重要的是,一部分学者开始就商法学相关的法哲学问题展开研究并发表了大量研究论文。自此,日本的商法学开始由完全的继受型研究逐渐向独立发展方向转轨,日本商法学的研究也开始呈现出新的局面。

作为这一阶段先驱者的东京大学教授田中耕太郎,是进行商法综合性研究的首倡者,也是最早提出商法本质论研究的学者。在上述研究理念和研究路径中,田中耕太郎于1920年左右就商法的性质提出了"商事色彩论"[1]及"组织法行为法论"等学术观点。

通常认为,上述研究成果是日本特色商法学开始由完全的继受型法学向独立发展转轨的标志。尤其是"商事色彩论"的提出,不仅肯定了实质性商法的存在,为日本商法学的综合性研究做出了巨大的贡献,而且使日本商法学者对商法学的研究树立了信心。日本著名商法学家石井照久教授甚至认为,"商事色彩论"的提出"孕育了

---

[1] 所谓商法的"商事色彩论",是指商法上事实关系所普遍存在的技术性色彩或性质。具体而言,是指商事活动中的事实关系通常具有集团性及丧失个性的特点和倾向,或者说是商事活动中专门性的营利性行为所衍生出的特征。

日本商法学的新生命"。[1]

(三) 发展进步阶段

1938年日本对商法典做了较大规模的修改,修改后商法典的条文增加了近一倍。日本此次商法典的大规模修改,极大地拓宽了商法学研究的空间,也进一步激发了商法学界对商法的研究热情和动力,日本商法学的研究也开始步入快速发展的高产时期。

随着商法学研究的深入及发展,田中耕太郎所提出的"商事色彩论"支配日本商法学研究十余年后,开始受到商法学界的批判,其弟子西原宽一博士在其研究成果的基础上提出"商法企业法论"[2]的新学说,"商事色彩论"开始逐渐丧失其通说的地位。此后,经过数十年的完善和积淀,"商法企业法论"在历经有力说、多数说后,于20世纪中叶成为日本商法学上的通说。相当长一段时期内日本商法学界均认为,无论是从对商法本质的把握和理解、从社会学角度考察,还是从比较法视角以及日本商法学历史发展轨迹分析,该学说都不失为一种成功的认识现代商法的商法学理论。[3]

在围绕"商法企业法论"的分析与争论中,大批关于商法总则、

---

[1] 不过,也有日本学者认为,该学说的观点与德国20世纪初的商法学者拉斯汀(Lasti)的学说观点存在雷同。但是,田中耕太郎的商法研究理念及学术成果,对日本商法学的确立、发展所做出巨大贡献毋庸置疑。

[2] 所谓商法的"企业法论",是指西原宽一在批判继承其师"商事色彩论"的基础上,通过借鉴西方经济学及管理学研究成果,就商法的对象所提出的学说。该学说认为,实质意义的商法是以企业特有的生活关系为对象的私法。而所谓"企业",是指私的经济性活动中在自我责任的前提下,以"持续性的意思"有计划性地实施经济行为、参与国民经济发展,同时,为组织体自身及成员的存续发展且以获取收益为目的、兼具公共性及营利性的独立经济性组织体。即认为所谓"商",确切乃指企业社会生活关系。(西原宽一:《商法的发展与日本商人的地位——以企业为中心》,载《法学协会杂志》1933年第51卷第5、6号。)

[3] 泓常夫:《商法总则》(第5版),弘文堂1999年版,第5—6页。

商行为法及公司法的质量上乘的著作面世。此外,"二战"后在借鉴美国法学研究成果的基础上,日本商法学的研究方法及研究视角,在坚持自有特色的前提下有了进一步的拓宽和革新,尤其是功能主义商法学及法社会学的研究范式,20世纪中后期在日本也得到了比较系统的发展并取得了丰富的研究成果,甚至可以说为日本商法学的发展进步注入了新的活力。应当说,就商法总则及商行为法领域的研究而言,20世纪30年代后的几十年中,日本商法学界真正迈入了质与量均快速提升的良性发展轨道,商法学的研究也确实呈现出百花齐放且含金量较高的繁荣局面。

(四)近年来日本商法学的新发展

学说观点上较强的传承性,一直是日本法学上一个重要特征。因此,20世纪初期以来,日本商法学界所开创的良性发展环境一直持续至今。近年来,除了注重商法研究的国际化问题外,日本商法学上也有了一些新的发展。

首先,如前所述,自20世纪中叶开始,"商法企业法论"成为日本商法学上通说。但是,近年来,随着经济社会的发展及各种新情况的出现,日本商法学界也开始陆续出现对该学说的反思及质疑观点,认为"商法企业法论"虽较好地解决了商法独立自主性的一面,也能有效解释商法及解决企业关系特殊需要的法律部门;但是,作为不可回避的前提性、基础性问题,其至少应解决两个层面的难点:其一,作为"企业法论"核心的"企业",目前并没有一个明确的法律层面的定义,这就导致了到底多大范围内的"经济活动体"属于企业的问题;其二,"企业法论"之下,所谓的"企业法"究竟包括哪些法规或者究竟以何种理念作为"贯通性原则"使实质意义的商法构成一个统一的独立法律体系?令人遗憾的是,对此两点,"企业法论"至今未能给出一个清晰、明确的界定。[1]

其次,在日本民法典债权法部分修改之际,商法学界部分学者就商法典的基础性制度提出了革新性或者说颠覆性的意见,有学者甚至认为有必要对支撑日本商法之基础性制度的"商人"[2]概念及"商行为"概念进行根本性的检讨。同时,面对经济发展的新形势和新情况,还有部分学者提出,对于"商行为"部分中的一些制度完全可以在附加一定要件(如有偿性、营业性等)的基础上统合进日本民法典等。[3]

最后,近年来,随着亚洲市场经济强劲的发展以及亚洲共同体概念的提出,日本还有学者基于亚洲所共有的不同于西方的价值观及传统习惯,就亚洲民商事法律领域统一规范的可能性展开基础性研究及探索。[4]

三、我国对日本商法的研究及存在的问题

应当说,自中华法系正式解体时起至20世纪中叶,在中国法律近代化、现代化的进程中,很长一段时期内,日本法对中国法的影响均超过了任何欧美国家;日本法甚至成为影响中国法律改革的最

---

[1] 落合诚一、大塚龙儿、山下友信:《商法Ⅰ——总则·商行为》,有斐阁2006年版,第7—8页。

[2] 进入新世纪后,日本商法学界开始出现废止"商人"概念的新观点,并建议以"事业者"取而代之。日语法律语境中的"事业者"通常有两个层面的含义:一为企业家(Entrepreneur),一作雇佣者(Employer)。目前日本新制定的《公司法》已用"事业"取代了商法典中的"营业"一词,而日本现行《防止不正当竞争法》及《消费者合同法》则已明确使用了"事业者"一词,并给予了相应的定义。不过,就目前的定义和使用语境而言,似乎并不能看出"商人"与"事业者"的明确区别。

[3] 山下友信等:《商行为法论点整理》,载日本商事法务研究会,http://www.shojihomu.or.jp,最后访问时间:2010年1月28日。

[4] 近江幸治:《日中韩民商事法制研究——致力于21世纪亚洲法研究阵地的形成》,载《日本早稻田大学企业法制与法创造》2004年第1卷第1号,第19页。

重要的法源。[1]尤其是作为零起点构建的商事法，无论是法律术语、法学教育还是法律内容方面，均可以找到日本商法的深刻印迹；甚至，我国"商律"改为"商法"的转变亦是受日本商法的影响。[2]但是，新中国成立后，日本法对中国的影响几乎戛然而止，至改革开放后，我国对日本法的研究和借鉴才逐步恢复、发展乃至兴盛起来。就商法领域而言，随着我国经济的快速发展，日本战后经济高速成长以及商事立法的经验，也逐渐受到国内学者的关注；自20世纪90年代时起，中国法学界对日本商法及经济法的学习与研究开始活跃起来。

（一）我国商法学界对日本商法的研究概况

改革开放后，我国法学教育及研究逐步恢复，比较法学迅速再生发展，一大批外国法律文库及法典翻译的作品陆续面世；其中，包括相当一部分日本法学学术精品著作及法典。就日本商法而言，1985年日本京都大学龙田节教授的《商法略说》[3]中文译本面世。此书虽然内容相对简略，但开启了新中国日本商法研究的序幕；此后，作为日语国际贸易专业泛读必修教材面世的日文版《日本商法教程》[4]，也以原汁原味的形式简单介绍了日本商法的概貌及主要商法制度。20世纪末面世的两个版本的《日本商法典》[5]，则是我国商法学上全面呈现日本商法典条文全貌的译作；而《现代日本商法研究》[6]及点

---

〔1〕 李贵连：《近代中国法律的变革及日本影响》，载《比较法研究》1994年第1期。

〔2〕 李炘：《商法专考劄记》，载《法学会杂志》1922年第7期。

〔3〕 龙田节著，谢次昌译：《商法略说》，甘肃人民出版社1985年版。

〔4〕 王萍编著：《日本商法教程》，上海外语教育出版社1997年版。

〔5〕 王书江、殷建平译：《日本商法典》，中国法制出版社2000年版；卞耀武主编，付黎旭、吴民译：《日本国商法》，法律出版社2000年版。

〔6〕 吴建斌：《现代日本商法研究》，人民出版社2003年版。

校版的《日本商法论》[1],则是我国仅有的两部较为全面地介绍日本商法学及其理论研究成果的具有一定理论深度的学术性著作,尤其《现代日本商法研究》一书,可以说是我国目前对日本商法进行学术性研究的标志性著作。

应当说,上述日本商法典译本、译著及著作等学术资料,对我国商法学研究的发展起到了积极的推动作用;同时,这些学术成果也为我国商事法制建设,尤其是为解决我国商事立法工作中出现的重点、难点问题提供了有益的借鉴。[2]

(二)我国在日本商法研究上存在的问题

近年来,随着对外国法研究的深入以及比较法学科的兴起,在我国商法学上,日本商法理论及学说的影响在扩张;上述研究成果也在不同程度上为我国商法学的发展及商事法制建设提供了有益的借鉴。但是,我国商法学上对日本商法的研究方面存在严重滞后和不足,也是客观事实。

首先,我国对日本商法理论及商法学学说的介绍及研究严重滞后。相较于对日本刑法、民法及行政法等法律部门的研究成果,我国对日本商法的研究相对单薄。在很长一段时间,我国商法学界对日本商法的整体性研究存在非常严重的时效性缺陷,尤其是对日本

---

[1] [日]松波仁一郎著,何勤华主编,秦瑞玠、郑钊译:《日本商法论》,中国政法大学出版社2005年版。

[2] 此外,一些关于日本商法的学术报告及学术论文,也为我们从点到面研究日本商法、了解日本商法及其理论的发展动态提供了重要的参考资料。例如:王保树、朱慈蕴:《赴日考察日本商法总则·商行为法的报告》,载《商事法论集》2008年第2期;黑木松男、赵新华:《日本商法的变革及其在社会发展中的作用》,载《法制与社会发展》2003年第2期;赵新华:《论日本民商法的体系及其特征》,载《当代法学》1994年第3期等。另外,中国社会科学院法学研究所渠涛主编的《中日民商法研究》系列中也登载有少量关于日本商法制度及商法学理论的论文。

商法学理论系统性的学术研究成果更是几近空白,可以说至今仍未形成相对独立的知识体系,这与我国商事立法上及学术研究中移植或承继日本商法上大量专业术语及制度的现实[1]极不相称。

上述几本译著或著作中,仅《现代日本商法研究》为具有一定理论深度及广度的学术性著作,能够在一定程度上反映我国对日本商法及商法学理论的学术研究成果。同为学术著作的《日本商法论》一书则为点校民国时期译著基础上的再版著作,由于该书基本保留了原译著的原样,书中所使用的法律术语也基本采用日语直译方式,因此,书中句式及用词与日文原文基本相同,与我国现代法律语境及法律术语相去甚远,若非熟悉法律日语,该书基本无实际参考价值。

其次,对日本商法上部分法律术语翻译有欠妥帖。由于日语中存在大量汉字词汇,因此,对于我们中国人而言,似乎在日语学习及翻译中较具优势;但实质上日语所引入的汉语词汇基本仅止于汉字的"形",而其"实"则往往另具其意,此一点,在一些学术术语方面表现得尤为明显。因此,在进行日语专业术语翻译时,若不能准确把握其含义,我们在日语学习及翻译中的所谓优势往往成为劣势。例如日本商法上一些法律术语,大部分均仅有汉语词汇的"形体",其意则与汉语语意大相径庭。对此,我国一些日本商法研究者基本采用直译或者类似直译的方式进行翻译,结果导致与我国现有法律术语及法律语境不能实现对接,甚至影响学术研究及比较借鉴的现象发生。

作为例证,日语法律术语"交互計算"即其中的典型代表。日本商法典第二编第三章规定了"交互計算"(Open Account)制度,

---

[1] 例如:商法、营业、商号、商业账簿、法人格否认、代表诉讼、通则、杂则等我国现代法学意义上的专业词汇,均来自日本。

所谓"交互計算"是指存在持续性交易关系的商人间或商人与非商人间，以合同的形式约定双方交易中一定期间内所生复数的债权债务，于特定期间终了时仅支付相互抵销后余额的制度。对于日本商法上的"交互計算"一词，我国商法学者在日本商法学研究中，基本均将其直译为"交互計算"[1]，也有学者将其翻译为"相互结算"[2]。其实，通过考证可以发现，无论从词义、性质及内容上，还是从法律效力上考察，我国商贸领域的专业术语"往来账"一词，才是与日本商法上"交互計算"保持着全面性、立体式契合的专业术语。由于日语"交互計算"所具有的"形"，导致我国许多日本商法学研究者忽视了我国已存在且具有如此同质性的制度及对应的专业术语；更严重的是，直译的结果导致了日本的"交互計算"制度不能有效地与我国存在的"往来账"制度达成有效的对接，进而影响了对两种相似制度的比较研究及分析。若能较早地采用更为准确、贴切地反映日本"交互計算"制度内涵的"往来账"，显然会更有利于在比较研究中对我国尚未法定化的"往来账"制度进行研究或完善，也会更有利于对我国"往来账"制度的理解、应用及法定化。

此外，与此相似，日本商法上的"船荷証券""場屋""問屋"以及"使用人"等专业术语，我国的一些日本商法研究者在翻译引进及研究中，也存在上类问题。

---

[1] 王书江、殷建平译：《日本商法典》，中国法制出版社2000年版，第158页；吴建斌：《现代日本商法研究》，人民出版社2003年版，第191页；[日]松波仁一郎著，何勤华主编，秦瑞玠、郑钊译：《日本商法论》，中国政法大学出版社2005年版，第266页。

[2] 卞耀武主编，付黎旭、吴民译：《日本国商法》，法律出版社2000年版，第199页。

四、本书的初衷及特色

不仅使读者能够清晰、明白地看懂日本商法典的翻译条文，还能够较为全面地了解法典条文及重要制度的立法背景，以及日本商法学界及实务界对条文或相应制度的学术观点及见解，是笔者努力的目标。此外，如上所述，日本于2005年、2006年、2008年及2018年对其商法典进行了不同程度的修改，力求反映日本商法典最新修改内容及日本商法学上的最新动态，并为我国目前所正在探讨的商法通则的制定提供些许比较法借鉴资料，是笔者的另一目的。

本书的特色寓于本书的初衷。在架构编排上，本书将日本最新的商法典译文单独成章，而在另一章则对法典的每个条款均进行了详细的学术性注解。这主要是力求让读者能够对日本商法的规定"知其然且知其所以然"，即不仅向读者呈现出日本商法的最新修改内容，还能够使读者把握日本商法的立法背景以及日本商法学上的最新学术动态。此外，考虑我国商法学研究者的学术研究中，英语为最主要的外语研究工具，为更加准确地传递日文法律术语原文的含义，并方便读者研究或考证，本书对日本商法上一些重要法律术语均标注了日文原文及对应的英译。

凡　例

一、法典译文结构形式

本书中日本商法典中文译文以日文版《六法全书》[1]商法典部分为原稿译出。中文译本基本维持日文法典结构，但将日文体系结构名词分别翻译为：编、章、节、分节、条、款、项；在条文结构形式方面，本译本未维持日本法典于条文每款前标识①、②、③等标号的格式，主要按照我国法律条文行文传统，即条中各款以另起一行开头空两格形式编排；此外，译本在款中各项前以Ⅰ、Ⅱ、Ⅲ等罗马字符作为顺序标识。

二、法律专业术语的翻译

信、达、雅是翻译工作的原则性要求，正式、严谨、规范是法律语言的本质性特色。由于法律翻译更为强调专业性、严谨性及规范性，因此，本书中的法典翻译坚持以"信""达"为主，兼顾"雅"的原则。凡是中国法律语境中已经存在相应专业术语的，本书译文均采用意译方式处理，以求词能"达"意；同时，就一些重要的法律

---

[1]　菅野和夫等编：《六法全书》，有斐阁2009年版。

专业术语，笔者借助日本官方性标准化的日英法律翻译词典[1]及其他法律专业日英辞典，通过英文之媒介，采用日、英、中三种语言互为对应的方式，考证了一些国内法律学术研究中不甚"信""达"的翻译方式（如对"交互計算""場屋"及"支配人"等术语的翻译）。

三、日文案例的引用及缩略语表

本书中直接引用或间接转引了大量的判例，为便于读者检索和考证，在判例引用中，本书保留了日文原文及缩略方式。格式说明如下：

判例缩略语	日文全文	中文含义
大判	大審院判决	大审院判决（大审院为最高审判机关旧称）
最判	最高裁判所判决	最高法院判决
地判	地方裁判所判决	地方法院判决
民錄	大審院民事判决抄録	大审院民事判决录副本
民集	最高裁（または大審院）民事判例集	最高院或大审院民事判决集
下民集	下級裁判所民事裁判例集	地方法院民事判决集
判時	判例時報（判例時報社）	判例时报
判夕	判例タイムズ（判例タイムズ社）	判例Times

---

[1] 为促进日本法律法规翻译的规范化和统一化，日本内阁于2005年以相关中央部门为基础专门成立了法律翻译推进会，并于日本内阁官房省（类似我国国务院办公厅）主页专门设立了该法律翻译项目的网页；该推进会专门制定了《法律用语日英互译标准词典》，截至2011年3月，该词典已更新至第6版。本书中，如无特别注明，相关日文专业术语的英译均引用自该词典或翻译推进会所翻译的法律文本。

续表

判例缩略语	日文全文	中文含义
金判	金融・商事判例	金融及商事判例
ジュリ	ジュリスト（有斐閣）	法学家杂志
昭和30.9.22	昭和30年9月22日	1955年9月22日

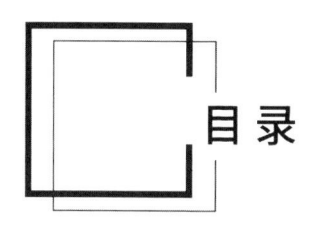

目 录

第二版说明 　1
初版序 　4
引言 　6
凡例 　23

第一编　总　则

第一章　通则（第1条—第3条） 　5
第二章　商人（第4条—第7条） 　13
第三章　商业登记（第8条—第10条） 　20
第四章　商号（第11条—第18条） 　26
第五章　商业账簿（第19条） 　45
第六章　商业雇员（第20条—第26条） 　51
第七章　代理商（第27条—第31条） 　64

第二编　商行为

第一章　总则（第501条—第523条）　　　75

第二章　买卖（第524条—第528条）　　　111

第三章　往来账（第529条—第534条）　　　122

第四章　隐名合伙（第535条—第542条）　　　131

第五章　居间营业（第543条—第550条）　　　142

第六章　行纪营业（第551条—第558条）　　　153

第七章　货运行纪营业（第559条—第568条）　　　167

第八章　运输营业　　　177

　第一节　总则（第569条）　　　177

　第二节　货运（第570条—第588条）　　　179

　第三节　客运（第589条—第594条）　　　196

第九章　保管　　　201

　第一节　总则（第595条—第598条）　　　201

　第二节　仓储营业（第599条—第683条）　　　207

第三编　海　商

第一章　船舶　　　222

　第一节　总则（第684条—第685条）　　　222

　第二节　船舶　　　222

　　第一分节　总则（第686条—第691条）　　　222

　　第二分节　船舶共有（第692条—第700条）　　　223

第三节　船舶租赁（第701条—第703条）　　226

　　第四节　定期租船（第704条—第707条）　　226

第二章　船长（第708条—第736条）　　228

第三章　关于海上货运的特殊规定　　230

　　第一节　单品运输（第737条—第747条）　　230

　　第二节　航海租船（第748条—第756条）　　232

　　第三节　海运提单等（第757条—第769条）　　235

　　第四节　海运单（第770条）　　239

第四章　船舶碰撞（第788条—第791条）　　240

第五章　海难救助（第792条—第807条）　　241

第六章　共同海损（第808条—第814条）　　245

第七章　海上保险（第815条—第841条）　　248

第八章　船舶优先权与船舶抵押权　　253

　　（第842条—第850条）

附　录

日本商法典（全条文）　　259

专业术语中日英互译对照表　　309

主要参考文献　　315

后　记　　317

日本商法典

公布：明治32年（1899年）3月9日
施行：明治32年（1899年）6月16日

朕批准帝国议会通过的商法修正案，兹于颁布。

商法条文如另册。

明治23年（1890年）法律第三十二号颁行之商法，除第三编外，自本法施行之日起废止。[1]

---

[1] 现行日本商法典自1899年颁行以来，百余年中共经历了近五十次修改，修改内容多集中于原法典第二编公司法部分。

第一编 总 则

现行日本商法典于本编总则[1]（General Provisions）部分，主要规定了商法的适用范围、作为商法基础性制度的商人制度、规范商人公示的商业登记制度、辅助商人商事活动之物质性要件的商号制度及商业账簿制度；同时，本编还详细规定了辅助商人商事活动之人力性要素的经理制度及代理商制度。

现行日本商法典制定于1899年，百余年历史中，法典虽历经近50次修改，但就本编内容而言，除2005年修改外其幅度均有限。2005年日本商法修改时，本编及本法第二编正式实现了法典用语现代化，同时，新增第一条宗旨性条款并进一步明

---

〔1〕 总则，通常置于法典或法律全文之首，用以规定共通性规则。不过，由于日本商法第二编商行为编存在单独的"总则"，因此，本编的共通性或总则性仅限于个体商人或企业的组织行为，而并不适用于商事活动的"商行为"；此外，由于2005年日本新制定的公司法典中特别规定了"总则"一章，就作为商人之一种的公司单独确定了其运行的物质性及人力性条件；因此，本编规定的共通性及总则性进一步被弱化，即与原商法典总则的规定适用于所有的商人不同，新商法典的总则的共通性或总则性，应仅及于除公司及外国公司之外的个体商人或企业组织。

确了日本商法的适用范围；另外，2005年、2006年及2008年日本公司法、保险法及信托法制定时，就本编的商业登记制度、小商人及商号制度等内容做了不同程度的修改。

从比较法角度考察可以发现，与日本旧商法（1890年商法）相同，现行商法典本编内容仍是以德国旧商法为母法制定的；因此，本编中诸多规定中均可发现德国旧商法的痕迹。

第一章 通 则

通则（General Rules），是指适用于某类情况或案件的规则；与总则的内涵相比，更突出具体性，通常为适用于一般情况的规定。《日本商法典》于通则中，主要规定了商法的适用范围，商法与各关联法律、习惯等在适用时的相互关系，以公共利益设立的非营利性公法人的商人适格性以及个别交易关系中商法的特殊适用等概括性规定。

第一条［宗旨等］

商人的营业、商行为以及其他商事活动，除法律法规有特别规定，均适用本法规定。

本款是2005年日本商法典修改时新增的条款，明确了日本现行商法的适用范围。2005年《日本商法典》修改前，原商法典总则的规定适用于所有的商人，但本次商法典修改时原商法典第二编关于公司的规定纳入了新成立的公司法典，原商法典中商法总则关于公司的规定则纳入了公司法典中的"公司法总则"（《日本公司法典》第6—24条），因此修改后的新商法典的总则部分仅适用于除公司及外国公司之外的商人。[1]

---

［1］ 田边光政：《商法总则·商行为法》（第3版），新世社2006年版，序言；莲井良宪、森淳二朗：《商法总则·商行为法》（第4版），法律文化社2006年版，第40页。

本款中的"营业"一词，在日本商法学中是一个十分重要的概念，与商人概念（详见本编第二章规定）及商行为概念（详见第二编规定）几乎具有同等重要的地位，甚至可以认为正是营业概念的桥梁作用才使商人概念及商行为概念结合起来。具体而言，日本商法中营业的含义及法律性质如下：

（1）营业的含义。日本商法学界通常认为，应从主观意义及客观意义两个层面对"营业"进行界定。主观意义的营业，是指商人所从事的营利性活动（《日本商法典》第5、6、502条等）；客观意义上的营业，则指可以成为转让、出资、租赁及担保等法律行为的对象，但是，具体应该如何理解在商事活动中客观意义上的营业，日本学术界的观点又不尽一致。"营业财产说"认为，营业是用于营业的各种财产的总体；"营业组织说"认为，应从商人历史影响、商誉等具有财产价值的事实关系理解营业的本质；"营业行为说"则认为，应从营业活动把握营业的本质。现在日本学术界的通说是修正后的营业财产说（又称"有机性营业财产说"），即所谓客观意义的营业，是指物质性财产与营业中固定下来的各种事实关系的组织化、总括性的组织体。[1]

此外，在日本商法学界及商事实务中，客观意义的营业包括消极财产及积极财产两部分。消极财产是指经营活动中的各种债务及其他义务性负担；积极财产的构成要素不仅包括物质性财产（如建筑物等不动产及原材料等动产）及其他权利（如债权、质权及抵押权等），还包括各种具有财产性价值的事实关系（如与交易客户、供货商的固定交易关系、商誉等）。近年来，人们渐渐发现，长期营业中积淀下来的信用及商誉等无形财产具有巨大的财产性价值，

---

[1] 莲井良宪、森淳二朗：《商法总则·商行为法》（第4版），法律文化社2006年版，第125页。

而且越来越认识到,正是这些财产性价值的存在,作为有机性、组织化的"客观意义上营业"所承载的价值,往往远大于各种财产权价值的总和。

(2)营业之法律性质的把握要点。首先,营业的权利义务主体是商人。从社会性及经济性角度考察,通常将商号(Trade Name)及营业所(Business Office)分别理解为营业本身的名称及住所;而且,通常情况下,人们所考虑的重点一般并不集中于交易中的营业主体是谁,一般具有较佳商誉及良好名声的营业本身,人们就会倾向性地认为其即是独立的活动主体;但在法律上,营业本身实际并不是权利义务主体,真正的权利义务主体乃商人。其次,营业的权利载体为构成营业财产的个体财产。对于有机的总括性营业财产,法律上认可其上存在一个物权性权利,理论上可以将其作为担保的标的物,但在现实中并不可行。日本商法学上通说认为,由于无法进行登记及公示,作为"整体"的营业其实并不能成为物权的客体,真正具有可操作性的物权其实还是存在于构成"营业财产"的个体财产之上。另外,对于个体商人而言,在法律上,营业并不构成特别财产。而且,对于个体商人而言,其营业财产及私有财产均是责任财产,营业上债权人及营业外债权人也并不存在区别,均可以就上述财产平等受偿,而且,当商人破产时,营业财产以及私有财产一体纳入破产财产。[1]

关于商事活动,本法中未规定的事项遵照商习惯;无商习惯的,适用民法(明治29年法律第89号)规定。

本款中"本法未规定的事项遵照商习惯",为2005年商法修改时经过修订的内容,原商法典此处为"本法未规定的事项遵照商习

---

[1] 大隅健一郎:《商法总则》,有斐阁1978年版,第286—295页。

惯法"。其实，日本商法学界对"商习惯法"及"商习惯"的区别与联系一直存在非常大的争论；因此，修改前后虽仅一字之差，但其中背景十分深厚。

通说认为，"商习惯法"具有"法律确信"，即社会上普遍认为其具有规范性，而"商习惯"仅是解释意思表示时的"事实"或参考材料；但少数说对此提出批判，指出仅以"法律确信"区别二者，该标准过于暧昧和模糊。对此争论，日本著名商法学家大隅健一郎及鸿常夫则认为，区分"商习惯法"与作为事实的"商习惯"实际上并没有太大的实际价值。[1]针对此次修改，有日本商法学者认为，本款将"商习惯"作为比民法优先的商法法源，是肯定了商事交易中形成的商习惯具有合理性及进步性，这是值得肯定的立法突破。[2]

具体而言，依据现行《日本商法典》的规定，法源的适用顺位为：商事自治法→商事条约→商事特别法→商法典→商习惯→民事特别法→民法典。

第二条[公法人的商行为]

公法人所为商行为，除法律法规另有规定外，适用本法规定。

本条是关于商人适格问题的规定。其实，就该问题日本商法学界曾有过相当充分的讨论。本条明确了公法人在商人"适格"方面不存在问题，即依据本条规定公法人从事商行为时适用商法。

---

[1] 莲井良宪、森淳二朗：《商法总则·商行为法》（第4版），法律文化社2006年版，第33页。

[2] 田边光政：《商法总则·商行为法》（第3版），新世社2006年版，第34页。

就自然人而言，日本商法并没有特别的限制，无论年龄、性别及行为能力如何，在成为商人方面任何人均适格；而法人方面，以公司为代表的营利性法人以营利为目的[1]，故自设立时起即为商人，不存在适格问题；但公司之外的非营利法人在商人适格方面的确需要具体讨论：

（1）公法人，是指国家、地方自治体等其他公法中规定的法人。公法人通常是以一定的行政目的而存在，而通常情况下该目的并未限定其达成目的的方法，如作为公法人的地方自治体为达成公共交通的行政目的可以经营市营地铁、市营公交等。日本商法学界认为，仅就此类情况中，应认可其商人性。[2]至于商业登记、商号及商业账簿等关于商人的规定，由于公法人的存在是众所周知的事实，故可不予适用。此外，由于公法人的工作人员是按照公法行为进行任用，也可以不适用商业雇员的相关规定。[3]概言之，当公法人为达成行政目的所实施的行为构成商行为，应适用商法上规定。

（2）公益法人（Nonprofit Corporation），是指以宗教、学术及慈善等为目的的法人。依据《日本民法典》第34条规定，公益法人被赋予法人人格的基础是其公益性，故不能成为商人，即作为商人其不适格。但反对学说认为，为了公益的目的进行营业也并不违背其宗旨，而且民法所指的以营利为目的，并不是指单纯为法人谋取利益，还必须具备将营利分配给成员的环节；所以，即使认可其适格，只要其将收益应用于公益目的，就不违背公益法人

---

〔1〕 日本商法学上通说认为，所谓以营利为目的，单纯为法人谋取利益进行营利性营业的情形并不充分，还必须将所得团体利益以利益分配等形式向成员分配才是以营利为目的。

〔2〕 田边光政：《商法总则·商行为法》（第3版），新世社2006年版，第45页。

〔3〕 大隅健一郎：《商法总则》，有斐阁1978年版，第118页。

的本质。[1]其实,如今该反对学说基本已为日本商法学界对公益法人进行定性的通说,甚至得到了立法支持,如日本私立学校法第26条第1款即规定:"学校法人,在不给设立学校的教育带来阻碍,且将收益用于充实私立学校经营时,可以进行以收益为目的的事业。"[2]

(3)中间法人(Nonprofit Mutual Benefit Corporation),即既非公益法人也非营利法人,具体是指民法及公司法以外的单行法所认可的、以成员间的相互辅助及增进共通利益为目的而存在的特别法人,如证券交易所、商品交易所及各种合作社[3]等。通说及判例均认为,此类法人的存在目的及从事的事业已为特别法所限定,不能成为商人。[4]

(4)特殊法人,是指依特别法设立的公营法人(公社、公团、公库)及特殊银行等法人。公社(Public Corporation),通常为国营或公营事业法人,由政府及公关团体独资设立经营的国营事业,类似我国国有企业;公团(Public Corporation)[5],是国家、

---

[1] 莲井良宪、森淳二朗:《商法总则·商行为法》(第4版),法律文化社2006年版,第43页。

[2] 日文原文为"事業"。对于商人的"生意",商人是公司法人的场合,日本法律及实践中通常使用"事業"一词;而在非公司商人的场合,通常使用"営業"一词,但二者英译均为"Business",其实并无实质区别。

[3] 日文原文:"協同組合",英译为Cooperative。

[4] 莲井良宪、森淳二朗:《商法总则·商行为法》(第4版),法律文化社2006年版,第43页。

[5] 日文"公社"及"公团"的英译均为Public Corporation。在日语语境中二者略有差异:传统意义上的"公社"是日本都道府县层级设立的特殊法人,如"住宅供給公社"等,而"公团"则通常是指国家层级设立的特殊法人,如"日本道路公团"等。如今,日本的"公团"已经演变为进行城市改造的独立行政法人,业务主要偏向于协调(Coordinateness),而不是实际的建设开发;"公社"的主业也开始从直接的供给转向了对民间开发的协助与支持(Support)。

地方自治体或"公社"依特定目的出资设立的特殊公共法人，如公团住宅（The Public Housing Complex）、日本道路公团（The Japan Highway Public Corporation）；公库（Government Finance Corporation），指由政府全额出资特别设立的金融机关，如国民金融公库（People's Finance Corporation）、住宅金融公库（Housing Loan Corporation）等。日本商法学界通说认为，上述特殊法人虽然通常被规定为公法上的法人，但这些法人均存在经营营利事业的可能性，故在商人适格方面应认可其商人性。[1]

第三条 [单方商行为]

当事人一方行为构成商行为的，本法适用于当事人双方。

当事人一方为两人以上时，其中一人行为构成商行为的，本法适用于其所有成员。

对于第1款的具体内容，可简单例示如下：某普通市民甲因生活窘迫，从乙金融类企业借债，倘若出现纠纷，即出现应不应适用商法的问题。此时，根据《日本公司法典》第5条规定，乙股份公司的借贷行为为商行为，但甲不是商人，其为生计借债的行为亦非商行为，即该借贷关系中，对乙为商行为，而对甲为非商行为。依据本条第1款规定的"当事人一方行为构成商行为的，本法适用于当事人双方"即为此种情况，两方均适用商法规定，具体体现之一为：该债权债务关系的时效期间应遵照商法规定，为5年。

对于第2款规定，可以结合日本实务情况例示如下：经营餐饮店的甲与从事农业的邻居乙，二者准备共建一间仓库，因资金不

---

[1] 青竹正一：《商法总则·商行为法总则》（第2版），成文堂2008年版，第42—45页。

足,二人联名从丙信用公库[1]借入一笔建房基金。仓库建好后,甲用来保管采购的商品,乙用来保管收获的粮食。此情况中,甲为商人,借钱行为对甲而言为商行为(附属性商行为),乙、丙均不是商人,该借钱行为对他们也不构成商行为,但依据本条第2款之规定,此法律关系中商法同时适用于三方。

---

〔1〕公库,为日本政府全额出资经营的特别金融机构,现日本"公库"仅存"沖縄振興開発金融公庫"一例,此公库也于2012年解散。日本判例认为信用公库不具商人性。

第二章　商　人

关于商人概念,在比较法上存在以下较有代表性的立法主义:第一种是主观主义或商人主义,其是直接规定商人概念,从商人概念导出商行为概念(如德国新商法);第二种是客观主义或商行为主义,其是先规定商行为的概念,再从商行为的概念导出商人概念(如法国商法、德国旧商法);第三种是折中主义,采用商行为主义的基础上兼顾商人主义。日本现行商法即采用了折中主义,以商行为主义为原则,同时规定了超越商行为之拟制商人的商人概念。

此外,关于商人概念的规定,也有学者将上述前两种立法主义分别命名为"实质主义"和"形式主义",前者是指规定商人概念时,认为商人是以实施一定行为(商行为)并以此为业者(如法国商法);后者是指规定商人概念时,不考虑营业的种类及内容,只要在形式上采用商人性的方法进行营业即为商人(瑞士债务法)。[1] 以此种观点,日本商法应是从实质主义向形式主义过渡的类型。

第四条［定义］

本法中"商人",是指以自己的名义从事商行为并以此为业者。

---

[1] 大隅健一郎:《商法总则》,有斐阁1978年版,第89页。

本款是定义固有商人的规定。

本款中，"以自己的名义"，指自己为商行为[1]所产生权利义务之主体。此处"以自己的名义"并不妨碍他人代理本人进行营业的可能，如监护人代理未成年人进行营业及经理代理雇主进行营业时，未成年人及雇主为商人，为代理行为的人则不是；而且，自己成为权利义务的主体时，营业资本属于何人或营业上的损益归属何人均无妨碍，如丈夫以自己的名义用妻子的财产进行经营、儿子以自己的名义为父亲的利益进行经营，丈夫及儿子为商人，但妻子和父亲不是商人。[2]但是，以他人的名义在登记机关备案，但实际上是自己营业的情况中，日本较早的判例认为，所谓商人，是指法律上成为商行为所产生权利义务之主体者，即实际经营者，并不拘泥于是否以营业者的名义在登记机关备案。通说也认为，在判定某营业属于何人时，应根据实际的支配状态进行判断，即应考虑经营中的最终决定权属于何人。[3]

本款中，"从事商行为并以此为业"，是指以获利为目的，根据一定的计划持续反复地从事同种商行为。具体而言要点有三，首先，要求是反复进行同种行为（同种并不限于一种，可以兼为数种）。由于要求反复进行同种行为，自然要求在期间上的持续性意图及一定的计划性，但时间的持续性并无长短的限制，如博览会期间等临时性商店所为营业。其次，要求具有营利的目的。此营利性要求不限于某次行为，是就整体上的综合角度而言，即营业中不排除无偿行为；而且并未限定以营利为唯一目的，营业中不妨碍存在

---

[1] 关于"商行为"，详见第501、502条的注释，此处不赘述。
[2] 大隅健一郎：《商法总则》，有斐阁1978年版，第94页。
[3] 田边光政：《商法总则·商行为法》（第3版），新世社2006年版，第39页。

有公益性、宗教性及政治性目的。另外，营利性不要求一定营利，有营利之意图即可。另外，经营营业的意思应为外界所知悉。由于商人资格的有无事关不特定多数人的利益，故其营业的意思应为外界所知悉。为外界知悉并不是要求向一般公众进行特别的表示行为，如并不要求进行商业登记申请或开设店铺等，其租借店铺、雇佣雇员等开业准备的行为，为租借及雇佣之相对人以外的人认知即可。[1]

此外，通说认为，因业务上的特殊性及个性化特征，律师、医生等个体意义上的职业者，无论其主观意图如何，均应否定其营利性目的，即不认为其以从事商行为为业。[2]但是，当医生开设医院接纳患者入院住宿时，则应认定为以从事商行为为业。[3]

利用店铺及其他类似设施销售物品并以此为业者或者不以实施商行为为业的经营矿业者，亦视为商人。

本款是定义拟制商人的规定。

从历史沿革上考察，实质主义（商行为主义）的确立是以法国大革命时期的自由平等思想为背景的，主要是要强调商法从"仅适用于商人的阶级法"解放为"适用于一般市民的普通法律"。从这个角度考察，在规定商行为概念的基础上，进而导出商人概念的"立法决定"并不存在一个客观的标准，而且多少还存在一些恣意性。其实，随着经济的发展，不可避免地会出现一些此种立法主义无法包容的新种类，因此，就立法论而言，以企业之经营主体为基础规定商人概念的形式主义似更为正当；1938年，日本商法典修改

---

[1] 大隅健一郎：《商法总则》，有斐阁1978年版，第91—92页。
[2] 弥永真生：《商法总则·商行为法》（第2版），有斐阁2006年版，第17页。
[3] 大隅健一郎：《商法总则》，有斐阁1978年版，第92页。

时增加本款规定即体现了这一理念。[1]

此外，日本商法学上，将公司的"目的行为"是"从事基本商行为"的公司称为商事公司，其他公司称为民事公司。2005年日本商法修改前，民事公司为拟制商人的一种（"旧商法典"第4条第2款），但日本2005年制定的新《公司法典》第5条规定了"作为事业而被公司实施的行为以及为事业的进行而实施的行为，均为商行为"。依据该规定，民事公司与商事公司间以及公司从事商行为与非商行为的区分不再存在，民事公司概念也就随之废止。基于此背景，日本商法修改时删除了原商法典关于民事公司为拟制商人的规定。

第五条［未成年人登记］

未成年人进行前条之营业时，必须办理登记。

本条为1947年日本商法典修改时增加的条款。

日本商法学通说认为，未成年人得到法定代理人许可后方能以自己的名义进行营业，而且经许可后应视其具有与成年人同样的行为能力。日本法院判例也认为，未成年人如未经法定代理人许可即不得进行营业；若无法定代理人的认可，未成年人即使以自己的名义进行了营业，也不认为其是商人。

至于法定代理人许可的方式，日本判例认为并无特别限定，默示亦可。但是，当未成年人未经法定代理人许可私自伪造许可证明进行登记时，不得以未成年为由对抗善意第三人，应以不实登记处理（本法第9条第2款）；《日本民法典》第6条规定，当未成年人营业中出现无法继续营业的事由时，法定代理人可以取消营业许可

---

［1］田中诚二：《全订商法总则详论》，劲草书房1976年版，第89—93页。

或增加限制，且该变更经登记后方具有对抗力。

此外，日本商法未确立针对成年被监护人的营业许可制度，即通常情况下成年被监护人不能成为自营商人。

第六条［监护人登记］

监护人为被监护人从事第四条规定之营业时，必须办理登记。

对监护人之代理权的限制，不能对抗善意第三人。

监护人，即日本法律中的"後見人"（Guardian）。本条所规定的监护人仅限于两种，即未成年人的监护人及限制行为能力之成年人的监护人。日本学界通说认为，监护人自然可以代理被监护人进行经营，但为保障交易上的安全，其"合法代理被监护人"的"监护人地位"有必要进行登记公示。

本款"对监护人之代理权的限制"的主体，是指日本民法中的"监护监督人"（Supervisor of Guardian，即监督监护人的主体）。监护人代理被监护人进行营业时，必须经监护监督人同意。为了维护被监护人利益，监护监督人有可能会对监护人的代理权作出某些方面的限制（本款所言"对监护人之代理权的限制"），但由于监护监督人所作出的限制事项并不是登记事项，所以其限制对善意第三人不应具有对抗效力。[1]

第七条［小商人］

第五条、第六条、第三章、第十一条第二款、第十五条第二款、第十七条第二款前段、第五章以及第二十六条之规

---

［1］ 大隅健一郎：《商法总则》，有斐阁1978年版，第128页。

定，不适用于小商人（商人中，法务省令[1]中规定的其营业中所使用的财产价值总额不超过法务省相关省令所规定之金额者）。[2]

原则上，日本商法中实施商行为并以此为业者即为商人，就应当平等适用商法。但现实中还存在一些经营规模极其零星的走街串户的行商和沿路买卖的露天商人，若对其同样适用商法上的所有规定，显然不适当；因此，日本商法特别规定某些规定不适用于小商人。旧商法（1899年商法）曾规定了行商及露天商的定义，同时限制其资本额不得超过500日元；但有人提出了资本金不满500日元的公司是不是小商人的疑问，于是1938年商法修改时删除了行商及露天商的定义，重审了500日元的限制，同时明确指出了小商人的非公司性。

随着日元贬值及物价的变动，2005年《商法施行规则》第3条第2款规定，资本金额（财产价值）不超过50万日元的非公司商人为小商人。商人同时进行数个营业的，当其数个营业相关时，应合计计算数个营业的总财产价值，并以此为基准判断其是否为小商人；而若其进行不相关的数个营业，其中一个营业的财产价值超过50万日元时，即应视其为完全商人。[3]

本条规定中，明确了未成年人登记、监护人登记、商号登记等商业登记、商业账簿及使用人等相关规定，不适用于小商人。2005

---

[1] 日本法律体系效力层阶大致为法律、政令、省令及裁判所规则，类似于我国的法律、行政法规、部门规章及法院司法解释。

[2] 平成18年（2006年）12月15日日本法务部法律第109号，即《信托法の施行に伴う関係法律の整備等に関する法律》（《信托法施行时相关法律调整法》）对本条做了微小改动，该法中将本条中"第22条"修改为"第26条"。

[3] 田边光政：《商法总则·商行为法》（第3版），新世社2006年版，第41—42页。

年商法修改前，日本商法全面排除了小商人适用商号的相关规定，但2005年修改中缩小了范围，仅排除其适用第11条第2款，即按新《日本商法典》第11条第1款规定，小商人可以将其姓、全名及其他名称作为其营业名称；因此，根据现行《日本商法典》，小商人的营业名称虽不能进行登记，但已成为商法上的商号。

关于小商人选任经理，一直是日本商法及实务中未有定论的问题。通说认为，经理制度以商业登记为前提，因小商人不适用商业登记的规定，故自然排除了其选任经理的权利。不过，通说同时认为小商人不能选任经理不妨碍其选任代理人，并且其可以赋予代理人以广泛的代理权，[1]两者的区别在于，经理的代理权直接来自《日本商法典》第21条规定，而小商人的代理人仅能于小商人赋予的代理权范围内进行有效代理行为。但是，少数说认为，经理选任的登记仅是对抗要件而非生效要件，因此，小商人也可以选任经理。在2005年商法修改中，未对本条中关于本法第22条的排除适用做修改，即本法第22条关于经理登记的规定，不适用于小商人；即仍未明确小商人是否可以选任经理。在2006年12月15日日本法务部法律第109号关于实施信托法的法案中，将本条中"第22条"修改为"第26条"，由于小商人不适用第五章关于商业账簿的规定，因此无从进行登记事项，此次修改似乎也并不是对各学说作出的回应。

此外，随着日本新公司法对最低注册资本制度的废止，有可能会出现资本金额少于50万日元的公司，但是对于此类公司而言，因其是以公司身份存在，故必须遵守商号登记及商业登记等方面的规定，因此，其与小商人还是存在着本质的区别。

---

[1] 大隅健一郎：《商法总则》，有斐阁1978年版，第114页。

第三章 商业登记[1]

本章是关于营业公示的规定。所谓商业登记，是指根据商法及公司法的规定，于商业登记簿上进行的登记。[2]从历史角度考察，商业登记制度的起源，可追溯到中世纪时期存在于意大利的商人团体名簿，其上主要记载作为团体成员之商人的姓名、辅助人及营业标志等；其不仅作为证明商人属于团体成员的公法上凭证，而且还是团体成员之外的人向商事法院起诉团体成员时的根据。[3]

现代商事交易中，商人能力及雇员代理权的有无、代理权的范围等事项常常会左右交易的效力，商人将此类事项通知一个个交易相对方显然不切实际，而交易相对方每次交易均要独自调查此类事项也必定困难重重，所以，若将交易上的重要事项通过一定的程序进行公示，显然会有力地提高交易的便捷性、灵活性及安全性，这是商业登记制度存在的意义，也是商业登记制度的关键。因此，现代商法中的商业登记制度，主要是通过将商人相关的特定事项进行公示，以满足具有大量性、反复性特征之商业活动的实际情况以及商事营业中灵活性、安全性的需求。其实，在某种意义上，该制度

---

〔1〕 2005年原商法修改前，本章共7条，2005年修改时删除了管辖登记、登记公告等规定，仅完整保留了第10条关于变更登记与注销登记的规定。此外，2005年修改时新增了第8条通则性规定并修改整合了登记效力的规定。

〔2〕 弥永真生：《商法总则·商行为法》（第2版），有斐阁2006年版，第23页。

〔3〕 大隅健一郎：《商法总则》，有斐阁1978年版，第252页。

的目的"仍是着重保护一般公众及维持商人信用"[1]。如今,日本商业登记制度已经电子化,登记内容基本已经全面实现电子化和信息化,而且自2000年起,使用者已经可以方便地通过网络查阅各类公司的相关登记信息。

第八条 [通则]

本编所规定之应登记事项,通过当事人的申请,依商业登记法(昭和三十八年法律第一百二十五号)规定登记于商业登记簿。[2]

关于"登记事项",日本商法及公司法的立法宗旨十分明确,主要是在不损害自身利益的前提下,应将可能给交易对方带来影响的交易上的重要事项作为登记事项;通常指交易上重要且具有法律意义的事项,主要为"责任关系"事项。由于日本制定了新《公司法》,此处的登记事项主要包括商人基本登记事项及个人商人相关的事项,前者如商号及经理相关事项,后者如未成年人或监护人经营营业的事实等。

日本学界通常将登记事项作出两种分类:一是根据登记的强制与否分为绝对性登记事项与相对性登记事项,商法上所规定的登记

---

[1] 莲井良宪、森淳二朗:《商法总则·商行为法》(第4版),法律文化社2006年版,第111页。

[2] 日本商事法中,商业登记簿共有九种,适用对象分别为:商号(Trade name "商号")、未成年人(Minor "未成年者")、监护人(Guardian "后见人")、经理(Manager "支配人")、无限公司(General Partnership Company "合名会社")、两合公司(Limited Partnership Company "合资会社")、有限责任公司(Limited Liability Company "合同会社")、股份公司(Stock Company "株式会社")及外国公司(Forein Cororation "外国会社")。此外,本章所说的登记,不包括船舶登记、民法中的不动产登记及各种合作社的登记等。

事项基本为前者，但个人商人的商号登记为后者；二是根据登记的效果分为创设性登记事项及免责性登记事项，前者的登记事项可以创设事实及法律关系，如经理的选任等，后者的登记事项则可以使当事人免责，如经理的解聘等。

日本的商事登记制度实行"当事人申请主义"，即由当事人向其营业所（Business Office）所在地的法务局、地方法务局、分局或派出所申请登记（《日本商业登记法》第1条第3款）；但裁判中产生的应登记事项，由法院依职权委托登记机关进行登记。在登记审查方面，日本实行的是形式审查主义，即登记机关的登记官仅对申请人所申请的事项是否为法定事项、申请人有无权限等内容进行形式上的合法性审查。日本通说及判例均认为，登记官非法官，因此不适宜对申请事项的真实性进行实质审查；而实际上，对登记事项进行真假调查在事实上也不可能施行。[1] 此外，关于登记的具体申请方式、受理、申请的驳回、更正及注销等，日本商业登记法均作出了较为详细的规定。

第九条［登记的效力］

本编所规定之应登记事项，未经登记不能对抗善意第三人。即使已做登记，当第三人因正当事由而未能知悉登记事项时，登记同样不具对抗效力。

本款是关于商业登记效力的规定。

日本商法学上通说通常将商业登记的效力分为一般效力及特殊效力。

（1）商业登记的一般效力，即宣示性效力，指应登记事项（包

---

［1］ 弥永真生：《商法总则·商行为法》（第2版），有斐阁2006年版，第24—25页。

括绝对应登记事项及相对应登记事项）非经登记不能对抗善意第三人；虽经登记后，若第三人因正当事由而未知该登记事项，该登记事项亦不得对抗该第三人。通常，此一般效力的宣示性又被区分为消极性公示力及积极性公示力。

消极性公示力（登记前），是指对于应登记事项，即应登记的事实及法律关系，即使在实体法上存在，在登记之前当事人亦不得以此对抗善意第三人。该类未登记事项，不能对抗善意第三人，但不妨碍营业主与经理之间、公司与雇员之间以既存事实方式进行主张。此外，本款中第三人的范围，包括所有与登记事项存在正当利害关系的人；善意与恶意的判断则以该第三人与当事人间存在法律上利害关系进行交易时为基准，而且此处的善意应包括过失及重大过失。[1]

积极性公示力（登记后），通说认为，一定的登记事项实际存在且已经登记，则认为第三人已经知悉，除非第三人能够自证因正当事由而未知，否则当事人可以以该登记事项对抗第三人。本款中所规定的正当事由，通说及判例采"严格解释说"，即认为仅指因战争、地震、交通中断、报章及政府公告等在客观上无法到达，从而导致第三人对登记事项应知而未知的情况。依日本既有判例，第三人的主观因素，如疾病、海外旅行等原因均不包含在内。[2]但最近也有不少日本学者支持适当扩大正当事由的观点，即所谓"正当事由弹性化"学说。

（2）商业登记的特殊效力。商业登记除了具有公示既存事实及

---

[1] 弥永真生：《商法总则·商行为法》（第2版），有斐阁2006年版，第26页。
[2] 江头宪治郎、山下友信编：《商法（总则·商行为）判例百选》（第5版），有斐阁2008年版，判例9。

法律关系的通常性目的（宣示性效力），往往还会发生一些特别的效力，日本商法学上通常称之为商业登记的特殊效力，在特殊效力的情况下，不适用本款规定。

此处的商业登记的特殊效力主要体现为：①创设性效力。通过登记创设新的法律关系，即登记是一定法律关系成立或生效要件的情形，如各类公司的设立等。②补充性效力（补完性）。通过登记，将某些既存法律关系中存在的瑕疵加以弥补，使既存的存在瑕疵的法律关系具备完整的法律效力。③强化性效力。通过登记，有时可以强化对当事人的保护，如《日本公司法典》第818条关于外国公司的规定。④对抗效力。如本法第15条第2款规定的商号转让时的登记，可以发生物权变动对抗要件性质的效力。⑤附随性效力。商业登记，有时具有免责的效力，如日本公司法中人合性公司股东的退出登记，经登记两年后，可以免除与公司经营相关的责任。

故意或过失登记不实事项者，不能以此事项乃不实事项为由对抗善意第三人。

本款是关于不实登记效力的规定，即针对登记了不真实或虚假法律关系时，如何认定法律效果的规定。商业登记的目的是公示既存事实及法律关系，当所登记的事项不存在时，即使已为登记也不应发生任何效力。但此种情形下，若登记人针对"因信赖登记而作出法律行为的第三人"主张登记事项不存在时，第三人很容易会失去法律保护，如此一来，商业登记制度的存在就失去了意义。因此，本款规定，因故意或过失进行了不实登记时，该登记对善意第三人不具有对抗力，即本条采用了外观信赖保护及禁反言的原则，以此维护商业登记的公信力。

本款规定，以登记当事人的故意或过失为必要条件，登记官的过失或第三者的虚假申请并不在此限。但日本法院的判例认为，对现存的不实登记放任不管的情况下，类推适用本条规定，即判例确认了当事人有更正现存不实登记的义务。此外，本条目的是保护第三人，故通说认为，只要第三人对不实登记基于善意，其即使存在过失或重大过失也不影响善意的判定。

第十条［变更登记与注销登记］

依本编规定，登记之事项发生变更或该事项已消失时，当事人应立即办理变更登记或注销登记。

本条是关于登记事项变更或注销时应及时进行登记的规定。商业登记制度的目的在于对真实事项的公示，因此，当登记事项发生变更或注销事实时，当然应当及时进行相应的登记；必要性登记事项自不必说，即使是任意性登记事项也应尽早完成相应的法律手续。

第四章　商　号

　　商号，是指商人在其营业上使用的名称。商号制度始于中世纪的意大利，伴随公司制度发展而产生；此后，个人商人也开始使用商号。日本自室町时代（1333—1568年）起，商户既已存在使用"屋号"（店铺名称）进行营业的惯例，至江户时代已经相当普遍化。在江户时期，个人的姓氏尚不能作为商号使用，当时的商号均是"屋号"；但是至明治维新后，日本国民均可以以自己的姓名作为商号。

　　商号作为表征营业主体的名称，通过持续地使用渐渐集聚起社会性及经济性的信用及名誉；对一般公众而言，其对商号的信赖甚至超过对商号背后的商人本身的信任。因此，商号几乎成了商人信用的标的，其财产性价值往往与商人的经济上利益密切相关。基于此，法律对其继承、转让、不受妨碍地使用、排除侵害等方面予以规制，显然是必要的。应当说，围绕商号的法律规制，不仅是对使用商号之商人的保护，同时，在间接效果上，立法主体也在谋求对公众及第三人进行保护。

第十一条 ［商号的选定］

　　商人（公司及外国公司除外，下同），可以以其姓、全名或其他名称为商号。[1]

商人可以办理商号登记。

本条是关于商号选择的规定。

关于商号的选定，世界范围内主要存在三种立法主义。第一种是商号真实主义，即要求商号必须与商人的名称或营业的实际内容相一致，采用此种立法主义通常不认可商号的转让及继承，如采用法国立法模式的一些国家即为此种立法主义。第二种是商号自由主义，即无论是公司还是个人均可自由选择营业上的商号，英美法系的多数国家基本采用此立法主义。第三种是折中主义，采用该立法主义的国家，进行新商号选择时要求所选商号必须与商人名称或实际营业内容相同，但认可商号的转让及继承。我国现有的商号选择制度为折中主义，但限制过于严苛，行政色彩过于浓厚。

根据本条第1款规定，日本的商人可以以其姓、姓名及其他名称作为其营业商号，因此，《日本商法典》的商号选择制度具有较多的商号自由主义的立法色彩。应当说，实务中日本商人在选择商号时限制较少，但也存在一些明确性限制。具体而言，日本商人在选择商号方面存在以下四个具体限制：①商号单一原则（其实，日本商法并没有明文规定该原则）。如就公司而言，因其仅具有单一法人人格，作为表示其法人人格的公司名称，自然仅能有一个商号，而且，即使其从事数种营业种类，其公司商号也仅允许有一个。但对个人商人而言，日本商法学界及实务界则存在争议。日本

─────────

〔1〕 商号是商人营业上的名称，所以商号的成立应以营业的实际存在为前提，但日本实务判例认为，若存在营业的准备行为，即可以认定商号的成立［大审院大正11.12.8；民集1卷11号714页］；此外，在法律关系中通过商号进行交易，进而取得权利或承担义务的是作为营业者的商人，所以商号是商人的名称，而不是营业的名称（大隅健一郎：《商法总则》，有斐阁1978年版，第180—181页）。也正基于此，商人即使进行了营业变更其商号仍可以保留。

曾有判例认为，所谓商号单一原则，是指商人的同一个营业的同一个营业所（Business Office）的商号仅限一个，即认可商人可以在其每个营业所拥有一个商号（大判大正13.6.13民集3卷280页[1]）。对于同一营业所同一营业仅限于一个商号及数种独立的营业每种营业拥有不同的商号，日本商法学界的学说与判例立场一致；但是，对于判例所认可的同一营业不同营业所可以有不同商号的观点，商法学界通说则持否定立场。通说认为，商号是认识营业同一性的标准，如果认可同一种营业可以有不同商号，很容易导致公众的误识或误解；而且，这在客观上也限定了他人在商号选择方面的自由度，同时还可能会引起交易上不必要的弊端。②公司选择商号的限制。《日本公司法典》中目前规定了四种公司类型，即LLC、无限公司、两合公司及股份公司，不同类型的公司在选择商号时必须在商号中体现相应的公司类型（《日本公司法典》第6条第2款）。此外，日本商法的各种特别法中，通常也要求不同业种的公司在其商号中明示其营业内容，如经营银行、信托及保险业的公司，必须在其商号中使用"银行""信托"或"保险"等文字（《日本银行法》第6条第1款、《信托业法》第14条第1款、《保险法》第7条第1款），而非此种类型的公司，则禁止使用此类文字。③非公司商人选择商号的限制。非公司商人的商号中不得出现公司字样（《日本公司法典》第7条），判例甚至认为，不仅仅限于公司之字样，让普通民众误认为是公司的文字同样不得使用（大判明治44.11.20民14辑1194页[2]）。④不得使用使人误认为是其他营业商人的商号

---

[1] 转引自弥永真生:《商法总则·商行为法》（第2版），有斐阁2006年版，第34页。

[2] 转引自田边光政:《商法总则·商行为法》（第3版），新世社2006年版，第84页。

(本法第12条,《日本公司法典》第8条第1款)。总体而言,中日两国在商号选择的限制与要求上,并不存在本质的区别。

本条第1款中规定"可以以其姓、全名或其他名称为商号"。日本商法学界通说认为,既然商号为"名称",就必须用文字来表示,图形、记号及花纹等虽然可以作为商标使用,但不能作为商号。例如,"联想"可以为商号,但囻或㊨则不能成为商号。此外,2002年之前的日本商法规定,商号必须使用日本文字,包括日文汉字、平假名和片假名,外国文字则不予认可。例如"日本IBM"作为商号使用时,必须登记为"日本アイ·ビー·エム",这就导致了此类公司在日常营业中使用带英文标识的名称,而在公权力机关登记及与银行交易时使用登记簿上的名称的现象,显然给日常活动带来了不便。平成14年(2002年),日本在修改商业登记规则时,废除了此项规定,根据新规定,现在进行商号登记时罗马字等其他文字及法务大臣所指定的文字均可以使用。

商号是商人在营业关系中表征自己时使用的名称,所以非商人在营业中所使用的名称不是商号。日本商法学界通说认为,相互保险公司(Mutual Insurance Corporation)、信用合作社(Credit Cooperative)等应列为非商人,所以其名称不是商号。但也有学说认为,此类法人可以视为商人,其名称也应是商号。[1]对于公司而言,在营业关系以外不存在自然人所具有的一般生活关系,故其所有生活关系均以商号来进行;但是,对个人商人而言,必须区分其营业上行为以及与营业没有关系的一般生活关系上的行为。个人商人在营业关系中表征自己时使用的名称,自然是商号;但其在一般生活中表征自己所使用的姓名以及营业外特定生活关系中所使用

---

[1] 田边光政:《商法总则·商行为法》(第3版),新世社2006年版,第83页。

的雅号或艺名等均不是商号。

本条第2款是关于个人商人进行商号登记的规定。从本款规定看，关于个人商人的商号登记，日本商法采登记自由主义。结合本法第7条及《日本公司法典》第911—914条的规定，日本商事法对商人商号的登记政策是：小商人的商号不能进行登记，个人商人的商号可以进行登记，公司类商人则必须对其商号进行登记。

2005年日本商法修改中，新法删除了原商法典第19条禁止在同一县乡村内就同一种营业登记同一商号的规定，同时废止了原商法典第20条禁止使用同一或类似商号的规定。结合此背景，从文意上理解，在新法施行中，某个人商人甲即使对其商号已作登记，某乙若也想用同一商号进行同种营业时，也可以在同一县乡村对该商号进行登记。仅从本款规定的文义看，日本新商法典的规定似乎极大地弱化了对登记商号的保护，而且近乎荒谬，但其实事实并非如此。依据原商法第20条规定，商号经登记后，无论是否在同一县乡村，均可阻止他人以不正当竞争目的使用同一或类似商号；但根据现行《日本防止不正当竞争法》，未经登记的商号同样享有此种权利，而且即使侵害方不是基于不正当竞争目的也可以阻止对方使用同一或类似商号，因此，原商法第19、20条基本形同虚设，保留此两条规定，围绕商法与不正当竞争法的适用问题，反倒会导致立法论及解释论上的混乱。[1] 从这个意义上，直接将其删除倒收到了以退为进的实际效果。

此外，针对第19条的废除，还有学者指出：现代化的经济关系中，由于企业的活动领域日益广域化，对同一县乡村的限制性规定，其实效果甚小；而且，根据修改前商法，对于准备创业的人而

---

〔1〕 落合诚一、大塚龙儿、山下友信：《商法Ⅰ——总则·商行为》，有斐阁2006年版，第53页。

言，事先对自己选定的商号是否已有同一商号必须进行调查，这也不符合新《日本商法典》及新《日本公司法典》"创业迅速化"的立法精神。[1]

第十二条［易误认名称等的禁用］

任何人均不得以不正当目的使用可能使人误认为是其他商人的名称或商号。

商人的营业上利益，因他人使用违反前款规定的名称或商号而受到侵害或者存在侵害可能时，商人可以请求侵害或可能侵害其营业上利益者停止或防止侵害。

本条是关于商号权的规定。所谓商号权，是指商人对其使用的商号所拥有的权利。具体而言，商人对其商号具有不受他人妨碍进行使用的权利（商号使用权），同时具有排斥他人不正当使用同一或类似商号的权利（商号专用权）。[2] 关于商号权的性质，即其是人格权、财产权还是二者兼有，日本商法学界见解并不统一；通说认为，商号权具有二重性格，是人格权与财产权的统一。如商号权受到侵害后，法律上规定了恢复其信用的措施（《日本防止不正当竞争法》第3、4条），这应是人格权性质的体现，而商号权的转让则又体现出其具有财产权性质的一面。

本条第1款是关于商号使用权的规定。本款所规定的"不正当目的"包括日本旧商法第20条所规定的"不正当竞争目的"，其成立要件不需要侵害人具有侵害其他商人姓名权或商号权的意思，仅需具备使人误认为其营业为其他商人的营业、以利于自己开展营

---

[1] 莲井良宪、森淳二朗：《商法总则·商行为法》（第4版），法律文化社2006年版，第60—61页。

[2] 大隅健一郎：《商法总则》，有斐阁1978年版，第197页。

业的目的即可（最判昭和36.9.29[1]）；而且，不正当目的成立不要求二者为同一类型的营业。"使用可能使人误认为是其他商人的名称或商号"，则是指在自己的商号中使用其他商人的姓、姓名、其他名称或商号等足以使人误解的情况。例如，商号为"超人股份公司"的饮食企业，在经营中该公司如发现了其他城市存在着商号为"超人无限公司"的企业，前者即可根据本款之规定，认定后者的商号与其商号的主要部分一致；换言之，二者虽公司类型不同，但足以使人误认为后者与前者为一家企业。类似情况中，可以认定后者构成对前者商号使用上的妨碍，而根据《日本民法典》第709条的规定，即可以认定后者对前者商号使用的侵害构成侵权行为。此外，商人选定商号后，无论是否进行了登记，他人均不得妨碍其对该商号的使用。通说及判例均认为，即使其没有进行登记，由于先使用某商号的商人不存在不正当的目的，此后即使另有商人选定此商号并进行了登记，也不能请求先使用该商号的商人停止使用。

2005年日本商法修改后，关于本条第2款是否为商号专用权的规定，日本商法学界存在争议。有学者认为，修改前商法第19条规定的禁止在同一县乡村内就同一营业登记使用同一或类似商号的条款已经删除，所以，只要不是出于"不正当目的"在同一县乡村就可以使用同一个商号，而且还可以登记，因此，新商法并没有认可商号专用权。但多数学者认为，应从商事法整体出发考察商法是否认可了商号专用权。[2] 其实，针对此问题，还是应当结合《日本公司法典》第8条及《日本防止不正当竞争法》的规定，进行整体性及系统性考察，通过综合考察可以发现，日本整个商事法律体系中依旧坚持了商人的商号专用权。

---

[1] 弥永真生：《商法总则·商行为法》（第2版），有斐阁2006年版，第37页。
[2] 田边光政：《商法总则·商行为法》（第3版），新世社2006年版，第90页。

第十三条［罚款］

违反前条第一款之规定者，处一百万日元以下的罚款。

对于不正当目的使用商号者，利益受损者可以请求其停止使用及承担损害赔偿责任。除此之外，本条还特别规定了对其进行罚款的制裁。本条规定的罚款不是刑事处罚，但《日本防止不正当竞争法》中则具体规定了有期徒刑及罚金的刑事制裁条款。

第十四条［商人授权他人使用自己商号时的责任］

商人授权他人使用自己的商号从事营业或事业，第三人误以为是该商人的营业而与被授权人交易时，就该交易所生债务，该商人与该被授权人负连带清偿责任。

本条是关于授权他人使用自己商号的规定，日本商法学上通常将许可他人使用自己商号的行为称为"名板貸"。本条规定，商人许可他人用自己的商号营业过程中，第三人误以为是该商人的营业而进行交易时，商人与该被授权人对交易所生债务负连带清偿责任。就本条的目的而言，显然是保护信赖外观而进行交易的普通交易主体；从理论上，本条规定也是外观理论或禁反言法理的具体体现。

日本商法实践中，本条适用的具体要件主要有以下四点：

（1）商人商号现实中实际使用的状态（外观的存在）。日本法院的判例认为，本条规定的许可他人使用自己商号，不限于使用完整商号，添加附加文字及简化使用的情况，同样适用本条规定（最判昭和33.2.21民集12卷2号282页[1]）。另外，2005年日本商法修

---

［1］ 转引自大隅健一郎：《商法总则》，有斐阁1978年版，第206页。

订后，本条规定与修改前商法的第23条略有不同，修改前"名板贷"的借出主体（即许可使用自己商标的主体）包括自然人，而修改后的日本新商法仅适用于商人，而且仅适用于商人许可他人使用自己商号的情况。其实，这较为直接地反映了本法第1条规定的宗旨，即商法是关于商人营业、商行为及其他商事关系的法律。

（2）商号使用的授权及许可他人"从事营业或实业"的客观事实（归责事由）。具体为：①商号使用的授权。授权他人使用自己的商号，是作出授权之商人承担责任的归责事由，也即作出授权之商人的授权行为提供了使第三人产生误认可能的"外观"。日本法院判例认为，此处所规定的许可或授权，包括明示及默示两种情况。在判定是否为默示许诺时，通常认为，除应考察放任、不加阻止（不作为）的情况外，还应考虑附随性情况（如双方在同一经营场所进行同一营业，容许他人使用自己的营业所等），即一般与"第三人可能产生误认"相关时，不作为或放任行为均明显有悖于社会通常观念的状况，可以直接认定为默示的许可（大阪高判昭和37.4.6下民集13卷4号653页[1]）。②许可他人使用商号的目的为从事"营业或事业"。日本法院判例曾确认，本条的适用条件为许可他人使用自己的商号进行"营业或事业"的行为，但也曾有判例认为，非直接应用于营业，单纯的票据行为也应类推使用本条规定。[2]

（3）第三人误认的事实（外观的信赖）。即商人连带责任的承担，以第三人将交易对象误认为是商号拥有者的商人本身为条件。本条并没有明文规定过失的认定，日本法院的判例认为，既然目

---

[1] 转引自弥永真生：《商法总则·商行为法》（第2版），有斐阁2006年版，第43页。

[2] 泓常夫：《商法总则》（第5版），弘文堂1999年版，第116页。

的是保护信赖外观的第三人,仅应对有轻过失的第三人给予保护,对于有重大过失的第三人,应等同于恶意而不予保护(最判昭和41.1.27民集20卷1号111页[1])。

(4)商人所应连带承担的债务必须是因"交易"而产生。即该债务须直接因交易而产生,包括因被许可方不履行债务而产生的损害赔偿责任、因合同解除而产生的恢复原状及定金返还义务等。至于侵权行为产生的债务,日本法院的判例及商法学界通说认为,对于被许可方的单纯性侵权行为(如交通事故等)应适用民法规定,由其本身独立承担责任,但对于交易行为外观下的侵权行为(如欺诈、伪造票据等行为),应适用本条规定,认定连带责任。

此外,本条所规定的"他人"应为商人,但通说认为,被许可人为非商人时,应类推使用本条规定,对此,日本法院的判例也持支持态度(最判昭和35.10.21民集14卷12号2661页[2])。

第十五条 [商号转让]

商人的商号,仅限于与营业一起或者废止营业时可以转让。
前款规定之商号转让,非经登记不能对抗第三人。

本条是关于商号转让的规定。

根据现行日本商事法律,无论登记与否,商号均具有排他性效力,而且像其他具有财产性价值的有形财产一样,可以成为转让的对象。由于营业与商号分离进行转让会导致误认现象的产生,所以日本商法仅许可商号与营业一起转让或者营业废止时的转让。具体而言,日本商事实务中商号转让的情形主要存在以下几种:

---

〔1〕 转引自大隅健一郎:《商法总则》,有斐阁1978年版,第209页。
〔2〕 判例转引自田边光政:《商法总则·商行为法》(第3版),新世社2006年版,第95页。

（1）营业与商号同时转让。此种情况下，要求必须对营业进行整体转让，不允许仅就部分营业与商号一起转让。但日本商法学界也有学说认为，商人将营业总部与分店的营业进行分离再将总部与商号一起转让，只要不与其他规定（如本法第16条）相抵触，转让人即可以仅就剩余的分店用原商号进行营业，[1]日本有不少学者支持此学说。

（2）营业废止时商号的转让。商人营业废止时，可以仅就商号进行转让。其实，此种情况下，应是以转让人与受让人经营异种营业为前提，因为转让人营业废止情况下，商号受让人经营异种营业，才不至于导致"不知营业主体变更的第三人"产生误认，而这也应是法律认可商人废止营业后可以单独转让商号的初衷。[2]

（3）不同类型商人间商号的转让。关于个人商人与公司间、不同类型公司间能否进行商号转换，日本商法并没有给予明确的规定，日本法院的判例及商法学界对该问题所持的观点争议较大。

对此，京都地方法院的一个代表性判例表达了两点观点。首先，针对具体案例，应从整体上考察一个商号，因此，现实中不能允许"将商号分割仅转让其部分文字"或者"将其他商号仅作为自己商号的一部分"，而根据《日本公司法典》的规定，公司必须在其商号中明示表征其类型的公司字样，非公司类型的商人则不得在其商号中使用表示公司性质的文字（《日本公司法典》第7条）。基于此，公司与个人商人及异种公司间不能进行商号转让。其次，现实中，的确存在公司从自然人及不同类型公司处收购商号，并以其主要部分加上自己公司类型的文字作为商号的情况，但这不是商号的转让，这仅是让他人放弃商号，从而获得商号使用权而已（京都

---

[1] 大隅健一郎：《商法总则》，有斐阁1978年版，第201页。
[2] 田边光政：《商法总则·商行为法》（第3版），新世社2006年版，第91页。

地裁昭和32.11.13下民集8卷11号2060页）。

与此不同，东京地方法院的一个代表性判例则表达了另一种观点。案例大致为，个人商人受让了一个商号为"名和洋品店"的实体营业，受让后其在"名和洋品店"商号后附加了"股份有限公司"字样，并以此为商号开始经营，关于此种做法的合法性问题，判决认为：在原商号（名和洋品店）后附加公司类型的文字，并没有丧失商号同一性原则，应符合旧商法第26条（本次修改后商法的第17条第1款）商号续用的规定（东京地裁昭和34.8.5下民集10卷8号1634页）[1]。

对于上述两个观点不同的判例，有的学说支持东京地方法院的判决，认为商号中标识公司类型的文字并不是商号的主要部分，认可其符合同一性更为合适；[2]有的学说则认为京都地方法院判决的说理部分更合适；[3]学界观点亦不统一。

此外，本条第2款是关于商号转让程序及对抗要件的规定。按新《日本公司法典》的规定，公司商号转让时，必须进行章程变更登记手续；但依本条第2款及《日本民法典》第176条之规定，个人商人商号的转让，意思表示一致即可，即商号转让时双方意思表示一致即产生效力，登记仅是对抗要件而并不是生效要件。根据本条第2款规定，商号转让时只要没有登记，无论第三人出于善意或恶意，均不具有对抗第三人的效力；甚至，根据本条第2款规定，若商号持有人"一号二卖"，并恶意协助后买方办理了登记，则后买方的商号权具有优先性。

---

[1] 转引自田边光政：《商法总则·商行为法》（第3版），新世社2006年版，第91—92页。
[2] 大隅健一郎：《商法总则》，有斐阁1978年版，第202页。
[3] 服部荣三：《商法总则》（第3版），青林书院新社1983年版，108页。

第十六条［营业转让的竞业禁止］

当事人若无特别的意思表示，转让营业的商人（本章中，以下称"转让人"），自营业转让之日起二十年期间内，不得于同一县乡村［东京都存在特别区的区域以及地方自治法（昭和二十二年法律第六十七号）第二百五十二条之十九第一款所指定的城市中，为区，下同］或者与其相邻的县乡村区域内从事同一营业。

转让人作出不进行同一营业的特别约定时，自营业转让之日起三十年期间内，该特别约定有效。

转让人不得无视前两款之规定，以不正当竞争的目的从事同一营业。

本条是关于营业转让及其竞业禁止方面的规定。众所周知，营业的整体价值远超过构成营业的各个财产的价值总和，因此，认可"有机的总括性营业财产"的一体转让，不仅对交易的当事人，对国民经济及社会效益而言也十分有益。[1]

（1）营业转让的概念。在对本法第1条的注释中，详细介绍了关于客观意义营业的各种学说，由于对客观意义营业的理解不同，日本商法学界对"营业转让"的理解也不同。营业行为说认为，营业转让是伴随"营业者地位的承继"产生的"营业财产的转让"；营业组织说认为，营业的转让是"营业中固有事实关系以及营业组织的转让"，各种财产作为营业组织的附属物附随转让；而作为通说的有机性营业财产说认为，营业转让是指一定经营目的下的"有机结合的组织化财产"的一体转让。

---

［1］ 大隅健一郎：《商法总则》，有斐阁1978年版，第299页。

（2）营业转让的性质。关于营业转让是什么性质的法律行为，日本商法学界主要存在三种观点。第一种观点认为，营业转让的性质为以转让营业为目的的债权性契约（营业财产转让说的观点，通说）；第二种观点认为，营业活动的承继仅是财产转让伴随的社会性及经济性效果，主张营业转让在性质上不过是营业者地位的交换（营业行为说的观点，地位交替说）；第三种学说的观点为上两种观点的折中，该说认为，第一种观点过于关注营业转让中经济性价值的转移，在营业主体变更方面把握不足，而后者则相反，因此，应从营业转让中营业财产的转移以及营业主体的承继两个方面复合性地把握营业转让的性质（地位及财产转让说）。[1]

日本最高院的判例指出，"营业转让是一定经营目的下'组织化的有机性财产'的一体转让，且受让人因此得以承继营业活动并理所当然承担法律上的竞业禁止义务"（最判昭和40.9.22民集19卷6号1600页[2]），从该判例的判决内容分析，最高法院显然支持上述第三种学说，即地位及财产转让说。针对判例内容，有学者指出，营业财产的转移与经营者地位的承继，在事实上理所当然是相伴存在的，最高法院的判例混淆了"法律视角与经济视角"的维度，而且竞业禁止义务可以通过特别约定进行排除，同时，其也并不是营业转让不可或缺的要件。[3]因而，虽然现在地位财产转让说成为较为有力的学说，但在日本商法学界，第一种学说的通说地位似乎并没有改变。

（3）营业转让的相关形态。在实务中，需要注意与营业转让相

---

[1] 奥岛康:《论点汇编——商法1》，法学书院1998年版，第30页。
[2] 转引自田边光政:《商法总则·商行为法》（第3版），新世社2006年版，第145页。
[3] 莲井良宪、森淳二朗:《商法总则·商行为法》（第4版），法律文化社2006年版，第127页。

关或易混淆的三种转让形态。一是营业的全部转让与部分转让。当商人仅经营一个营业时，营业的转让自然为全部转让。个人商人经营数个独立的营业（如同时经营着运输、书店等独立营业），将其中某一个独立的营业作为整体转让时，为营业的全部转让而不是部分转让。但公司经营数个独立营业，以整体的方式转让其中一个营业时，不是全部转让，而是《日本公司法典》第467条第1款第2项规定的部分转让。二是营业转让与用于营业的财产的转让。营业转让是将包括事实关系在内的组织化的、有机性的企业财产一体转让，而用于营业之财产的转让，仅是将营业中使用的个体财产或某类财产的集合物进行转让。但是，营业转让的场合，将企业财产的部分仍保留于转让人时，为维持社会通常理念上"营业的同一性"，仍应视为营业转让。三是分店或所属工厂的转让与营业的部分转让。分店营业所（Business Office）或工厂设施等其他日常应用于营业之财产的概括转让，通常情况下应视为营业的部分转让。[1]

此外，本条第1款的规定，主要是强调营业转让不仅仅是营业财产的转移，更重要的是转让人不得妨碍受让人"通过营业正常营利"的经营活动，但本款所规定的20年期间仅是指导性期间，交易当事人可以通过特别约定排除竞业禁止义务。本条第2款规定了特别约定的期间不得超过30年，之所以设定竞业禁止义务的时间限度，立法本意应是为了防止营业受让人对转让人作出营业自由的不当限制。本条第3款规定，立法本意应在于禁止营业转让人仅于形式上不违反第1、2款的规定，而实质上以不正当竞争为目的经营同一营业的行为。第3款规定对于通过特别约定排除了竞业禁止义务的情况很有意义，而且，本款规定的不正当竞争目的，并不仅

---

〔1〕 大隅健一郎：《商法总则》，有斐阁1978年版，第304—305页。

限于同一县乡村及邻接的县乡村,对日本国内的上述范围以外的地区同样有效;另外,所谓"不正当竞争目的",主要是指转让人争夺受让人营业上客户的意图或目的,客观上主要表现为经营与已转让营业同种的营业。

第十七条［受让人继续使用转让人商号的责任］

受让营业的商人(本章中,以下称"受让人")继续使用[1]转让人商号时,对转让人营业所生债务负清偿责任。

营业转让后,若受让人及时办理了不对转让人债务负清偿责任的登记,则前款规定不适用。营业转让后,受让人及转让人及时将上述登记事项通知第三人时,对于收到该通知的第三人,前款规定亦不适用。

受让人按照第一款规定对转让人的债务负清偿责任的情形,若债权人于营业转让之日起两年内未进行请求或请求预告,则该期间结束时转让人的责任消灭。

受让人继续使用转让人商号,转让人营业上所生债权之债务人向受让人进行清偿时,若该债务人善意且无重大过失,则其清偿行为有效。

本条是营业转让及转让人与第三人关系的规定,立法的主要目的是保护营业转让人的债权人及债务人。受让人受让营业后继续使用转让人商号时,虽然转让人仍为债务人,但受让人对转让人营业

---

〔1〕 此款中的"继续使用",是指无论对商号登记与否,于受让后事实上继续使用即可,而且,仅于原商号后附加表征公司种类的文字,亦视为商号的继续使用。但是,日本有判例认为,若转让时的公司类型与受让后公司类型相异,且于商号前添加"新"字的商号,不视为商号的继续使用,如"米安商店有限公司"与"新米安商店两合公司"不视为继续使用［最判昭和47.3.2民集26卷2号183页,转引自弥永真生:《商法总则·商行为法》(第2版),有斐阁2006年版,第56页］。

中所产生的债务应付偿还的责任（不真正连带责任），这是外观法理具体化的体现，目的在于保护善意的债权人。受让人所承担的偿还责任是营业上所产生的所有责任，内容上包括侵权行为等产生的债务，而且，偿还债务时，责任财产并不仅限于从转让人处转移的积极财产，还包括其自有财产。不过，即使继续使用原商号，但受让人在营业转让后及时办理了不对转让人债务负清偿责任的登记或者受让人及转让人及时将上述转让事项通知第三人时，受让人对转让前营业债务不再承担责任。本条第 3 款规定了受让人承担偿还责任情况下转让人的责任存续期间，若营业转让之日起两年内债权人未提出请求或发出请求预告（Advance Notice），则除斥期间经过时转让人责任消灭。

前三款主要围绕营业上的债权人，本条第 4 款则在于规制受让人与营业上债务人间的关系。在进行营业转让时，若特定债权被排除在转让对象之外，则债务人应直接偿还于转让人。若无特别约定时，原则上营业上的债权均转移至受让人，但债务人对此类特别约定以及转让人可能作出的二重转让并不能及时知悉，因而，对债务人而言存在一定风险，尤其在受让人继续使用商号的情况下，债务人的风险尤其明显。因此，为了平衡此种风险，日本商法作出了意在保护债务人的特别规定，只要债务人不是基于恶意或重大过失，其对受让人的偿还一律有效。

第十八条［受让人的债务承担］

受让人未继续使用转让人的商号，但其作出承担转让人营业上债务的启事时，转让人的债权人，可以向该受让人提出清偿债务的请求。

受让人按照前款规定对转让人的债务负清偿责任的情形，

若债权人于前款启事公告之日起两年内未进行请求或请求预告，则该期间结束时转让人的责任消灭。

本条是关于受让人债务承担（Assumption）的规定，即受让人于营业转让后未继续使用原商号，但愿意主动承担营业转让前转让人债务的情况。通常而言，营业受让人不再继续使用转让人商号时，即可以不再承担转让人营业上债务的责任；但是根据本条及《日本公司法典》第23条规定，若营业受让人作出愿承担转让人营业上债务的启事时，转让人营业上债权人则可以请求受让人清偿债务。但关于本条中所规定的"启事"的实施方法、形式及内容，日本商法学界观点不一。

关于启事的方法，通常为通过报纸广告及张贴告示等较为典型的、针对不特定多数人的启事方法。通说认为，向大多数债权人分别寄送书信的形式也可以视为启事的方法之一。也曾有判例认为，召开记者招待会发表承担债务的谈话也属于启事的方法（那霸地裁昭和54.2.20载判例时报934号105页）。也有学者认为，是否构成启事主要应考察有没有承担债务的意思表示，对其启事的方法没有必要作出严格的限定。但学界议论较多的是，以"已受让营业"为内容的报纸广告或对客户的通知是否构成承担债务的启事。日本最高法院曾有判例认为，此类内容为受让营业的报纸广告，包含了承担营业上债务的意思（最判昭和29.10.7民集8卷10号1795页[1]）；但日本最高法院稍后的判例又认为，受让人对客户的通知仅是受让营业之事实的通知，并不构成本条中的承担债务的启事（最判昭和

---

[1] 转引自弥永真生：《商法总则·商行为法》（第2版），有斐阁2006年版，第58页。

36.10.13民集15卷9号2320页[1]）。目前，日本商法学界的通说支持后一个判例的观点，并认为构成承担债务的启事并不严格要求必须有承担债务的文字表述，但至少应能到达社会通常理念上能够确认其有承担债务的意思表示。

本条第2款与前条第4款相同，都是关于除斥期间的规定，这两个条款规定的立法本意在于强调营业上债务在实质上是营业本身的债务，即营业转让后应尽快使转让人脱离与营业相关的法律关系，使受让人尽早成为债务的承担人，以利于法律关系的稳定。

---

[1] 转引自田边光政：《商法总则·商行为法》（第3版），新世社2006年版，第157页。

第五章 商业账簿

商业账簿，是指商人为明确其营业上财产状况以及损益状况而基于商法上的义务制作的账簿（此定义为日本商法学界通说[1]）。日本商法学上商业账簿的内涵及其主要意义如下：

第一，商业账簿的具体含义。

（1）商业账簿是商人的账簿。非商人制作的账簿即使实质上与商业账簿类似也不构成商业账簿。例如，相互保险公司、信用合作社等各种协同合作社所制作的账簿，其适用规则虽然准用商业账簿的规定，但均不视为商业账簿。此外，根据本法第7条规定，小商人所制作的账簿也不属于商业账簿。

（2）商业账簿是以明确营业上财产状况及损益状况为目的的账簿。因此，即使是基于法律的强制性规定制作的账簿，如果不是关于营业上财产及损益状况的账簿，同样不属于商业账簿，如股东名册、股东会及董事会的会议纪事、公司的营业报告书等。

（3）商业账簿是商人基于商法上义务制作的账簿。也就是说，即使是商人营业中制作的账簿，若不是基于商法上义务而是商人任意制作的，也不属于商业账簿。如小商人所制作的账簿之所以不适用商业账簿的规定，即因为其不是基于商法上的义务而是小商人自

---

[1] 泓常夫：《商法总则》（第5版），弘文堂1999年版，第244页。

由制作的账簿。此外，日本商法学界通说认为，商业账簿上承载着一定的法律效果（保存义务、提供义务等），因此不能在解释上随意扩张其范围，应严格限定其是基于商法上义务而制作的账簿。[1]但是，近来日本商法学界就商业账簿的问题出现了新的有力学说，认为应从商业账簿的制作目的视角进行审视，而不应仅根据制作义务的有无进行判断。[2]

第二，商业账簿的意义。

作为商人物质性要素的主要制度，商业账簿有着多方面的积极意义，概括而言，主要有以下几点：①有利于商人营业的优化。通过商业账簿的建立，可以明晰商人经营活动的整个过程及经营成果，有利于商人进行科学化、合理化的经营。②有利于交易安全。通过商法上的义务性规定，使商人建立商业账簿，便于交易相对方通过商业账簿了解和估量商人的信用实力及支付能力，有利于交易安全。③有利于保护公司股东的权益。在公司等社团性企业中，商业账簿的完善有利于出资人的利益分红、公司解散时或清算时剩余财产的分配。④征税方面的意义。作为原始性资料，商业账簿对于公权力机关向企业征税也存在重要意义。

商业账簿的制作是商法上的义务，因此，②、③应是商法确立商业账簿制度的主要着眼点；此外，近来日本学术界及实务界也开始关注商业账簿在企业社会责任方面的意义。[3]

第三，日本商事法对不同类型的商人设立商业账簿作出了不同的规定。

---

〔1〕 大隅健一郎：《商法总则》，有斐阁1978年版，第213页。

〔2〕 莲井良宪、森淳二朗：《商法总则·商行为法》（第4版），法律文化社2006年版，第78—79页。

〔3〕 末永敏和：《商法总则·商行为法》，中央经济社2004年版，第52页。

日本商事法律关于商业账簿的规定，依商人类型不同作出了强制力不同的规制，法律规制的强制性按下列顺序依次强化：小商人（不完全商人，无制作义务）→个人商人→人合性公司［合名会社（General Partnership Company）与合资会社（Limited Partnership Company）］→资合公司［株式会社（Stock Company）与合同会社（Limited Liability Company）］。

作为完全商人的个人商人，法律虽要求其有制作商业账簿的义务，但在通常情况下，其不制作商业账簿或者存在不实记载时，一般不会受到制裁；[1]但是，在倒闭时，一旦受到开始破产程序的决定，若其以侵害债权人利益为目的隐藏、伪造或变造商业账簿，将受到制裁（《日本破产法》第270条、《日本民事再生法》第259条等）。对于公司商人而言，依日本法务省规定，无论是人合还是资合公司，均须适时制作准确的会计账簿。其中公司法新设的有限责任公司，即合同会社（日本版LLC）应制作并保存资产负债表、损益计算表、股东资本等变动计算表以及个别注解表；股份公司除制作并保存资产负债表、损益计算表、股东资本等变动计算表以及个别注解表外，还应制作保存上述财务计算文书的附属明细表；对于特定的大公司，还应根据《公司财务核算规则》制作其他的"合并财务报表"（Consolidated Financial Statement，日文为"連結計算書類"）。

第十九条［商业账簿］

商人的会计行为，应遵循普遍认可的公正妥当的会计惯例。

---

［1］落合诚一、大塚龙儿、山下友信：《商法Ⅰ——总则·商行为》，有斐阁2006年版，第64页。

日本2005年商法修改时本款[1]略有修订，修改前商法此处规定为，"解释与商业账簿制作相关的规定时，应斟酌适用公正的会计惯例"，本次商法修改中，淡化了"商业账簿"的用语，删除了"斟酌"一词，修改为"商人的会计行为，应遵循普遍认可的公正妥当的会计惯例"。本款规定的修订表明，商业账簿乃是商法与簿记学、会计学的交叉领域；同时显示了簿记会计学的发展对商法的所产生的影响。现代经济社会，簿记会计学在企业的经营实践中逐渐理论化，同时，理论化的簿记会计学又进一步影响企业及其所处的环境，而且，惯例化的会计行为渐渐法律化。[2]

本款规定商人的会计行为应遵循被普遍认可的公正妥当的会计惯例，但是，即使作为商法典实施细则的《日本商法施行规则》也显然无法将"普遍认可的公正妥当的会计惯例"完全涵盖；因此，学说认为，只要不违反商法及其实施细则的明文规定及宗旨，会计行为做到尊重会计实务规则即可。此外，本款规定了公正妥当的标准，但何为"公正妥当"，日本学者间存在争议。通说认为，应从商业账簿的目的进行判断，即"是不是为了明确商人的财产及损益状况"；日本法院的判例也持同样观点。关于"惯例"（Practice，日文为"惯行"），原则上其前提应是已经过一定程度实践，但有学者认为，考虑到可能有新类型交易及商品出现，较近的未来可能成为惯例的情况也符合条件。[3]

对于营业上所使用的财产，商人必须根据法务省的规定制

---

[1] 本款规定的日文原文为"商人の会計は、一般に公正妥当と認められる会計の慣行に従うものとする"，英译为：The accounting for a Merchant shall be subject to theaccounting practices generally accepted as fair and appropriate.

[2] 落合诚一、大塚龙儿、山下友信：《商法 I——总则·商行为》，有斐阁2006年版，第67页。

[3] 弥永真生：《商法总则·商行为法》（第2版），有斐阁2006年版，第64页。

作适时、准确的商业账簿（会计账簿以及资产负债表；本条中，下同）。

本款规定，对于营业上所使用的财产，商人必须根据日本法务省的规定适时（Opportune）地制作准确的商业账簿。之所以要求商人在应记载事项发生时即"适时"进行记载，主要还是为了防止商人人为地调整数字，如果不要求适时地记载，发生人为调整数字以及不正确记载的可能性就会增大。根据本款规定，可以发现日本商法仅要求个人商人制作会计账簿以及资产负债表，而对照《日本公司法典》的相关规定可以发现，商法与公司法要求不尽相同，根据商法的本款规定，个人商人不用制作损益计算表。

此外，根据《日本商法施行规则》第4条规定，制作和保存商业账簿时，以书面形式或电子记录方式均可。

自账簿封账时起，商人必须将其商业账簿以及与其营业相关的重要资料保存十年。

本款是关于账簿保存的规定。本款规定的"封账时"不是最后一次使用该账簿及该账簿废止时，而是指该账簿的决算截止的时间。[1]营业相关的重要资料，通常是指营业中收到或交付的合同书、接收函、发票、各种单据及存根等资料。与前款注释相同，根据日本法律，保存这些商业账簿及重要资料时，可以以缩微胶片、电子数据、磁盘等其他电磁或光学存储介质的形式进行保存。

法院可以应申请或者依职权命令诉讼当事人提交全部或部分商业账簿。

本款是关于商人的提供商业账簿义务的规定。根据《日本民事

---

〔1〕 大隅健一郎：《商法总则》，有斐阁1978年版，第223页。

诉讼法》第220条的一般性规定，诉讼中，文件持有人有提供文件的义务，《日本商法典》的本款规定，应是对《日本民事诉讼法》规定的具体化，即诉讼中，法院可以依申请或者依职权命令商人提交全部或部分商业账簿。此处所规定的诉讼，并不仅限于商事相关诉讼，在所有诉讼中商人均负有提供的义务。根据《日本民事诉讼法》第224条规定的一般原则，若商人违反该提供义务，则法院可以认定对方主张真实。

此外，根据日本法律，商业账簿并不具有法定的特别证据力，因此，对于商业账簿的证据效力，法院通常仅依证据力的一般原则由法官自由心证（大判明治32.2.2民录5辑2卷6页[1]）。

---

[1] 转引自弥永真生:《商法总则·商行为法》(第2版)，有斐阁2006年版，第65页。

第六章　商业雇员

本章是关于商业雇员的规定，商业雇员即日语中的"商業使用人"，我国大多数学者均采用直译方式直接译为"商业使用人"，其实参照日语"商業使用人"所对应的英文"Commercial Employee"以及其含义，我们就会发现，实际上我们商法学中已存在与其对应的法律术语，即"商业雇员"。

日本商法上的"商业雇员"，是指根据雇佣合同从属于特定商人并辅助该商人进行对外性商业业务的人（此为日本商法学上通说[1]）。其具体内涵及种类如下：

（1）日本商业雇员的具体内涵。首先，商业雇员是依据雇佣合同对商人的对外性商事业务进行辅助的自然人。通说认为，商业雇员不得为自然人之外的组织体，而且要求商业雇员与商人之间存在雇佣关系，因此，无雇佣关系的商人的家人即使辅助商人进行对外营业，也不视为商业雇员。但是，非基于雇佣关系而辅助商人营业的情况中，为了保护善意第三人，应类推适用商业雇员的相关规定。其次，商业雇员从属于特定商人并辅助商人进行经营活动。商业雇员不同于中介业者，中介业服务于不特定商人，其最为显著的区别在于商业雇员仅从属于特定的商人，而且，此处的"从属于"，是指商业雇员与商人间处于非对等的关系，现实中不存在与

---

[1] 莲井良宪、森淳二朗：《商法总则·商行为法》（第4版），法律文化社2006年版，第92页。

商人处于对等地位的商业雇员，如未成年人为商人时，其监护人虽辅助其进行对外营业，但由于不存在指挥命令式的从属关系，因而不构成商业雇员。此外，此处的"特定商人"可以为企业、个体商人及小商人。同时，还要求商业雇员是辅助商人进行对外性商业上业务往来的人（日本商法学上通说）。所谓商业上业务，是指不同于营业中从事简单劳务的"商人特有的商业技术性业务"[1]，如商品的买卖、金钱的出纳等业务属于商业上业务，而制造业中的技师、技工、劳动工人、运输业中的司机等所从事的业务则不是。此外，商业雇员从事对外性商业上业务时，必须具有代理商人进行商业活动的地位，因此，即使是从事商品销售、金钱支付等商业上业务的辅助人，仅从事内部性勤务性、无代理权的簿记员及单纯的现金出纳员，同样不属于商业雇员。[2]

（2）商业雇员的种类。《日本商法典》以商业雇员的代理权限为基础，将商业雇员大致分为三类：经理（第22—24条）、"被委任处理某类或者特定事项的雇员"（第25条）及"以出售物品等为目的之店铺的雇员"（第26条）。作为"被委任处理某类或者特定事项的雇员"的示例，修改前商法规定了番头（掌柜）、手代（二掌柜）的用语，由于现代企业中这些用语已经淡出，2005年商法修改时删除了相关规定。

第二十条 [经理]

在营业所，商人可以选任经理进行营业。

---

[1] 大隅健一郎：《商法总则》，有斐阁1978年版，第140页。
[2] 田边光政：《商法总则·商行为法》（第3版），新世社2006年版，第105页。

本条是关于商人于营业所选任经理[1]的规定。

所谓营业所(Business Office)，是指作为商人营业活动中心的特定场所，有总部及支部之分。营业所对内为统辖营业活动的管理中心，对外是直接面对顾客的营业活动的场所；通常情况下，营业所是有权对营业活动设置独立进行意思决定的人力资源组织，且财务会计也相对独立的单位。同时，作为营业活动的场所，其在一定程度上具有固定性及持续性。

如前条注释所述，经理为商业雇员之一种，但究竟什么样的雇员为经理，日本商法学界观点不一，主要存在实质说与形式说两种观点。作为通说的实质说认为，被商人赋予了总括性代理权（指与营业相关的一切裁判上或裁判外的权限，详见下条解释）的雇员即为经理，即雇员的称谓无关紧要，只要从商人处取得了所有与营业相关的权限即可（日本著名商法学者田中诚二、鸿常夫等学者持该说）；作为目前有力说的形式说认为，按照实质说观点，若商人在授予总括性代理权时有任何的限制均不能构成经理的选任，而本法第20条第3款明确规定了对经理代理权的限制不得对抗善意第三人，按照实质说该款规定将可能会虚设，而且，对总括性代理权授予的认定也十分困难；因而，形式说认为，商人在其营业中所选任的居于"营业主管地位"的人即为经理，[2]唯如此理解方能与商法第20条第3款相融合。其实，比较分析会发现，实质说与形式说的不同，主要集中于如何理解经理代理权的"根据"。实质说认为，

---

[1] 本条规定中的"经理"，日文原文为"支配人"，日文"支配人"所对应的英文为"Manager"。我国商法学界通常采取直译的方式使用"支配人"一词，我国商法学界在已经存在相应法律术语的情况下，复又引入新的法律术语显然是不严谨的，如此，不仅不利于学术研究，还可能会导致不必要的误解及混乱。

[2] 大隅健一郎：《经理与表见经理》，载大隅健一郎：《商事法研究》（上），有斐阁1993年版，第12—26页。

经理的代理权来自商人的授予；而形式说认为，即使商人不对经理代理权的范围做特别意思表示，法律也已有授权（如第21条的第1、2款），即处于经理地位的人具有法定范围的代理权。

根据本条规定，包括个体商人在内的商人（小商人除外）均可以选任经理作为其代理人进行营业。在实践中，得到许可可以进行营业的未成年人可以自行选择经理，而其他限制行为能力的商人则可以通过其法定代理人选任其营业中的经理。关于经理的资格，日本商法没有给出明确的条件，按照《日本民法典》第102条的规定，经理人选并不严格要求必须为具备完全行为能力的人，限制行为能力的人也可以被选任为经理。

关于经理的离职，日本商法没有给出明确的规定，仅是在本法第22条规定了经理代理权消灭时必须进行登记。经理的选任本质上是伴随着代理权授予的雇佣合同，因此，商人废止营业、商人对经理进行解聘或经理自动辞职的场合，经理的代理权随即消灭（后两种情况中雇佣合同并不当然消灭）。另外，根据《日本民法典》第653条规定，经理死亡、受到"破产程序开始的决定"或受到"监护开始的审判"也是代理权消灭的事由。而根据本法第506条规定，商人死亡则并不必然是导致经理离职的理由，针对此种情况，日本曾有判例确认，此情况下经理自动成为商人继承人的经理。

此外，关于营业转让时经理的地位，日本通说认为，营业转让是人力资源与物质设施的整体转让，原则上经理的地位也同时转让。但实践中，若受让人另有经理人选，营业转让的当事人往往是通过转让前的交涉，由转让人先行解聘经理的职务。

第二十一条 [经理的代理权]

经理有权代替商人实施一切与其营业相关的裁判上或裁判

外行为。

本款是关于经理拥有营业相关总括性代理权的规定。根据本款规定，经理的代理权仅限于"营业相关"的行为，关于经理以商人的名义所实施的行为是否为与商人营业相关的行为，应根据行为的性质、种类等进行考察，主要从行为的客观性质方面判断行为是否是与营业相关的行为。[1]此外，经理的代理权以营业的存在为前提，因此，经理没有废止、变更或转让营业的权限。

本款中所规定的"裁判上行为"，是指诉讼行为，即经理在法院审判的各审级中均可作为商人的诉讼代理人进行起诉、上诉、诉讼中和解、申请临时处分等与营业相关的诉讼上行为。具体而言，如某客户拖欠货款时，经理基于自己的经营判断经验合理怀疑对方无力支付时，可以自主决定直接起诉该客户。"裁判外行为"，是指私法上的合法行为，包括法律行为及事实行为，其中包括营业目的范围内的行为，也包括为营业开展而实施的行为；通常是指日常营业中的交易、营业中的借贷等与诉讼无关的营业上行为。法律直接规定经理人员具有裁判外行为，使得与经理进行交易的客户可以安心与之交易，省去了调查代理权有无的烦琐程序。

此外，《日本公司法典》第349条关于公司"代表董事"代表权的规定（代表董事有权代表公司实施一切与营业相关的裁判上或裁判外行为），与本款关于商人经理代理权的规定基本相同，但也存在两点差别。首先，代表董事为公司的机关，其行为是公司自身的行为；经理只是商人的代理人，经理与商人具有不同的人格，其实施的行为仅是代理行为。其次，公司有数个营业时，代表董事的代

---

[1] 江头宪治郎、山下友信编：《商法（总则·商行为）判例百选》（第5版），有斐阁2008年版，判例32。

表权及于所有营业；但经理仅于选任其主管的某个或某几个营业上具有代理权。

经理可以选任或解聘其他雇员。

本款是商法关于经理人力资源支配权的规定。所谓可以选任或解聘"其他雇员"，是在于强调商业代理人的选任及解聘属于"营业相关"事项；对此，经理有支配权或者说有代理权，但其人力资源支配权的权限仅限于经理之外的其他雇员。

对经理代理权的限制，不能对抗善意第三人。

本款是关于经理代理权对外具有不可限制性的规定。

经理的代理权，是"及于商人营业相关的一切行为"的"总括性权限"，商人在选任经理时，有时会就某些特定行为对其权限作出限制，如为他人保证的限制、票据行为的限制及借贷限额的限制等，本款中"经理代理权的限制"即是指此类经理没有实施特定行为权限的情况。商法在本款中明确使用了"经理代理权的限制"的用语，据此可以推定，没有被授予"及于营业相关的一切行为"之权限的人未必不是经理。其实，日本商事实践中，商人对经理实施特定行为的行为作出限制，经理仅有"限制之外的与营业相关行为"的"总括性代理权"的情况更为普遍。

商人可以就经理的代理权附加限制，但其就经理代理权所作出的交易种类、场所、金额、时间及交易方等的限制，在法律上仅具有"内部性"；在"对外"时，该"经理代理权的限制"并不能对抗善意第三人。但是，作为"内部性"的规定，日本商法并不排除其对经理本身具有约束性，若经理违反该代理权限制实施了相关代理行为，则有可能构成解聘的理由，而且，如果商人因此遭受损失时，经理还可能会承担赔偿责任。

第二十二条［经理的登记］

商人选任经理时，必须进行登记。经理代理权消灭时，亦同。

经理选任及离职时必须进行登记，属于绝对应登记事项。2005年修改前的日本商法规定，经理在其所在的总部或分店登记即可，但随着日本商业登记的电子化，日本新公司法规定，分店经理的登记也集中于总部所在地。根据《日本商业登记法》第43条规定，公司以外商人所选任经理的登记，以经理所在的营业所为准。同时该法规定，自然人商人所选任经理的登记，登记于"经理登记簿"；公司经理的登记，登记于"各类型公司登记簿"。

第二十三条［经理的义务］

未经商人准许，经理不得实施以下行为：

I. 自营业
II. 为自己或他人进行与该商人的营业属于同一部类的交易
III. 成为其他商人、公司或外国公司的雇员
IV. 成为公司的董事、执行官[1]或者执行业务的社员[2]

本条第1款是关于经理义务的规定。经理与商人间存在雇佣关系，日本民法对雇佣关系下的两者间权利义务关系有明确规定，就

---

[1] 执行官，Executive Officer，日文原文为"執行役"。
[2] 社员（Member），日文为"社員"，类似于我国商法学上的"出资人"。日本商法中，股份公司（株式会社）的投资人称为"株主（Shareholder）"，即我国法学上的"股东"；公益社团法人、中间法人、一般社团法人以及公司法中规定的除股份公司外的各类型公司的出资人均称为"社员（Member）"；而特定目的公司出资人为"特定出资者"。

义务而言，依据《日本民法典》第644、645条规定，雇佣关系下的经理应承担善管注意义务；而在商事活动中，基于经理所拥有的总括性代理权限以及商人与经理间具有的高度信赖性的雇佣关系，为了防止经理的精力分散以及防止经理利用经营过程中知悉的营业机密谋取个人私利，日本现行《商法典》又于本款特别设定了防止经理精力分散的"禁止兼职营业的义务"以及防止经理侵害商人利益谋取私利的"竞业禁止义务"。

（1）禁止兼职营业的义务。为保障经理能够专心为受雇商人经营营业，本款第Ⅰ、Ⅲ、Ⅳ项分别作出了三种本质上属于兼职营业的禁止性规定，即未得到受雇商人的许可，经理不得自营业，不得成为其他商人、公司或外国公司的雇员以及不得成为公司的董事、执行官或者执行业务的社员（Managing Member）。

（2）竞业禁止义务。本款第Ⅱ项规定，未经受雇商人许可，经理不得为自己或他人进行与该商人的营业属于同一部类的交易。第Ⅱ项中的"同一部类"的交易，是指与商人经营范围相重合的交易行为，但方便营业或维持营业所进行的行为则不在此限；所谓"交易"，是指商行为以及本法第4条第2款所规定的行为[1]。

本款规定的目的是维护经营主体之商人的利益，因而商法并未限制商人解除上述禁止性规定，故商人可以通过明示或默示的方式允许经理进行上述全部或部分禁止性行为。同时，该款所规定的经理义务，仅于雇佣期间内有效，如当事人间无特别约定，经理离职后不再受本款规定约束。

经理违反前款规定实施前款第Ⅱ项所规定之行为时，经理本人或第三人因该行为所得利益的金额推定为商人所遭受损失

---

[1] 弥永真生：《商法总则·商行为法》（第2版），有斐阁2006年版，第73页。

的金额。

本款规定了经理违反竞业禁止义务所产生的法律效果，即经理违反竞业禁止义务进行交易时，其与第三人所得利益推定为商人所遭受的损失。2005年修改前日本商法规定，经理为自己利益进行营业禁止性行为时，确立并认可了商人的介入权，即在法定时间内将经理的竞业交易视为为商人进行的交易；但2005年日本商法修改时废止了该项规定，直接推定经理或第三人因竞业禁止行为所得利益的金额为商人的损失金额，进一步加大了对被侵权商人的保护。

第二十四条 [表见经理]

被商人冠以营业所营业主管之类名称的雇员，视为其有权实施与该营业所营业相关的一切裁判上或裁判外行为。但对方基于恶意时，不在此限。

本条是关于表见经理[1]的规定。表见经理，是指具有营业所主管之类的职务称谓但实质上没有总括性代理权的雇员（通说）。根据本条规定可以发现，判断营业当事人是否为商法上的经理，仅应根据是不是事实上被商人选任为营业所的主管来确定，与其具体称谓无关，如具有店长、营业主任、营业所长及具有其他类似称谓的雇员，若实际上并没有被选任为营业所的主管，其便不是商法上的经理。但是，在与具有这些称谓的雇员交易时，交易的对方显然会因认为其具有相应代理权而与之交易，此时，为保护信任该外观而进行交易的善意第三人，法律有必要设置相应的保护性规定。

日本民法中规定了表见代理的一般原则，可以对上述情形中

---

[1] 表见经理，即 Apparent Manager，日文原文为"表见支配人"。

的善意第三人起到一定的保护作用,但仅依托这些一般原则似乎尚不足以充分保护商事交易的安全;因此,为充分保护善意第三人的利益及商事交易安全,同时维持人们对经理制度的信心,日本商法基于外观法理特别设置了本条规定,即对于具有营业所主管之名的雇员,均视为其有权实施与该营业所营业相关的一切裁判上或裁判外行为。在日本实务中,认定是否为表见经理,主要参照以下几点:

(1)雇员身处营业中的"商人营业所"是一个重要要素。关于本条中的"商人营业所"是否应具备商法上所要求的营业所的"实质",日本商法学界存在争议。通说及判例持肯定观点,并认为如果欠缺商法上营业所的实质,仅名称及设备上具有类似营业所外观的场所不属于商法上的营业所,此种场合的雇员不应适用本条的规定。但日本著名商法学家大隅健一郎等则持相反观点,大隅健一郎教授认为,本条本来即是基于外观法理确立的制度,对外观信赖进行保护应是本条的根本目的;而且,交易之前交易对方并不可能轻易地调查到该营业所是不是具备商法上营业所的"实质";因此,应同样基于本条的立法宗旨,基于外观信赖法理认定此类经营场所为营业所。大隅进一步指出,判断此类营业所是否为营业所时,若某分店是设置了"分店店长"之类雇员的场所,均应视为具备了营业所的实质。[1]

(2)"被冠以营业主管之类名称"(with a title which holds him/her out as the chief of the business of the head office),是认定表见经理的另一个重要条件。作为归责事由,该名称必须是商人赋予的,雇员自己任意使用的并不构成本条中的表见经理。至于何种

---

〔1〕 大隅健一郎:《商法总则》,有斐阁1978年版,第159页。

名称是符合"营业主管"的名称，典型示例是分店店长，此外，分所主任、营业所长也属于营业主管类的名称；但日本法院判例认为，分店副店长、代理店长等还存在上位领导的名称则不符合本条规定（最判昭和29.6.22民集8卷6号1170页[1]）。

（3）交易相对方的善意。本条仅保护善意第三人，对方基于恶意时则不适用本条规定。若对方交易前已经知悉该雇员不具有总括性代理权或不是真正的营业主管，则认定其为恶意。此外，通说认为，对方虽基于善意，但存在重大过失时，应视为恶意。

第二十五条 ［被委任处理某类或者特定事项的雇员］

被委任处理与商人营业相关的某类或者特定事项的雇员，有权实施与该事项相关的一切裁判外行为。

对前款雇员代理权的限制，不能对抗善意第三人。

本条是关于商业雇员中"被委任处理某类或者特定事项的雇员"的规定。商人营业中，销售、购买及出租等领域"被委任处理某类或者特定事项的雇员"，在一定范围内具有总括性代理权（裁判上行为除外[2]），日本公司中具有部长、课长及主任之类的职务名称，在特定部门中负责某类业务的雇员即为此类雇员。

对于"被委任处理某类或者特定事项的雇员"的成立或认定要件，日本学术界观点不一，"事实行为委任说"及"代理行为委任说"是两种主要观点。事实行为委任说认为，就购买、销售及出租等业务的处理，存在受到委任的事实行为即可，即现实中交易相对人提出主张时，受到处理某事项之委任的雇员无论其是否有代理权

---

［1］ 转引自弥永真生：《商法总则·商行为法》（第2版），有斐阁2006年版，第78页。

［2］ 关于日本商法上的裁判上及裁判外行为，详见第21条解释分析。

以及其行为是否属于代理权的范围，其只要证明该雇员是受到商人委托处理某类或者特定事项的雇员，同时证明该雇员的行为属于受委托事项的范围，其主张即可成立；代理行为委任说则认为，就销售、购买及出租等事项，必须被授予了实施法律行为的代理权才构成"被委任处理某类或者特定事项的雇员"。日本较早的判例持代理行为委任说（东京地裁昭和53.9.21；判时375号99页），但东京高等法院在随后的判例中认为，营业活动的本质是反复性、集合性的交易，因而要求交易对方交易前必须就交易雇员的代理权的有无及代理权范围如何进行调查，显然不符合商事交易灵活化的特征，因此认为事实行为委任说的观点较为合理（东京高裁昭和60.8.7；判时570号70页）；日本最高法院在较近的判例（最判平成2.2.21；商事法务1209号49页）中也持同样立场[1]。

根据本条规定，就受委任事项，雇员有权实施与该事项相关的一切裁判外行为，与经理的代理权相比，虽然其权限范围缩小，但同样具有不可限制性，即商人对其针对某事项的总括性代理权的限制不能对抗善意第三人。日本法院判例实践认为，"被委任某类或者特定事项的雇员"所被授予的代理权被商人限制的情况中，交易相对方的一般过失可视为善意，但重大过失视为恶意。[2]

被委任处理某类或者特定事项的雇员，商人可以对其进行选任及解聘，经理也具有该权限。另外，针对该类雇员是否应承担竞业禁止义务，日本商法学上的见解不一。有的学者认为应类推适用本法第23条的规定；[3]有的学者认为由于其与商人间是雇佣关系，

---

[1] 转引自田边光政：《商法总则·商行为法》（第3版），新世社2006年版，第114—115页。

[2] 江头宪治郎、山下友信编：《商法（总则·商行为）判例百选》（第5版），有斐阁2008年版，判例33。

[3] 大隅健一郎：《商法总则》，有斐阁1978年版，第161页。

竞业禁止义务应是当然的附随义务；[1]也有学者认为该类雇员应承担与代理商同等的竞业禁止义务，即应类推适用本法第28条的规定。[2]日本商法学通说则认为，法律虽未明文规定该类雇员须承担与经理同样的竞业禁止义务，但是，基于其也被授予了概括性代理权限，故其应承担与经理相同的竞业禁止义务。

第二十六条［以出售物品等为目的之店铺的雇员］

以出售物品等（指出售、出租等与此类似的行为，本条中下同）为目的之店铺的雇员，视为其有权对该店铺中的物品实施出售等行为。但对方基于恶意时，不在此限。

店铺，即一般公众可以自由出入并能够购得自己所需商品的设施。对于以物品出售等为目的店铺中的雇员，一般公众当然认为其对设施内物品有销售等权限，因此，为保障交易的安全，无论该雇员是否已经实际拥有销售等代理权，均视为其有相应权限（代理权拟制）。但日本商法学说及判例认为，该拟制代理权的范围，仅及于店铺内现存物品（不包括无形物）的销售等，因此该类雇员仅能在店铺内洽谈交易，在该店铺之外（如附近咖啡厅、茶室等）缔结的销售等合同不适用本条规定。此外，根据本条立法宗旨，即使事实上没有雇佣关系的店内雇员，也应类推适用本条规定。

---

［1］弥永真生：《商法总则·商行为法》（第2版），有斐阁2006年版，第80页。
［2］服部荣三：《商法总则》（第3版），青林书院新社1983年版，第314页。

第七章 代 理 商

代理商制度，一般认为是发端于行商的商业雇员制度，当商业雇员离开商人在某地定居下来成为辅助商人营业的独立商人时，即形成了代理商。其实，代理商概念自出现起一直缺乏明确性，直到1879年，德国新商法以德国最高司法机关在1892年作出的判决为基础，方明确规定"接受委托并经常性地为他人的营业从事交易媒介的独立商人"为代理商；至此，代理商概念才具备了清晰的定义。[1]

日本商法上代理商的含义及其与日本商法上行纪商、居间商间的区别如下：

第一，日本商法中代理商的含义。日本商法典沿袭了德国商法的定义，通常认为，代理商是指经常性地为商人就其营业部类的交易从事交易代理或媒介的非从属于该商人的独立商人。

首先，代理商是特定商人的辅助者，所谓"特定商人"并非仅限于一个商人，委托商人许可的情况下代理商可以同时为数个商人服务。该特定，意在强调代理商与行纪商及居间商的区别，后两者的服务对象是不特定多数人。[2]其次，代理商应与服务对象的商人

---

〔1〕 大隅健一郎：《商法总则》，有斐阁1978年版，第167页。
〔2〕 片木晴彦：《商法总则·商行为法》，新世纪2001年版，第42页。其实，2005年商法修改时，对代理商定义略有改动，修改前条文中的"特定"定语已经删除，但日本学术界认为，修改后新法状态下代理商的服务对象虽法律上为"不特定多数"，但实务上其所服务的对象仍为"特定"商人。

间存在经常性、持续性关系。所谓持续性、经常性，是指基于与商人间的代理商合同，代理商不是仅为商人处理数个个别性行为，而是就商人的营业负有持续参与的义务。再次，代理商是独立的商人，其虽然与从属于商人的商业雇员同为商人的辅助人，但其处于委托商人的外部，拥有自己的商号、店面、商业雇员及商业账簿。最后，代理商以从事商事交易的代理或媒介为业。该"交易代理"是指作为商人的代理人与交易方缔结合同，"交易媒介"则是为促成商人与交易方间达成合同进行各种斡旋、劝导及中介性活动。日本商法学中通常将从事交易代理的代理商称为"缔约代理商"（有代理权），将从事交易媒介的代理商称为"媒介代理商"（无代理权，仅起居间作用）。

第二，日本商法中代理商、行纪商及居间商间的区别。作为商业辅助人，日本商法规定了经理（第22—24条）、"被委任处理某类或者特定事项的雇员"（第25条）以及"以出售物品等为目的之店铺的雇员"（第26条）三种商业雇员。同时，《日本商法典》还于商法总则及商行为编中规定了三种辅助性商人，即代理商（Commercial Agents，日文为"代理商"，本法第27—31条）、居间商（Brokerage，日文为"仲立人"，本法第543—550条）以及行纪商（Commission Agent，日文为"問屋"，本法第551—558条）。

代理商、行纪商及居间商的共同点是三者均为中介性商人，均可辅助商人本人进行日常营业。它们的区别主要体现在以下几点：首先，委托方范围不同。代理商的服务对象是商人，居间商及行纪商的服务对象是商人或非商人。其次，所从事业务的范围不同。日本商法上的行纪商所从事的行纪行为仅以物品的销售或购买为限，而代理商及居间商则无此限制。最后，在交易中的身份及地位不同。在交易过程中行纪商是作为交易的一方以自己的名义进行交易，[1]而居间商则不是交易方仅是交易的媒介，在这一点上，代理商中缔约代理商与前者的业务相似（区别在于隐名或显名），而媒介代理商则与居间商作用相近。

此外，日本社会生活中经常见到的"代理店"并不一定就是代理商。代理店，是企业在营业活动中构建销售网络及扩张销售渠道时所利用机构的一个总称。日本的商事实践中，代理店通常包括特约店（以自己的名义自负盈亏）、行纪代理商、缔约代理商（如损害保险代理店等）及媒介代理商（如不动产买卖代理店等）等。

第二十七条［通知义务］

代理商（指经常性地为商人就其营业部类的交易从事交易代理或媒介的非从属于该商人的人，下同）从事交易代理或媒介时，必须及时向商人通知该事项。

本条是关于代理商"通知义务"（Duty to Give Notice）的规定。依据本条规定，代理商实施交易代理或居间行为时，必须及时通知作为本人的商人，本条规定主要是为了因应现代商事交易迅速性的要求。本条规定中的"通知"采发信主义，通知不能到达的风险由作为本人的商人承担，代理商不负风险责任。但若因代理商怠于通知导致商人遭受损失时，代理商则应承担损害赔偿责任（大判昭和10.5.27民集14卷949页[2]）。

此外，本条关于代理商的定义部分，2005年商法修改中有微小

---

〔1〕 通常情况下，行纪商是以自己的名义为不特定的顾客从事行纪行为的商人，但在日本的实践中广泛存在一种与特定商人建立了经常性、持续性关系的行纪商，对此，商法上并没有明确的规定，日本商法学上通常称之为"取次代理商"（行纪代理商）。

〔2〕 转引自大隅健一郎：《商法总则》，有斐阁1978年版，第169页。

改动。修改前商法规定原文为"指经常性地为特定商人就其营业部类的交易从事交易代理或媒介的非从属于该商人的人",2005年商法修改时,删除了"特定"之定语。因此,根据现行日本商法条文规定,代理商的服务对象不再局限于"特定"商人,就形式而言,其与以"不特定商人或非商人"为服务对象的居间商及行纪商的委托方有趋同趋势。

第二十八条［代理商的竞业禁止］

未经商人准许,代理商不得实施以下行为:
Ⅰ.为自己或他人进行与该商人的营业属于同一部类的交易。
Ⅱ.成为与该商人经营同种类营业之公司的董事、执行官或者执行业务的社员。

代理商违反前款规定实施前款第一项所规定之行为时,代理商或第三人因该行为所得利益的金额推定为商人所遭受损失的金额。

本条是关于代理商竞业禁止义务及违反该义务之法律效果的规定。由于代理商经常性地为商人从事交易代理或媒介行为,所以会知悉很多商人的商业信息甚至是商业机密,因此,为限制代理商为自己或第三人的利益而利用这些信息或机密,日本商法特别规定了代理商的竞业禁止义务。不过,结合本法第23条考察本条规定可以发现,商法对代理商的限制仅限于竞业行为,并没有对代理商的自营业行为作出明确限制,因此,本条的立法宗旨与商业雇员的义务性规范存在很大不同。也就是说,代理商就委托商人营业部类之外的领域进行营业或者兼任与该商人的营业不同种类之公司的董事、执行官或者执行业务的社员时,不需要取得上述委托商人的许可。

此外，根据本条第2款规定，代理商违反竞业禁止义务所实施的行为并非无效，但其与第三人因该行为所得利益视为商人因此所遭受的损失；而且，商人还可以据此取消与代理商间的代理商合同。

第二十九条 [接收通知的权限]

被委托出售物品或其媒介的代理商，有权接收第五百二十六条第二款规定的通知以及其他与买卖相关的通知。

本条规定"接收通知的权限"（Authority to Receive Notice），意在规范代理商与第三人间的关系。在代理商合同中，通常会详细规定代理商在接受委托后进行交易时所拥有的代理权限，如可以直接出售物品的缔约代理商自然会被赋予缔结商事合同的代理权，但媒介代理商由于仅有作为商事交易媒介的权限，因而往往不会被授予任何的实质性代理权。但是，为了因应商事交易中所出现的更为迅速和灵活的现代商事交易要求，结合现实需要，《日本商法典》于第526条规定，买方负有及时检查标的物及作出瑕疵通知的义务。通过代理商进行商事交易的情况中，若也由作为本人的商人负责与上述通知相关的事宜，显然不甚妥当。

因此，本条特别明确了对"媒介行为"的适用，意在为媒介代理商的接收行为提供直接的法律授权，即受到委托的媒介代理商，也有接收（Receive）"买卖标的物存在瑕疵、物品数量不足及其他与买卖履行相关之通知"的权限。但对媒介代理商而言，由于其无任何代理权，本条的特别规定也仅是赋予其一个"被动代理权"性质的权限。需要特别指出的是，代理商均无权接收上述与买卖履行无关的通知，如买卖无效的通知或买卖取消的通知等。另外，本条中所规定的仅为出售物品之"媒介"的媒介代理商，也无权作出为本人接受支付或作出暂缓支付、减少价金等行为，而且代理商甚至无权发出履行买卖的通知。[1] 显然，本条的规定，在立法上较多地因应了商事交易迅速化的要求，但同时考虑到了交易安全的问题。

第三十条［合同的解除］

商人与代理商之间未约定合同期间时，可以提前两个月发出预告解除双方间的合同。

当存在不得已事由时，商人及代理商可以不受前款规定的约束随时解除合同。

本条是关于代理商合同解除的特别规定。根据日本民法的规定，委任类合同可以随时解除，但由于商人与代理商间存在着经常性、持续性关系，所以《日本商法典》于本条第1款规定了须提前两个月进行预告的要求。由代理商提出解除合同时情况较为简单，但对于商人向代理商提出解除合同的情形中，就代理商开拓的客户群以及作为本人之商人因此而获得的利益，商人是否应向代理商作出某种补偿的问题，日本商法学界观点不一。通说及判例认为，此处不应适用《日本民法典》第651条第2款的规定（委任当事人一方于另一方处于不利时期时解除合同，必须向对方负损害赔偿责任。但存在不得已事由时除外），即代理商合同解除时，即使代理商因此遭受损失，作为解约方的商人也不需承担赔偿义务（东京控判昭和2.5.28新闻2720号14页[2]）。但也有学者认为，无视代理商为商人做代理过程中开拓大量客户而带来的"持续性利益"，有

---

［1］ 大隅健一郎：《商法总则》，有斐阁1978年版，第171—172页。
［2］ 转引自弥永真生：《商法总则·商行为法》（第2版），有斐阁2006年版，第84页。

失衡平。[1]

本条第2款中所规定的"不得已事由",其日文原文为"やむを得ない事由"(Compelling Reason),通常是指发生代理商无诚信(如违反竞业禁止义务)、商人不履行重要的债务(如不支付报酬)等使得代理商合同无法继续维持的"社会通常观念上明显不当的事由"。此种情况下,解约方还可以请求存在过失的一方承担损害赔偿责任。

其实,代理商合同的解除只是双方间关系终止的一种情况,作为代理商关系终止的原因,还存在其他一些情况。例如:①商人解散、停业等营业废止的状况。由于代理商合同以营业存在为前提,所以,商人营业废止自然导致双方合同解除。②个体商人死亡的情况。根据本法第506条规定,商行为委任过程中代理商不因商人的死亡而消灭;因此,缔约代理商的代理权自然不会消灭;但对于媒介代理商而言,由于媒介代理商没有代理权,对其与商人间的合同是否因商人的死亡而消灭存在争议。通说认为,代理商是商人企业组织的一环,双方间的合同不应因商人个人的死亡而消灭。其实,媒介代理商本来就无代理权,似乎也没有理由使其与缔约代理商一样适用本法第506条的规定。

第三十一条[代理商的留置权]

代理商从事交易代理或媒介所生债权的清偿期到来时,在该债权得到清偿以前,可以留置其为商人占有的物或有价证券。但当事人间有特别意思表示时,不在此限。

本条是关于代理商留置权的规定。

---

[1] 田边光政:《商法总则·商行为法》(第3版),新世社2006年版,第122页。

本条是商法特别为代理商设计的留置权，除此之外，代理商当然还可以适用《日本民法典》第295条规定的一般留置权规定及本法第521条关于商事留置权规定。按照本条规定，日本商法上，作为特别规定的代理商留置权的行使需具备三个要件：

（1）被留置物所担保债权产生于代理商的代理或媒介行为。所担保债权通常为手续费、垫付款等债权。代理商留置权不限定被担保债权与留置物必须存在关联关系，这与民法上的一般留置权的规定不同，这主要是因为代理商与作为本人的商人之间存在经常性、持续性交易关系，即通常应以整体性的观点看待该长期性的交易关系。此外，即使代理商合同终止后，代理商因其代理及媒介行为所生债权仍可以行使代理商留置权。

（2）代理商留置的标的物必须是其为商人合法占有的物或有价证券[1]。不要求该留置物为债务人（作为本人的商人）的所有物，而且不要求占有是基于与债务人间的商行为，这与商事留置权的规定不同。之所以不拘泥于所有权所在及占有原因，主要还是基于代理商所从事业务的性质，因为代理商为商人从事代理或媒介时，通常其所占有的物或证券尚未归属于商人本人或者已经归属于交易对方，其仅是暂时为商人本人占有，此种情况下为保护代理商的利益，忽略所有权归属及占有原因应是适当的（此一点，行纪商及准行纪商同样适用）。此外，对有价证券的留置，留置权仅存在于有价证券之上，如留置提单、仓单的情形中，留置权存在于单据之

---

[1] 作为法律用语的"有价证券"一词，在日本法学中因语境不同存在四种含义：一是表示通常意义上广义的"有价证券"（Negotiable Instrument of Value），是股票类证券（Securities）、提单类证券（Bill of Lading）及票据类证券（Negotiable Instrument）等各类证券的总称；二是仅表示票据类证券（Negotiable Instrument）；三是仅表示股票类证券（Securities）；四是表征提单等票证权利的文件（Document of Title）。此处的有价证券，应是第一种含义，即为各类证券的总称。

上，并不及于运输物、仓储物。

（3）代理商留置权可以基于当事人间的特别意思表示予以排除。这一点与本法第521条商事留置权的规定一致，对于日本民法上的一般留置权，日本民法对这一点没有明确规定，但通说认为，其法理应该相通。[1]

第三十二条[2]**至第五百条　【删除】**[3]

---

〔1〕泓常夫：《商法总则》（第5版），弘文堂1999年版，第181页。
〔2〕2018年商法修订前，本条是关于"署名"的规定，日语原文亦为"署名"。
〔3〕2005年日本商法典修改时，对本部分进行了较大规模的调整，这一部分内容（修改前商法典第二编）是关于公司的规定，此次修改中，日本将本篇剥离出商法典单独制定了独立的公司法典。

第二编　商行为

在比较法上，对于商行为的定义，目前存在三种立法主义：一是忽略行为主体，从行为的客观性质定义商行为（客观主义）；二是先定义商人的概念，将商人的营业上行为作为商行为（主观主义）；三是折中主义，即商法上对某些行为不考虑其主体因素而定位为绝对性商行为（客观主义），对另外一些行为则是当主体以此作为营业时才为商行为（主观主义）。日本现行商法典采折中主义，与法国商法及德国旧商法立场基本一致。

考察本法第4条商人的定义及本法第503条规定可以发现，日本商法是以绝对性商行为及营业性商行为为基础定义商人概念，并由商人概念导出附属性商行为。其实，日本所采取的立法方式，与日本商法学界的通说并不一致。目前，"商法乃企业法"，是日本商法学界很长时间以来的通说。按照通说观点，既然商法是企业法，就不存在确立绝对性商行为的实质性理由，在理论上主观主义才是最合适的。[1]

  基于上述通说观点，对于德国新商法在列举九类行为的基础上定义商人的立法方式，日本学术界是较为推崇的；日本商法学界认为这种以定义商人概念为基础设计商行为概念的方式较为合理，而且在立法论上，这种主观主义立法方式也较具优越性。[2]但是，令日本商法学界感到遗憾的是，2005年日本商法修改中，日本学术界的通说观点并未完全体现于立法上，关于商人主观主义立法方式更是未为立法者所采纳。就此而言，对于商人概念与企业概念间所存在的差异，日本立法者显然还存在顾虑；同时显示出，至少在立法层面，"商法在本质上为企业法"的定性在日本实际上尚未彻底化。

---

 [1] 莲井良宪、森淳二朗：《商法总则·商行为法》（第4版），法律文化社2006年版，第144页。

 [2] 田边光政：《商法总则·商行为法》（第3版），新世社2006年版，第55页。

第一章 总 则

本章是关于商行为的总则性及共通性规定。本法第501—503条为商行为的定义条款；而第504—522条则是关于商行为的一般规定，均为民事规则的商事特殊化，主要在于说明商行为的营利性特征以及突出商行为迅速性、自由性及注重交易安全的特色。此外，本章虽名为商行为的总则性规定，但并非每款规定均适用于所有商行为。

第五百零一条［绝对性商行为］

绝对性商行为，又称"客观商行为"，是指不考虑行为主体是否具有主观营利性目的或者是否以此行为为经常性营业，仅以行为的形式作为认定要件确定所为是否为商行为。本条所列举的行为，行为主体即使偶尔为之也构成商行为。绝对性商行为的规定，着重强调行为的客观营利性。此外，日本商法学上通说认为，本条的列举为限制性列举，不允许做扩大化或弹性化解释。

下列行为，为商行为：

1.以获利转让的意思，有偿取得动产、不动产或有价证券的行为或者以转让取得物为目的的行为

本项是关于投机购买行为及其转卖行为的规定。

本项规定的绝对行为，是指以获利转让的意思有偿取得动产、不动产、有价证券的行为（投机买卖）或者以转让其取得物为

目的的行为（转卖行为）。这些是固有商的行为表现，商事企业、批发商、百货店及小商店等主体所从事的行为即属此行为。由于本项规定的标的物为动产、不动产及有价证券，因此，通过购入动产材料建成建筑物等转化为不动产的行为、购买出产黏土的山体等制造砖瓦进行销售等不动产转化为动产的行为，均是本项所规定的行为（大判昭和4.9.28民集8卷11号769页[1]）；换言之，本项所规定的行为不仅包括直接销售从他人处有偿取得物的行为，还包括完全改变原物性质及用途的制造后销售行为以及保持原物性质仅进行一定程度变化的加工后销售行为。

此外，本项条文中动产、不动产、有价证券、有偿取得及获利意思等关键词的具体含义如下：

（1）本项中规定的动产、不动产及有价证券。关于动产，日本法律规定与我国的现状没有明显差异，不动产及有价证券则略有不同。本项规定中的不动产，除《日本民法典》第86条第1款（土地及其定着物为不动产）规定的不动产外，通说认为还包括各特别法上规定的不动产，具体包括：所有权保全登记的立木（在日本，法律意义上的立木是指，在一笔土地或其部分之上生长的、依《日本立木法》做了所有权保全登记的树木整体，参见《日本立木法》第1、2条）、工厂财团（《日本工厂抵押法》第14条）、矿业财团（《日本矿业抵押法》第3条）等。此外，本项规定中的有价证券无疑包括较为典型的股票及公司债券等，但日本商法学界通说认为，证券化的销售债权、贷款债权等其他一般债权以及证券化的专利权等其他无形财产权不属于本条规定的有价证券。

（2）本项要求的"有偿取得"。取得或转让一般是以买卖的形

---

[1] 末永敏和：《商法总则·商行为法》，中央经济社2004年版，第91页。

式进行，但本项的"有偿取得"不限于此，只要是有偿行为，通过交换、消费性借贷、寄存及承揽等行为均可。例如，自己的商品临时不足而向同业者有偿借入再向消费者销售的行为，也构成本项规定的绝对性商行为，这其中的有偿借入行为属于本项规定的有偿取得；再如，造船者承揽造船业务时，承揽者自己定购原材料进行建造，建成后交付定购者，同样构成本项规定的绝对性商行为，其定购行为属于本项规定的有偿取得。

此外，以有偿取得动产等的行为及其转卖行为，仅指购买合同及销售合同等其他以取得或转让为目的的债权合同行为，并不是指履行合同所实施的标的物交付等实际实施行为。

（3）本项规定的另一个要件是"获利的意思"，但并不是要求必须实际获利，仅要求有营利的意思，即使主体在实际转让中遭受损失也属于绝对商行为；但通说认为，该获利的意思必须由行为人的内心业已客观化、外部化。[1]

II. 缔结自他人处取得动产或有价证券的供给合同以及为履行该合同而实施的以有偿取得为目的的行为

本项规定的是投机出售及其为投机出售而进行购买的行为，与前项规定正好相反，本项规定的是先与买方洽谈交易，而后再以低价进货方式进行营利的行为，这是《日本商法典》中的第二类绝对性商行为。

本项规定的供给合同，是指合同缔结后一定时期内将合同标的物所有权进行转让的有偿合同。本项与前项规定的情形除交易行为的顺序正好相反外，还有一处不同点，即本项标的物中不动产被排

---

[1] 莲井良宪、森淳二朗：《商法总则·商行为法》（第4版），法律文化社2006年版，第145页。

除在外。日本商法学上通说认为，不动产本身的性质决定了它不适宜于"先出售再购买"的履行方式，将其排除在外是合适的。[1] 除此之外，前项规定中的营利意思、有偿取得等内容的具体含义均与本项无异。

III. 交易所中的交易行为

交易所，是一定数量的商人会员定期集于其中，就一定商品、有价证券等进行大批量交易的设施及场所。日本的交易所有三类，即商品交易所、证券交易所及金融期货交易所，分别由《商品交易所法》及《证券交易所法》等特别法规制。其中，商品交易所为会员组织性的非营利性法人，证券交易所是证券会员制法人，前者中交易的主体仅限于会员，后者中交易的主体为交易所会员及交易参加人。

"交易所中的交易"，是指通过交易所设施所实施的交易，此类交易通常具有高度的投机性、批量性、技术性、专业性及格式化；此外，由于交易所实行会员制，且会员全部为商人，因而非商人无从在交易所进行交易；正是基于这些原因，日本商法特将交易所中的交易行为划定为绝对性商行为。其实，交易所的交易行为均是作为商人的会员所进行的交易，交易行为本身即为商行为，本项规定似乎有画蛇添足之嫌。

IV. 有关票据及其他商业证券的行为

日本商法学界通说认为，本项中的"票据"(Negotiable Instrument，日文为"手形")包括汇票、本票及支票(对应的日文原文分别为"為替手形""約束手形"及"小切手")。至于"其

---

[1] 末永敏和：《商法总则·商行为法》，中央经济社2004年版，第91页。

他商业证券",通说认为是指广义上的有价证券,除上述票据外还包括股票、提单及仓单等有价证券。而"有关票据及其他商业证券的行为",则具体是指与证券自身相关的行为,如票据签发、背书、承兑等票据类行为以及为日本法院判例所确认的空白支票的补充授权行为等,而不包括以证券为交易目的的买卖行为等。[1]

由于任何行为人实施证券上的行为都属于商行为,均必须适用商法规定(尤其是必须适用《票据法》及《支票法》等特别法的规定),因此,本项规定的实际意义似乎也十分有限;目前来看,日本商事实践中,本项规定似乎仅对提单及仓单等有价证券存在实际意义。

通过对本项以及前项规定的考察分析来看,《日本商法典》关于绝对性商行为的规定其实际意义似乎的确有限。从立法论角度而言,日本商法学界通说所主张的"商法立法的商人法主义"或"商法的彻底企业法化",的确具有相当程度的合理性。

第五百零二条 [营业性商行为]

下列行为,被作为营业实施时为商行为。但专以取得工资报酬为目的制造物品或者从事劳务的行为,不在此限。

营业性商行为,是指行为主体将法定行为作为营业实施而构成的商行为;本条所列举的法定行为类型,被行为主体作为营业实施时即构成营业性商行为。

本条规定的"作为营业实施",是指行为主体以营利的意思经常性、反复地实施。此外,本条但书规定"专以取得工资报酬(Wages)为目的制造物品或者从事劳务的行为,不在此限",即

---

[1] 田边光政:《商法总则·商行为法》(第3版),新世社2006年版,第62—63页。

立法将此种行为直接排除出商行为的范畴；换言之，即使行为主体经常性、反复实施此种行为也不构成商行为。对此，日本法院的判例已经有较为清晰的判断，本条规定中的从事劳务和制造物品之行为的主体，通常是指小规模的家庭副业（如人力车夫、手工搬运工、挑夫等）以及个别手工副业者等。在实践中，对于那些投入相当规模的资金主要以机械手段进行的行为则不适用本条但书（大判昭和18.7.12民集22卷539页[1]）。其实，如此认定是较人性化的，显然也是合适的，但书中规定的行为主体虽然是以营利目的从事这些行为，但其营利目的的背后，在实质上显然是行为主体赖以谋生的手段。

关于本条列举是否为限制性列举，日本商法学界意见有分歧。有部分学者认为本条列举仅为例示性列举，认为对该条规定应进行扩张性解释，即凡是以营利目的被经常性、反复实施的行为均应认定为营业性商行为；但日本商法学上通说认为，如果允许扩张解释就会模糊商法适用的界限，而且会损害商法的稳定性，因此应严格按照本条列举的各项进行限制性解释。但是，随着新的商事交易类型的不断涌现，该通说地位似乎也在经受考验，因为关于本条各项的解释，目前日本商法学界持灵活化、弹性化观点的呼声日渐高涨。

I. 以出租的意思，有偿取得或承租动产、不动产或者以出租其取得或承租物为目的的行为

本项是关于投机出租及其实行行为的规定。"以出租的意思，有偿取得或承租动产、不动产"的行为（投机出租）或者"以出租其取得或承租物为目的的行为"（投机出租的实行行为），被经常

---

[1] 弥永真生：《商法总则·商行为法》（第2版），有斐阁2006年版，第13页。

性、反复实施时，即构成营业性商行为，如房屋租赁业、汽车租赁业、服装租赁业及金融租赁业等组织机构所从事的营业行为。

上述第501条注解中对有偿取得、不要求实际获利等的解释，均适用于本项；此外，本项中所要求的投机的意思不要求体现到每一笔业务上，只要行为主体的反复性营业行为整体满足此要素即可。

Ⅱ. 为他人实施制造或加工的行为

本项所规定的行为，是指行为主体承诺为他人实施制造或加工活动的合同行为，在法律形式上通常表现为承揽合同。此处"为他人"，是指在进行制造及加工活动时，所有原材料均是由委托人提供或者支付了相应材料费用的情形。这应与第501条第1项的规定区别开，如造船人造船情形中，若造船者使用的原材料为实施委托行为的他人提供或其出资定购的情形，建成后交付，则不构成501条第1项所规定的绝对性商行为（投机买卖），而构成本项所规定的营业性商行为。

与前述解释一致，本项所规定的"制造"是指改变原材料性质制成与原材料不同物的行为，本项中的"加工"是指不失原材料性质上的同一性仅在一定程度上改变原材料状态的行为，二者均是在材料上施以劳力的事实行为，且均为有偿行为。

Ⅲ. 供电或供气行为

本项是关于供电、供应燃气行为的规定。日本法院的判例认为，在法律性质上，单纯的供电及供燃气行为应属于买卖合同的范畴，若提供上述服务的同时附带向客户租赁设备，属于买卖与租赁的混合合同（大判昭和12.6.29民集16卷15号1014页）。关于供应燃气行为，日本学界多数说认为，对于产于自然界的天然燃气供给合同属于本项规定的范围，即构成营业性商行为；但对于购买石灰岩等原料制造燃气进行销售的供给合同则属于前条规定的投机买卖行为，属于绝对性商行为。

此外，日本商法虽未明文规定关于水及有线电视信号供给行为适用商法规定，但实际上这些供给者全部是公司，根据《日本公司法典》的规定，其供给行为亦均为营业性商行为。

Ⅳ. 运输行为

运输，是指将人或物在空间地点间进行移动。本项的运输行为，对象上包括人和物；手段上可以通过汽车、火车、轮船及飞机等交通工具移动；空间上包括地上、地下、水上及空中。日本商法学通说认为，在法律性质上，本项所规定的运输行为仅指接受运输业务的合同行为，即运输合同；同时，还认为运输对象物应该处于运输业者的实际"占有"或"保管"状态中。此外，日本商法学界通说认为，基于行为及其对象的特殊性，拖船行为不适用本项规定。

Ⅴ. 工程或劳务承包

"工程承包"，是指房屋建筑、桥梁架设、铁道公路铺设、船舶修缮（日本也有不少学者认为船舶建造也属工程承包）等与不动产及船舶工程相关的承包合同；"劳务承包"，是指向需要劳动者的主体输送劳务的合同。由于第二次世界大战后以营利性目的供给劳力的行为已被日本法律所禁止，所以日本商法学界的多数说认为，本项所谓"劳务承包"，是指日本《劳动者派遣法》中所规定的人才派遣行为（如派遣秘书、翻译、保洁及保安等派遣行为）。

Ⅵ. 出版、印刷或摄影行为

根据日本的法律规定及实践，完整意义的"出版行为"通常由三个阶段的行为构成：一是以取得权利为目的出版著作的行为，二是以印刷复制为目的的行为，三是以出售印刷物为目的的行为；即出版行为通常包括著作出版行为、承揽印刷的行为以及负责销售的行为。通常认为，在这三种行为中，第三种行为是出版行为不可或缺的行为，因此，自己出版自己的著作或者在自己的工厂中印刷的情形中，虽不包含第一种及第二种行为，但只要出售发行即构成出版行为（日本称之为"自己出版"）。现实实务中，日本的出版行为，除一般出版业外，还包括报纸发行业的报纸发行行为（大判大正15.9.22刑集5卷10号418页[1]）。此外，本项规定中的"印刷行为"，指借助机械手段或化学手段承接文字、图画复制的合同行为；"摄影行为"，是指承接拍摄照片的合同行为。

Ⅶ. 以招徕顾客为目的的服务业经营场所中进行的设施利用交易

以招徕顾客为目的的服务业经营场所[2]中进行的设施利用交易，即日本商法学上称为"塲屋（Establishment）交易"的交易类型，是指配备有服务顾客的服务人员及相应物质性服务设施并以此满足顾客需要的交易行为；[3]具体而言，是指以招徕不特定多数客人为目的、以店内人力性及物质性设施为前提，缔结相应服务合同的有偿行为。就其性质而言，可表现为买卖、租赁及承揽等，现实生活中的宾馆、饭店、浴场、剧场、高尔夫球场及游乐园等所提供的服务均属于此类行为。

此外，关于理发店、美容院提供的服务是否属于"塲屋交易"，

---

〔1〕 莲井良宪、森淳二朗：《商法总则·商行为法》（第4版），法律文化社2006年版，第149页。

〔2〕 日文原文为"塲屋"，类似我国法律语境中的"服务业经营场所"。

〔3〕 弥永真生：《商法总则·商行为法》（第2版），有斐阁2006年版，第15页。

日本商法学界与实务界观点不一。商法学界通说认为，只要合同的履行需要在店所内进行，且服务行为需要店所内所配备的特殊的以服务顾客为目的的服务人员及物质设施，即满足本项规定的条件，故应认定理发店及美容院提供的服务行为也属于"場屋交易"；但日本法院的判例认为，理发业与顾客间的关系在性质上属于理发承揽行为或劳务行为，顾客的主要目的并不是利用理发店之设施，因此，其与理发店之间并不存在类似上述利用宾馆及饭店等设施的合同行为，因此该行为也不应属于营业性商行为。至于美容院提供服务的行为，东京地方法院较近的判例也认为，美容院与顾客间不属于"場屋交易"所要求的设施利用关系（东京地裁平成2.6.14判时1378号85页）。

Ⅶ. 兑换及其他银行交易

本项规定的兑换（Exchange，日文原文为"両替"），是指不同种货币间的交换行为，含义比较明确；但对于何为"其他银行交易"，则含义相对模糊。日本商法学界通说及法院判例认为，银行交易是指作为金钱或有价证券转换媒介的行为，通常要求"接收不特定多数顾客的金钱或有价证券"（受信行为）且"将上述金钱或有价证券融资于需求者"（授信行为）两种行为并存（大判明治41.6.26民集780页[1]）。同时，日本法院的判例认为，仅以自由资金对外借贷的放贷业及当铺业的经营行为不属于此处规定的银行交易。但是，近来越来越多的日本商法学者认为，表象上放贷业及当铺业所拥有的资金为自有资金，而实际上它们的资金相当一部分也是从不特定多数人处借贷而得，而且，放贷业及当铺业均存在着强

---

[1] 莲井良宪、森淳二朗：《商法总则·商行为法》（第4版），法律文化社2006年版，第149页。

烈的逐利性，因此对本项进行扩张理解更为合适。

IX. 保险

本项所规定的保险，是指营利性保险，即保险业者以营利为目的接受投保人的保险金并为其提供保险的行为。为了避免风险互相结成团体，为共同利益而成立的保险公司的保险行为以及国家或各机关团体为执行公共性政策实施的社会保障性保险，由于不符合营利目的要件，不属于本项所规定的保险范畴。但是，日本也有学说认为，《日本保险业法》第21条第2款明确规定互助公司准用商行为相关规定，因此，互助型保险公司也应视为商人，其保险行为应适用本项规定；不过，对此日本法院的判例则认为，本项规定的保险仅限营利性保险行为，否认本款适用于互助型保险公司的保险行为（大阪地裁昭和49.7.17判时325号277页）。

X. 保管行为

本项规定的是接受寄存（Deposit，日文原文为"寄託"）的行为，我国通常称为"保管"，较早前英译通常为Storage，现在多翻译为Deposit。此处的保管行为，是指为他人保管物品的行为，通常表现为缔结寄存保管合同，仓储业、汽车停车场等的日常经营行为，均属于此项规定的接受寄存的保管行为。

XI. 居间或行纪行为

居间（日文原文为"仲立"）行为，指为他人间成立法律行为充当媒介的行为，为他人间成立商行为充当媒介并以此为业者为居间商（Brokerage，日文原文为"仲立人"，本法第543条有专门规定），充当商行为以外的媒介法律行为（如不动产买卖业及婚姻）的人为民事居间人，以此为业者则构成营业性商行为，即民事居间人也可以成为商人。

行纪（日文原文为"取次"），指以自己的名义为他人从事法律行为的行为，其行为的法律效果虽最终归属他人，但在法律关系中自己是权利义务的主体。以物品（包括有价证券）销售或购买为目的从事行纪行为的人，即本法第551条规定的行纪商（Commission Agent，日文原文为"問屋"）、以自己的名义从事货运的行纪行为并以此为业的货运行纪业者（本法第559—568条）、以以自己的名义从事物品买卖及货运以外的法律行为为目的从事行纪行为并以此为业者（准行纪商，本法第559条）等，其所从事的行为均属于本项所规定的行纪行为。

本项规定的居间行为与行纪行为，是日本商法中需要重点注意和理解的两个法律用语，《日本商法典》中的许多主体和行为均与此两种行为密切相关；与本条前几项相同，本项规定中的两种行为构成营业性商行为时，也是以缔结合同的形式体现。

XII. 商行为代理

企业在各地开展营业，通常可以开设分部或分所等，但由于开设分部通常需要配备完善的人力性资源和物质性设施，从经济及效率角度而言，委托专门性的代理商等独立第三人从事相应行为，往往可以节约成本，甚至可以较快打开经销局面。本项规定所指的"商行为代理"，即是指接受委托人（本人）作出的"商行为代理"委托并进行法律上代理的行为，如本法第27条中规定的缔约代理商，即符合本项规定。

不过，针对本项仅限于商行为代理的规定，日本有学者指出，《日本商法典》将接受商行为以外之行为的委托，并以营业的方式从事代理的行为排除在营业性商行为之外，并未见明确的立法理由。[1]

XIII. 信托行为[2]

根据《日本信托法》第2条第1款规定，信托（Trust）是指通过缔结信托合同、遗言抑或信托宣言（Declaration of Trust）的方法，特定主体为特定目的所作出的财产的管理、处分以及其他为达成该特定目的的必要行为；依据《日本信托法》第2条第2款的规定，设定信托的上述缔结信托合同、遗言抑或信托宣言（Declaration of Trust）的行为，称之为"信托行为"。接受委托人（Trustor）作出的"信托行为"的委托并实施相应法律行为时，即符合本项规定，受托主体成为信托法上的受托人（Trustee）。也即以取得报酬为目的接受信托行为并以此为业时构成信托营业（营业性商行为）。

起源于英美法的信托制度，目前已经广泛应用于个人理财、公司业务开拓等投资领域以及慈善、教育、宗教等公益事业；鉴于信托制度在日本社会中日益重要的实际情况，2006年日本重新制定了新的信托法，同时，于《日本商法典》中增加本项作为营业性商行为的新类型。

第五百零三条 ［附属性商行为］

作为商人，在日常经营中除不断实施作为其营业目的的商行为［基本商行为，即商人的本业（Business）］外，也不可避免地要为

---

〔1〕 莲井良宪、森淳二朗：《商法总则·商行为法》（第4版），法律文化社2006年版，第154页。

〔2〕 本项为平成18年（2006年）12月15日日本法务省法律第109号，即《信託法の施行に伴う関係法律の整備等に関する法律》（《信托法施行时相关法律调整法》）中新增加的内容。

开展营业实施各种各样的对其基本商行为有帮助、有助益的行为，如向银行或他人借贷、雇佣工作人员及租借营业所等行为。由于这些行为通常是商人为维持或扩张其基本商行为而实施，而且在最终目的上也符合逐利性，所以有必要对其进行商法性规制。但是，由于商人为其营业所实施的附属性行为比较繁杂，进行具体性规定显然不切实际，对此，《日本商法典》采用了"附属性商行为"这一总括性概念来概括此类行为。

商人为其营业所实施的行为为商行为。

商人为其营业所实施的行为（如为充实营业资金进行的借贷行为），为附属性商行为，根据本款规定，附属性商行为有以下两点特性：

（1）行为主体的商人性。即某行为是否为附属性商行为，首先取决于实施该行为的主体是否为商人。本款规定的附属性商行为，显然是以商人概念为前提条件的，在这一点上，其与本法第501、502条规定的绝对性商行为及营业性商行为不同。

对于商人基本商行为即商人"本业"开始前所实施的准备行为，是否认定为"为营业所实施的行为"，即是否构成附属性商行为，日本商法学界存在争议。通常，对于公司而言，根据《日本公司法典》第5条规定，公司的事业[1]行为及其为其事业实施的行为为商行为，因此，公司只要通过了设立登记即取得了法人资格，其在本业开始前实施的各种准备行为自然符合本款规定，因此，公司商人方面并不存在太多争议，学界的争议主要集中于公司以外的

---

〔1〕 日文原文为"事业"。前已有述，对于商人的"生意"，公司商人场合，日本法律及实践中通常使用"事业"一词；而非公司商人场合，通常使用"营业"一词，但二者英译均为"Business"。

商事主体。其实,争议的本质还是公司以外的主体何时取得商人资格的问题(前已有述),通说认为,为营业实施的开业准备行为以及营业废止时所进行的善后行为属于本款规定的附属性商行为。此外,多数说还认为,本条规定的辅助性行为不限于法律行为或有偿行为,事务管理、催告、通知等准法律行为以及一些无偿行为也不影响附属性商行为的成立或定性。[1]

(2)行为与营业的关联性。根据本款规定,商人"为营业所实施的行为"为附属性商行为,其中"为营业所实施"的行为,不仅包括直接性地为营业实施的行为,还包括广义上与营业相关联的为维持或扩张营业而实施的行为(大判昭和3.1.20新闻2811号14页),如前已有述的商人为其充实营业资金进行借贷的行为以及为营业纳税所实施的金钱借贷行为均为附属性商行为。此外,日本法院的判例确认,商人与职员之间签订雇佣合同的行为也为附属性商行为,商人迟延支付其雇佣职员的工资债权时,损害赔偿金适用商事利率(最判昭和30.9.29民集9卷10号1484页)。

商人的行为,推定为为其营业实施的行为。

本条第1款规定,商人为其营业所实施的行为为营业性商行为,但商人的有些行为是不是其为营业而实施,有些情况下并不容易判断。因此,日本商法在本款作出特别规定,推定商人的行为是为其营业而实施。其实,对于公司而言,由于其自诞生时起即是为营业而存在,因此,公司场合并不用适用本款规定(通说);所以从现实实践意义上看,本款的规定其实仅适用于个人商人,即当判断个人商人的行为是否"为营业而实施"时,在无法明确区分营业行为与私人行为的情况下,直接推定认为商人的行为是"为营业而

---

[1] 弥永真生:《商法总则·商行为法》(第2版),有斐阁2006年版,第17页。

实施"。

例如，作为非金融业商人的杂货商人向他人借款的行为，若无特别情形，通常推定其行为是"为营业而实施"（大判昭和15.7.17民集19卷1197页）；再如，商人为他人做债务担保的情形中，若无相反证据，推定其是"为营业而实施"的行为，视为附属性商行为（大判昭和6.10.3民集10卷851页）。不过，需要指出的是，此款规定中的"推定"，不适用于性质上明显不属于"为营业"的行为，如身份性行为等（大判大正4.5.10民录22辑681页[1]）。

第五百零四条［商行为的代理］

商行为的代理人未表明为委托人本人实施代理行为时，其行为亦对本人发生效力。但对方不知代理人为本人从事代理之事项时，其亦可向代理人请求履行。

本条是关于商行为代理的规定。与日本民法上规定的显名主义的代理方式不同（《日本民法典》第99、100条），在借鉴英美法"Undisclosed Principal"制度的基础上，《日本商法典》于本条规定了隐名代理的方式。日本法院的判例认为，之所以在商法中采用隐名主义，主要是为了因应商人通常情况下是通过雇佣商业雇员或代理商进行大量持续性交易的现实状况，这种情形中要求商事活动中使用商人本人的名义进行交易与商事交易简易、迅速的特点不符；而且，由于商人的营业具有经常性及持续性的特点，对于交易方而言，通常情况下其在交易

---

［1］ 转引自莲井良宪、森淳二朗：《商法总则·商行为法》（第4版），法律文化社2006年版，第151页。

中即知道正在进行的交易的对方是商人本人。[1]在法律效果上，本条的规定与日本民法就代理的规定存在不同，有代理权的代理人为商人本人实施代理行为的情形中，交易对方对此未知且不存在过失时，依据民法规定该代理人的行为视为代理人自己的行为，交易方仅能请求代理人履行或承担损害赔偿；但依据本条的规定，交易对方不仅可以请求代理人履行，也可以要求商人本人履行。如此规定在因应商事交易特点的同时，显然进一步强化了对交易方的保护。

关于本条的适用范围，日本商法学上通说认为，本条仅适用于所代理的行为"对商人本人而言"是商行为的情形，对此，日本法院的判例也持肯定态度。关于公司中的代表行为，通说认为也应类推适用本条规定，日本最高法院在某公司代表董事以个人名义购买土地及房屋的判例中，也基本持同样观点（最判昭和44.9.11判时570号77页[2]）。

对于本条本文的规定，日本商法学界与法院判例的观点基本一致，但对于本条但书的规定，日本商法学界及法院判例的观点存在较大争议，即交易相对方不知道代理人为商人实施代理行为时，其究竟是与商人本人还是与代理人间成立了法律关系。日本商法学界的多数说认为，依据本条的本文部分，商人与交易相对方之间形成了权利义务关系，但本条但书规定则是为了使交易相对方避免遭遇无法预测的损害而要求商人本人与代理人向交易相对方承担不真正

---

〔1〕 江头宪治郎、山下友信编:《商法（总则·商行为）判例百选》（第5版），有斐阁2008年版，判例40。

〔2〕 转引自弥永真生:《商法总则·商行为法》（第2版），有斐阁2006年版，第86页。

连带债务，[1]即对方不知代理之事项时，其与商人本人间产生法律关系，此时，为保护其利益特认可其可以向代理人请求履行。法院的判例则是以通说为前提，认为根据本条的本文规定，商人本人与交易相对方已经基于代理产生了法律关系，交易对方不知道代理人是为本人实施代理行为时（因过失未知的情况除外），为保护交易对方，应认定其与代理人间也产生同一法律关系，而且当其行使选择权选择交易对象为代理人或本人任一方时，其与未被选择的另一方间则不再存在法律关系。[2]另外，日本商法学界还有少数说认为，本条仅针对对方知道或应当知道存在代理的情形，否则只能认可代理人与交易方间存在法律关系。[3]其实，从交易安全以及尽快使交易关系稳定的角度考虑，日本判例所持的观点和立场应更为可取。

第五百零五条［商行为的委任］

商行为的受委任人，在不违反委任本意的范围内，可以实施未被授权的行为。

本条是关于商行为委任的规定。委任，日文原文亦为"委任"，在字面上与中文并无区别。日语"委任"在法律层面上有两层含义，一是指民法上的委任合同意义层面的委任（Mandate）；二是权限委任意义上的委任（Delegation），意在授权。本条规定中的"委任"为第二种意义上的委任（Delegation），我国有学者将此处

---

[1] 莲井良宪、森淳二朗：《商法总则·商行为法》（第4版），法律文化社2006年版，第170页。

[2] 江头宪治郎、山下友信编：《商法（总则·商行为）判例百选》（第5版），有斐阁2008年版，判例40。

[3] 末永敏和：《商法总则·商行为法》，中央经济社2004年版，第99页。

委任译为"委托",似为不妥;其实,日本法律中也存在"委託"一词,其对应的英文为"Entrustment",应更接近我国法律用语中的"委托"一词。

本条规定中的"受委任人",是指受到实施商行为之委任的人,由于没有要求委任本身也是商行为,所以非商人委任商人实施商行为的情形也应适用本条规定。根据《日本民法典》第644条规定,受委任人必须按照委任人的委任本意,尽善良管理人义务;比较本条与《日本民法典》第644条之规定,与日本民法上受委任人的权限相比,日本商法似乎扩大了受委任人的权限,即赋予了受委任人可以在情势变化时采取相应措施的权限。但日本商法学上通说认为,从字面上看似乎受委任人权限有所扩张,但根据日本民法规定的善良管理人义务,完全可以对委任人的委任宗旨进行合理性扩张解释,即在情势变化时,受委任人可以就未受委任事项采取适当处置措施;换言之,按日本通说观点,本条规定仅是将《日本民法典》第644条的宗旨进一步明确化的提示性规定而已。

此外,由于本条前后两条均是关于代理权的规定,因而日本商法学上通常也将本条视为关于代理权的规定;但至于是对委任人与受委任人间的内部关系的规定还是关于对外代理权范围的规定,存在争议。日本商法学上通说认为,本条规定仅是规制委任人与受委任人间内部关系的规定。

第五百零六条 [商行为委任代理权消灭事由的特例]

商行为的委任代理权,不因本人的死亡而消灭。

在民法上,本人死亡是代理权消灭的事由之一;但在商法上,商行为的委任代理权并不因本人的死亡而随之消灭。像经理之类的营业上代理人,其本质上其实是商人营业的人力性设施,只要营业存在，本人的死亡没有必要使人力性设施的代理权也随之消灭。日本法院曾有判例认为，即使营业的继承人为未成年人，经理的代理权也不受任何的影响（大判大正 5.1.29 民录 22 辑[1]）。

关于本条中"商行为的委任代理权"，日本商法学上通说认为，本条代理权是指基于"为本人实施商行为的授权行为"而获得的代理权；该授权行为性质上为商法上的附属性商行为（如作为营业代理人的代理商以及商业雇员的代理权委任），故授权主体必须是商人。因此，日本商法学上的通说及日本法院的判例均认为，非商人委任商人实施某行为时，若对"受委任的商人"而言受委任的行为是商行为时，不适用本条规定（大判昭和 13.8.1 民集 17 卷 1597 页[2]）。

此外，本条规定中的"委任代理权"，其作为代理权授予基础的法律关系并不仅限于委任行为，还可以是雇佣、合伙等法律形式。当受委任人是商人时，其商法上身份为代理商；受委任人是非商人的，则是商法上规定的商业雇员。因此，在商事法律关系中，应根据不同情况适用商法对代理商及商业雇员的相应规定。

第五百零七条　【删除】

第五百零八条［身处两地之商人间的合同要约］

身处两地之商人间发出未规定承诺期间的合同要约时，若受要约人在适当期间内未作出承诺通知，则该要约失效。

民法第五百二十四条的规定，准用于前款规定的情形。

---

〔1〕 转引自田边光政：《商法总则·商行为法》（第 3 版），新世社 2006 年版，第 175 页。

〔2〕 转引自莲井良宪、森淳二朗：《商法总则·商行为法》（第 4 版），法律文化社 2006 年版，第 172 页。

本条第1款的规定，重在把握"适当期间"一词，其日文原文为"相当の期間"，对应英文翻译是Considerable Period of Time，若直译应翻译为"相当长一段时间"；但是，在日本商法学上认为，此处规定的"相当の期間"的判断，通常视具体情况而定，即通常是结合当事人间过去的交易情况、交易标的物价格变动的幅度以及现行的交易惯例等实际状况而定。例如，发生在关东大地震时的一个关于车辆买卖要约的案例中，基于当时交通混乱等实际情况，法院最终认定了要约20日后发出的承诺也符合本条"相当の期間"的范围［大判昭和2.2.21商事判例辑追录（一）191页[1]］。因此，笔者认为，此处翻译为"适当期间"似更为妥当。

根据本条规定，身处两地的两个商人间，接到未规定承诺期间的合同要约时，若在适当期间内未做承诺通知，则要约失去效力。对于此种情形，日本民法仅规定要约者可以取消要约，因此，与前条仅为"民法商事化"的现象略有不同，本条规定应视为商法对民法的特别规定。[2]按本条规定，要约人即使不作出撤销意思表示的通知，适当期间经过后要约亦自动失效，这显然比前一条更加清晰明显地显示了商事交易迅速化的要求。

此外，本条第2款规定，《日本民法典》第523条的规定准用于前款规定的情形，即《日本民法典》第523条规定的迟延承诺视为新要约的规定适用于本条第1款规定的情形。其实商法作为民法的特别法，即使无此规定也同样是此结果，日本商法的本款应也属于

---

〔1〕 转引自田边光政：《商法总则·商行为法》（第3版），新世社2006年版，第178页。

〔2〕 但日本法学界也有不少观点认为，民法上也应比照此规定，即经历适当期间后，无须等待要约人的意思表示而直接认定其要约失效。

提示性规定。

第五百零九条［合同受要约人承诺与否的通知义务］

商人收到与其存在经常性交易关系的交易方所提出的属于其营业部类的合同要约时，必须及时[1]发出对合同要约承诺与否的通知。

商人怠于发出前款规定之通知时，视为该商人承诺前款之要约。

本条为商法对民法的特别规定，在民法上，通常情况下，即使收到的合同要约中要约方作出"不通知视为承诺"的意思表示，只要受要约方未对该要约做出承诺，合同也不会成立。但根据本条第1款的规定，商事活动中，只要当事人间存在经常性交易关系，且一方所提出的合同要约内容又属于受要约人营业部类时，受要约人就有义务及时作出承诺与否的通知。日本法院的判例认为，这一规定的立法精神显示了商事交易迅速性的要求，且有意谋求对要约人信赖的保护。[2]

根据本条规定，本条适用时，要求受要约人必须为商人，要约人则无此限制。但"存在经常性交易关系"则为必要要件，所谓"经常性交易关系"，不仅应在过去存在持续性交易，将来同样会发生经常性交易的预期也应是题中之意；日本法院的判例认为，仅在稍近时期存在一两次交易的偶然性交易行为不属于本条所规定的"经常性交易"（大判昭和6.9.22法学1卷〈上〉233页）。此外，关

---

[1] 及时，此处日文原文为"遅滞なく"（Without Delay），与日文"直ちに"（Immediately）略有区别，后者应翻译为"立即"或"直接"。

[2] 江头宪治郎、山下友信编：《商法（总则·商行为）判例百选》（第5版），有斐阁2008年版，判例43。

于"属于受要约人营业部类"的规定,日本商法学上的通说认为,是指属于"作为商人营业的基本性商行为"的范畴,即仅限于绝对性商行为及营业性商行为,不包括附属性商行为;但是,近来颇具影响力的少数说则认为,不应仅限于基本性商行为,只要是属于商人在营业上大批量反复进行的行为且属于日常营业内容,无论是基础性商行为还是附属性商行为均应包括在内。[1]

第五百一十条［受要约人的物品保管义务］

商人收到属于其营业部类的合同要约且同时接收到物品时,即使拒绝该要约,也必须以要约人的费用保管该物品。但该物品的价额不足以支付保管费用或者商人会因保管该物品遭受损失的情形,不在此限。

本条属于日本商法的特别规定,根据《日本民法典》第697条规定,受要约人收到商品的情形下,可以返还该商品也可以保管该商品,但并不负返还或保管的法律义务,换言之,即使受要约人置之不理也不承担任何责任。但依据本条规定,除非商人所送达物品的价值不足以补偿受要约人用于保管的费用或者受要约人会因保管该物品遭受损失两种情形外,受要约人必须负保管[2]义务。

与第509条的规定相同,本条适用时也要求受要约人必须为商人,而且要求受要约人所收到的物品必须属于其营业部类;至于要约人,商人非商人均可,但存在经常性交易关系仍为必要条件。此外,通常认为,本条规定中的要约不仅限于买卖,对行纪商的

---

〔1〕 江头宪治郎、山下友信编:《商法(总则·商行为)判例百选》(第5版),有斐阁2008年版,判例43。
〔2〕 此处规定的"保管"不限于自己保管,委托仓储业或保管业经营者进行保管,也符合本条规定的保管。

销售委托、对运输业经营者的运输要约等也应适用本条规定。

第五百一十一条 ［数名当事人间的债务连带］

数人中一人或全部人员的行为构成商行为，且因此产生债务负担时，每人均对该债务负连带责任。

在民法上，存在数名债务人时，若当事人间无特别的意思表示，通常按《日本民法典》第427条规定的分割债务原则，各债务人平均承担该债务。但《日本商法典》于本款作出了特别规定，数名当事人只要有一人的行为构成商行为（包括附属商行为），该数名当事人须连带负担该债务，于此，商法意在强化债务人责任的基础上强化商事交易中的交易安全及交易信用问题。不过，根据日本法院的判例，本条规定属于任意性规定，当事人间可以通过特别约定排除该条的限制（大判昭和13.3.16民集17卷423页[1]）。

与本条第2款规定相比，本款规定中未使用"以各自的行为负担了债务"，因此根据反对解释原则，通说认为，本款仅适用于数名债务人通过"一个"共同行为负担债务的情况，数人以各自的行为负担债务的情况不适用本款规定。本款连带债务的范围，不仅包括因该商行为产生的债务，由该债务衍生出的因解除或迟延履行等原因产生的损害赔偿、恢复原状等责任也包括在内。此外，本条仅要求债务人的行为构成商行为（未要求债务人必须为商人），对债权人的行为则没有限定。

存在保证人时，若该债务产生于主债务人的商行为或者保证为商行为，则即使主债务人及保证人以各自的行为[2]负担了

---

[1] 转引自弥永真生：《商法总则·商行为法》（第2版），有斐阁2006年版，第92页。
[2] "各自的行为"，即Separate Acts，日文原文为"各别の行为"。

债务，仍应对该债务负连带责任。

本款是关于保证人承担连带责任的规定。依据本款规定，当债务是因主债务人的商行为而产生或者保证本身为商行为时，保证人应与主债务人一起承担连带保证责任；而在民法中，如果没有特别约定，保证通常为一般保证而不是连带保证。在日本，对于一般保证中的保证人而言，《日本民法典》第452条特别规定了其在偿债中的"顺序利益"，即债权人要求一般保证人偿还债务时，一般保证人可以请求债权人先催告主债务人履行债务（催告抗辩权[1]，《日本民法典》第452条），当主债务人具备履行能力时，应先执行主债务人的财产（检索抗辩权[2]，《日本民法典》第453条）；同时，

---

[1] 我国民法未明文规定催告抗辩权。"催告抗辩权"，日文原文为"催告の抗弁权"（通常译为"Defense Right of Demand"，但日本也存在"Defense Right of Notification"的翻译方式），《日本民法典》第452条规定，债权人请求保证人履行债务时，保证人可以请求其先催告主债务人；但主债务人收到破产程序开始决定（received a ruling for the commencement of bankruptcy procedures）以及其下落不明时，不在此限。

[2] 日文原文为"検索の抗弁权"。我国《担保法》中规定了"先诉抗辩权"，《担保法》第17条第2款规定："一般保证的保证人在主合同纠纷未经审判或者仲裁，并就债务人财产依法强制执行仍不能履行债务前，对债权人可以拒绝承担保证责任。"学界通常认为，我国民法上的"先诉抗辩权"也可以称为"检索抗辩权"，但仔细比较《日本民法典》第453条规定的"检索抗辩权"，会发现二者其实存有较大差异，《日本民法典》第453条的规定为："债权人对主债务人进行催告后，若保证人已证明主债务人有清偿资力且执行上无障碍时，债权人必须先执行主债务人的财产。"

"抗辩权"乃大陆法系法律用语，因此英语中并无对应之专业术语，日本对"检索抗辩权"的正式性翻译为"Defense Right of Reference"，学界也存在"Defense Right of Attachment"及"Defense Right of Debtors Solvency"的翻译方式；我国对"先诉抗辩权"的常见翻译则为"Beneficium Excussionis"，同时存在"Right of Discussion"及"Riht of Plea for Preference Claims"的翻译方式。可见，无论从法律条文的内容上看，还是从中日两国学者对二者的英文翻译上看，中日两国民法学上的"先诉抗辩权"与"检索抗辩权"都是存在较大差异的。

针对数人保证的情形,日本民法还规定了"分别利益"(《日本民法典》第456条)。

与日本民法规定不同,本款为日本商法对商事交易作出的特别规定,此时,保证人将不再享有上述催告抗辩权及检索抗辩权,而且存在共同保证的情形中,各保证人间同样负连带保证责任,不再享有民法上的"分别利益"。应当说,此特别规定,是符合商事交易特征的,其不仅有利于强化交易中债权人债权的担保力度、增加债权清偿的执行力,更重要的是,有利于进一步强化交易的安全性,进而保障和促进商人金融状况的稳定性。

"保证债务是因主债务人的商行为而产生",是指如为营业订购商品时对商品价金所做的保证、对公司债务所做的保证等,此类情形中,不限定主债务人必须为商人,但是,普通消费者自公司购买商品并由其朋友做保证人时,此债务仅对债权人而言为商行为,不适用本条规定。[1]"保证为商行为"的情形,自然适用于保证行为本身对保证人而言是商行为的情况,如由银行所做出的支付债务的保证等,但是否也适用于仅对作为保证合同相对方的债权人构成商行为的情境,日本现在的学界观点与较早前的学界通说及判例观点并不一致。较早前的通说及判例对此持肯定观点(大判昭和14.12.27民集18卷1681页。此案件中,非商人为某公司的雇员做身份保证,虽然保证人的保证行为仅对公司构成商行为,但法院认为也应适用本款规定,判令保证人连带承担雇员对公司所带来的损害赔偿责任)。现在日本学界的多数说为大隅健一郎所主张的观点,即主张本款仅适用于"对保证人构成商行为"的情况。[2]

---

〔1〕 田边光政:《商法总则·商行为法》(第3版),新世社2006年版,第184页。
〔2〕 大隅健一郎:《商法总则》,有斐阁1978年版,第39页。

此外，与前款相同，日本学界通说及法院判例均认为，本款亦为任意性条款，当事人间可以排除其适用。

第五百一十二条［报酬请求权］

商人在其营业范围内为他人实施行为时，可以请求适当的报酬。

本条是关于商人报酬请求权的规定。依据本条规定，商人在其范围内为他人实施某种行为时，不仅可以请求对方支付"为实施该行为所必需的费用"，同时可以请求适当的报酬。本条明确了商人行为有偿性的原则，此于民法上原则不同，在民法上，如无特别约定，委任、寄存及无因管理等为他人的行为，通常均为无偿行为；而商法上正与此相反，若无特别约定，上述行为则为有偿行为；其实，这是商人逐利性目的的必然要求。

何为"营业范围内"的行为，日本商法学上通说认为，不仅仅指作为商人营业目的营业上行为，还应包括广泛的为谋求营业上利益及便利的一切行为；日本法院的判例还确认，对于某行为是否为商人"营业范围内"，若无相反证据证明则应根据本法第503条第2款规定，推定为"为营业实施的行为"。条文规定中的"为他人"，是指为了他人利益实施行为，但不是指行为人仅主观上存在"为他人利益"的意思，还必须在客观上可以确认行为人的行为具备此种意思；当然，虽要求行为人的行为必须是"为他人利益"，但在为自己利益的同时"为他人利益"的情况中，商人同样享有索取适当报酬的请求权。另外，本条规定中的"行为"，并不仅限于法律行为，也不要求行为本身必须为商行为；[1]该行为既可以是委任合同、

---

［1］ 森本滋：《商法总则讲义》（第3版），成文堂2007年版，第101页。

保管合同等基于合同的行为，也可以是法律上直接规定的诸如无因管理性质的事实行为。[1]

此外，法律有特别规定时，可以排除本条的适用。例如，专门从事不特定当事人间商行为中介的商事中介，若他人间的商行为未能成立，则不产生本条所规定的报酬请求权（本法第550条），也就不得以本款规定请求支付报酬；另外，根据本法第576条第1款规定，如果负责运输的行为人是从事运输业的商人，若其在运输途中致运输物品全部或部分因不可抗力而灭失，则行为人无权请求支付运费。

第五百一十三条 [利息请求权]

商人间进行金钱消费借贷时，贷款人可以请求法定利息（指按照下条中规定的法定利率产生的利息，下同）。

第513条是关于商人金钱消费借贷[2]（Loan）时贷款人享有利息请求权的规定。按照本款规定，商人间发生消费借贷的情形中，若无特别约定，则贷款人可以请求法定利息；与前条相同，本款规定也属于商法对民法上消费借贷"无偿原则"的特别规定。其实，从商人营利性目的角度出发，本款规定也属于当然性规定。

针对本款规定的适用，日本商法学界的学术观点不一。通说认为，应与本法第512条相同，本款规定的适用应仅限于"营业范围内"的金钱消费借贷，[3]但也有学者认为，商人营业外的金钱消

---

[1] 末永敏和：《商法总则·商行为法》，中央经济社2004年版，第140页。

[2] 金钱消费借贷，日文原文为"金钱の消费贷借"。在日本，作为民法学上用语"消费贷借"，是指借入方将所借之物消耗或消费后，一定期间内以同种、同质、同量之物返还出借方的具有类似金钱借贷之性质的要式、无偿、单务合同；与我国民商法领域的"消费借贷"相当。

[3] 大隅健一郎：《商行为法》，青林书院新社1967年版，第46页。

费借贷也应适用本款规定。[1]此外，仔细对照本条第2款及本法第512条的规定可以发现，本款规定特别明确了"商人间"这一定语，也就是说，商人与非商人间进行的消费借贷并不适用本款规定。正如许多日本商法学者所批评的那样，从立法论角度考察，本款所规定的内容的确值得商榷。

商人在其营业范围内为他人垫付金钱时，可以请求该垫付之日起的法定利息。

本款是关于商人为他人垫付金钱[2]时得请求法定利息的规定，与本法第512条相同，是商行为有偿性的又一具体规定。按照日本民法规定，若无特别约定，基于消费借贷关系的金钱垫付行为不能请求利息（《日本民法典》第587条）；在无因管理的民事关系中，无因管理人也仅能就支出的对本人"有益"的费用请求偿还，而不能提出利息请求[3]（《日本民法典》第702条）。

就商人在其营业范围内为他人垫付金钱的行为而言，日本法院的判例及商法学说认为，本款规定不仅适用于委任、承揽及雇佣等法律关系中为他人处理事务的情况，而且包括广义上为他人垫付金钱的行为；换言之，不仅包括上述委任等法律关系，无因管理等事实行为中的垫付行为也适用本款规定（大判昭和4.12.4民集8卷12

---

[1] 田中诚二：《新版商行为法》，千仓书房1970年版，第99页。
[2] 垫付金钱，日文原文为"他人のために金钱の立替え"（payment for a third party）；垫付行为，日本通常称之为"立替払"，而垫付的金钱则为"立替金"（垫付金）。
[3] 根据《日本民法典》第650条第1款规定，民法上委任关系中的受委任人在处理受任事务时支出的必要费用，可以就该费用以及支出日后所生利息向委任人请求，与本款规定相同。

号895页[1]）。

此外，本款规定的法定利息请求权与本法第512条规定的报酬请求权为相互独立的两个权利；换言之，商人在其营业范围内为他人实施某行为并支付了垫付金的情形中，其不仅可以请求对方支付基于其行为的报酬，还可以请求对方支付垫付金所产生的法定利息。

第五百一十四条　【删除】

第五百一十五条 ［禁止处分合同质物的适用例外］

民法第三百四十九条之规定，不适用于担保商行为所生债权而设定的质权。

本条是关于许可流质合同的规定。所谓流质合同，是指出质人与质权人在缔结合同时事前约定，当债务履行期届满而出质人无力清偿时，质物的所有权自动移转为质权人所有的合同。为了防止质权人利用出质人经济上处于困境进而牟取暴利的不公平行为，保护出质人的利益，各国民法通常均明确规定，此类流质合同无效。例如，我国《物权法》第211条即规定，"出质人和质权人不得在合同中约定在债务履行期届满质权人未受清偿时，质物的所有权转移为质权人所有"，与此类似，《日本民法典》第349条也存在明确禁止流质合同的规定。

民事活动中，为保护处于弱者地位的债务人而禁止流质合同，确有必要。但是，商事活动中的商人在理论上均是理性经济人，完

---

〔1〕 转引自莲井良宪、森淳二朗：《商法总则·商行为法》（第4版），法律文化社2006年版，第183页。

全可以认为,其在缔结合同时所作出的各种法律行为是在权衡利弊的基础上作出的合理的经营判断;而且,作为商人,无论是团体性的公司还是个人商人,均具备慎重而冷静地作出最符合自己营业的决策能力,因此,法律的确没有必要为其另行提供特别的法定保护条款。基于此,本条规定,对"担保商行为所生债权而设定的质权",排除民法关于流质合同规定的适用,并无不妥。

关于"商行为所生债权"中的"商行为"的范围,日本商法学上存在非限制说及限制说两种观点。非限制说认为,对当事人任一方而言属于商行为的行为所产生的债权均可,如此一来,可以方便商事活动中的资本融通以及增加商事交易中的交易便利(日本商法学上曾经的通说)。但限制说的学者认为,债务人是商人的情形中法律自不必提供特别保护,适用本条规定属本条题中之意;但当债务人为非商人,仅对债权人而言构成商行为的情况中则不应适用本条规定,换言之,本条规定仅应适用于债务人商行为所产生债权的情况。[1] 目前,限制说的观点属于较为有力的学说。

其实,在民事领域中,《日本典当营业法典》[2]已经明确承认了流质合同的效力,面对较为强势的典当商,对于债务人而言理应特别需要保护,但《日本典当营业法典》并未给予其《日本民法典》上的特别保护;此外,《日本民法典》虽未明文规定"让与担保"制度,但作为一种非典型担保方式,让与担保制度也已为日本判例确立多年。因此,日本民法禁止流质合同的特别规定,其实际效果十分令人怀疑;与此相似,其实上述作为有力说的限制说似乎也缺乏充分的说服力。

---

[1] 弥永真生:《商法总则·商行为法》(第2版),有斐阁2006年版,第94页。
[2] 典当营业法,即日文"質屋営業法"(Pawnbroker Business Act)。

第五百一十六条 [债务履行的场所]

商行为所产生债务的应履行地，按照该行为的性质或者按当事人的意思表示不能确定时，特定物的交付，应在行为时该物所在地进行；其他债务的履行应在债权人现在的营业所进行（无营业所的，在其住所）。

本款是关于商行为所产生债务的履行场所的规定，当事人双方中任何一方的行为构成商行为，即可适用本款规定。依据本款规定，当商行为所产生债务的履行地点无法通过商行为的性质或者当事人间的意思表示确定时，特定物的交付地点为商行为发生时标的物所在地，而其他债务的履行场所则通常为债权人的营业场所或者住所。根据《日本民法典》第484条规定，若无特别的意思表示，民事关系中债务的履行地点或债务的履行场所通常是：特定物的交付场所为债权发生时标的物所在地，其他的均应至债权人的现住所。比对本款与《日本民法典》第484条规定可以发现，二者并无实质性差别，细微差异为：商法中用语"行为时"和"营业所"，民法中使用的是"债权发生时"及"住所"。

指示债权及无记名债权的清偿，应在债务人现营业所（无营业所的，在其住所）进行。

本款是关于指示债权及无记名债权两种特殊债务履行场所的规定。本款所规定的"指示债权"，即日文"指図債権"（Instrument Payable to Order 或 Debts Payable to Order），是指债权人可以通过指定新权利人进行转让的债权，如票据及仓单等；"无记名债权"，即日文"無記名債権"（Bearer Certificate of Claim），是指债权人不特定，仅向债券持有人清偿的债权，如购物券、车票及电影票等。本款所规定之债权，通过指示证券或无记名证券的署名或特定形式进行表征，而证券通常是在债务人无从知悉的情形下流通，因此，在债务履行日之前债务人一般无法知悉债权的真正权利人。针对此类债权，明确规定其债务的清偿地点是债务人的现营业所（无营业所时为住所），无疑是合理的。

第五百一十七条至第五百二十条　【删除】

第五百二十一条［商人间的留置权］

商人双方间商行为所产生的债权有清偿期时，在该债权被清偿之前，债权人可以留置基于与债务人间商行为而由自己占有的债务人所有物或有价证券。但当事人间有特别的意思表示时，不在此限。

本条是关于商事留置权的规定。在比较法学上，"留置权"制度源于罗马法的"恶意抗辩权"，最早出现于《德国民法典》中；如今，各国民法上基本均有关于留置权的一般性原则规定，《日本民法典》第七章也对留置权作出了专门规定。在民法原则性规定的基础上，日本商法为因应商事交易的特点及需要放宽了民事留置权的构成要件，欲通过适度强化对债权人的保护，加强商事交易的灵活度及安全性。在日本商法学上，商事留置权存在广义与狭义之分：广义上的商事留置权，除本条规定的基础意义上的商人间留置权外，还包括本法针对代理商、行纪商、货运行纪商（Freight For-warder）、海上及陆上运输人不同营业的特点所作出的特别留置权的规定；狭义上的留置权则仅指本条规定的商人间留置权。

本条所规定的"商人间留置权",即日本商法学上通常所指的"商事留置权",是指商人间因双方商行为所产生的债权存在清偿期时,若无债权人的特别意思表示,在其债权被清偿之前,债权人可以留置基于其与债务人间商行为而由自己占有的债务人的所有物或有价证券。在日本民法上,他人之物的合法占有人就其占有的他人之物所产生的债权可以留置该物,如手表修理商可以就手表修理费留置手表。但是,相较民事留置权的构成要件而言,日本商法上的商事留置权在构成要件上需注意以下几点:

(1)商人要件。本条规定了"商人间"的条件,即要求法律关系的主体必须均为商人;至于商人资格,通常认为,被担保债权发生时具备即可,行使留置权时商人资格的有无不影响留置权的效力。

(2)双方商行为要件。本条规定所担保的债权必须是基于"双方的"商行为而产生的,因此,对于自第三人处受让的债权,原则上不适用本条规定的商事留置权。但日本商法学上通说人认为,继承及商人合并等概括性承继及营业转让情形中,应认可承继人的完全债权人地位,对其所承继的债权应适用本条规定。[1]此外,关于受让无记名证券及指示证券的情形中商事留置权的适用问题,多数说认为,此种情况中无论作为现时持有人的债权人自何处取得证券,均应认可该债权是基于其与证券上债务人"双方"间商行为所产生的债权,适用本条商事留置权的规定。[2]

(3)标的物要件。根据本条规定,所留置的标的物必须是债务人所有之物或其所有之有价证券,即法律条文直接排除了债权人"善意"留置第三人之物的可能性。本要件中的"有价证券"前已

---

[1] 大隅健一郎:《商行为法》,青林书院新社1967年版,第48页。
[2] 西原宽一:《商行为法》,有斐阁1973年版,136页。

有述，基本不存在争议；但对于本条中的"物"，有部分学者认为仅限于动产，但通说认为，本条所指的"物"应与民法上"物"的范畴相同，包括动产及不动产，即严格遵循本条规定的字面意思，认定本条规定的留置权适用于不动产；日本法院的判例也认为，本条并没有将不动产排除在商事留置标的物的范围之外。其实，结合作为日本商法之母法的《德国商法典》进行考察可以发现，《德国商法典》第369条第1款明确规定了留置物标的物的范围为"动产及有价证券"，而本条则并未采用《德国商法典》的既有规定，而是直接明确使用了"物"的法律术语；而且，在现代社会中，不动产也已经作为商品在市场中流通，就本条规定而言，似乎没有理由可以否定不动产的适用。

（4）占有的要件。根据日本民法规定，占有是指以"为自己"的意思持有物的事实状态，即日本法上占有之事实状态需两个要件：意思要件与持有物的事实支配要件；由于现在日本民法解释学上意思要件已经淡化，所以，只要具备事实上"持有物"并对物实际支配的要件，即可享有对物占有的法律效果。但是，在此基础上，本条还对商事留置权中占有取得的原因作出了"基于与债务人间商行为而由自己占有"的特别规定；对于此"商行为"，日本通说认为，"基于商行为而取得的占有"，是要求债权人占有取得的"原因"是"当事人间的商行为"，而不是指"占有取得行为本身"为"商行为"；[1]可见，本条并不要求债权人的占有是由债务人的"直接占有"移转而来，如仓储合同中存货人订购货物后，由第三人直接交付仓库的情况，亦可适用本条规定。

此外，在效力上，商事留置权与日本民法上的留置权略有差

---

[1] 大隅健一郎：《商行为法》，青林书院新社1967年版，第48页。

异,根据《日本破产法》第65、66条规定,商人间留置权在债务人破产时有特别的优先权,具有别除权的效力。

第五百二十二条至第五百二十三条 【删除】

第二章 买　卖

买卖行为应是日常生活中最为基础性和普遍性的交易现象，各国民法中均对买卖行为作出了相当全面的规定。《日本民法典》第555—585条通过总则、买卖的效力及赎回三部分对买卖作出了详细的规定。根据《日本民法典》第555条规定，买卖是指当事人一方承诺将某财产权利转移至对方，对方支付对价的合同。

至于"商事买卖"，在比较法上尚未见直接通过法律条文进行定义的立法例，就《日本商法典》而言，由于本章5条均规定了"商人间"这一前提，因此，日本商法上的商事买卖，应是指商人间对双方均为商行为的买卖行为。在商事活动中，商事买卖应是最早出现的商行为，也是最为基础的商行为，即使在现代商事活动中商事买卖也是处于中心地位的商行为；基于商事活动中买卖行为的重要性，为更好地契合商事交易活动的迅速性特点及商事交易活动的现时需要，《日本商法典》在民法规定的基础上，就商事买卖作出了本章的特别规定。

纵览本章5条关于商事买卖的规定，通过对比日本民法上关于买卖的规定可以发现，日本商法结合商事交易的特点进一步加大了对卖方利益的保护。但是，就性质而言，买卖应是契约自由原则的最典型的领域，因此本章所有的规定均属于任意性规定，如果存在相应的商事交易习惯或者当事人间有特别约定，则可以排除本章规定的内容。

第五百二十四条［卖方对标的物的提存及拍卖］

商人间的买卖，买方拒绝受领或者不能受领买卖标的物时，卖方可以将该物提存或规定适当的期间并经催告后进行拍卖。此情形中，卖方将物提存或进行拍卖时，必须及时向买方通知该事项。

本款是关于商事买卖中买方拒绝受领或不能受领时，卖方有权对标的物提存及拍卖的规定。根据《日本民法典》第494、497条规定，买方拒绝受领或者不能受领该买卖标的物时，卖方可以提存标的物，但对于交易的标的物，即使不适宜提存卖方也无权拍卖，欲实施本款中规定的拍卖必须获得法院的许可；相较于民法的规定，商法赋予了卖方较大的自由权，也增加了卖方采取有利于自己的机动性，显然强化了对卖方利益的保护。

不过，根据本条规定，卖方欲行使标的物提存权与自主拍卖权时，须分别满足法定的实质要件与程序要件：

（1）要求交易为"商人间"买卖。公司商人通常不存在商行为以外的行为，但个体商人除营业行为外往往还会发生营业外行为，个体商人的生活行为与非商人无异，不得适用本条规定；换言之，本条的适用要求买卖行为对买卖双方当事人均为商行为。

（2）买方拒绝受领或受领不能的事实。此处的"拒绝受领"，不限于存在明确拒绝受领意思表示的情况，通常还包括主动提出解约、买方回避交付及漠视卖方交付提示等行为；日本法院判例及日本商法学上通说认为，买方的受领迟延是本条规定中卖方实施提存的前提，但受领迟延并不是提存的要件。[1] "不能受领"或"受领

---

〔1〕 田边光政：《商法总则·商行为法》（第3版），新世社2006年版，第222页。

不能"，包括事实不能及法律上不能，前者如地震或火灾等导致不能营业，后者如买方成为无行为能力人等；学界认为，商事买卖合同签订后因标的物价格骤降而导致买方无法受领的情形，也应类推适用本条第1款规定[1]。

（3）行使第1款规定的自主拍卖权须保证"适当期间"及"催告"。根据本条第1款规定，经"适当期间并催告"后，不需法院许可卖方也可以自行对标的物进行拍卖；此处的"适当期间"，是指买方用以判断是否应受领标的物的"合适期间"，日本法院曾有判例认定，在买方经较长期间的受领迟延后，卖方在受领催告中规定的"两日"的期间即符合本条规定的"适当期间"（东京控判大正13.6.2新闻2278号21页[2]）。

此外，至于是行使提存权还是行使拍卖权，由卖方根据实际需要自由选择，卖方也可以两者均不行使，直接根据民法上规定解除买卖合同进而请求损害赔偿。但如果卖方行使了选择权，本款要求卖方在实施上述提存或拍卖行为时必须及时（Without Delay，日文原文为"遅滞なく"）通知买方。按照字面意思理解，若未进行通知则行为应无效；但是，在实务中，买卖合同中通常均规定了"买方拒绝受领或者不能受领"时，卖方可以不经催告直接进行拍卖或提存的条款；[3]日本法院的判例也认为，本款是对卖方的保护性条款，卖方即使未做出相应的通知，上述行为亦应有效，但怠于通知的卖方应对买方的损失承担损害赔偿责任。此外，2005年日本商法修改之前的商法修改纲要中，也提出了应适当扩大本条规定之处理方法的提议。

---

〔1〕 西原宽一：《商行为法》，有斐阁1973年版，148页。
〔2〕 转引自大隅健一郎：《商行为法》，青林书院新社1967年版，第65页。
〔3〕 江头宪治郎：《商事交易法》（第3版），弘文堂2008年版，第24—25页。

对于存在"损伤及其他事由将致价格跌落"[1]之虞的物品，可以不经催告直接进行拍卖。

本款规定为日本商法本次修改中作出较大调整的法条，原规定为"对于易于毁损的物品，可以不经催告直接进行拍卖"，但本次商法修改时，将不经催告直接进行拍卖的前提修改为"存在'损伤及其他事由将致价格跌落'之虞"[2]。

通常，在民事法上，对于易损坏物品的处理应依《日本民法典》第497条规定进行，即当遇到标的物为危险物等不适宜提存的物品或者标的物是鲜花、海鲜等易于灭失或损坏的物品等情形时，在法院许可时卖方可以拍卖；对此，《日本商法典》则在本条第1款规定的基础上，赋予了卖方更进一步的自由，当买卖标的物是"存在'损伤及其他事由将致价格跌落'之虞"的物品时，卖方可以不经催告直接自行销售买卖标的物。依据修改后的规定，可拍卖对象物显然不限于原规定中的"易损坏物品"，凡"价格存在暴跌风险的物品"也均属可径自拍卖之列。

按照前两款规定将买卖标的物进行拍卖时，卖方必须将该拍卖金提存。但可以将该拍卖金的全部或部分充抵买卖价金。

本款中，商法赋予了卖方在特殊情况下的自行拍卖权，虽然要求卖方必须将相关拍卖款项进行提存，但也确认了可以将拍卖金额冲抵商事交易的价金，而且，日本法院判例还认定，拍卖费用也由买方承担；因此，拍卖金额通常先用来冲抵商事交易的价金，然后

---

〔1〕 此处引号为译者所加，力求能够反映日文原意并能避免中文译文产生歧义。

〔2〕 日文原文为："損傷その他の事由による価格の低落のおそれがある物"。对于修改后该前提条件适当与否，日本商法学上观点不一，有学者认为如此规定值得商榷。

扣除拍卖费用以及相关执行费用，实际上真正可供提存的拍卖金额几乎不会存在。

第五百二十五条［定期买卖履行迟延时的解除］

商人间的买卖中，依买卖的性质或者当事人的意思表示，若不在特定日期、时间或一定的期间内履行就不能达到合同目的时，当事人一方未履行合同且已超过指定期间，除对方立即请求履行外，视为合同已解除。

本条是关于有确定期限买卖发生履行迟延时如何解除的规定。因买卖的性质或者当事人的意思表示，某些交易如果不在特定日期、时间或一定的期间内履行就不能达到合同目的，此种情况中，如果当事人一方未履行合同并且已经超过合同的指定期间时，根据日本民法规定，对方可以不经催告直接解除合同。在民事上，直接解除合同时需要解除方的意思表示；但为因应商事交易迅速性的特点，日本商法特别规定了商事定期买卖中无须作出意思表示，迟延时合同直接被视为解除，即根据本条规定，不再需要当事人间解除合同的意思表示，通常认为这样更有利于法律关系的尽早稳定。不过，对此规定学界观点并不统一，反对意见认为，在买方作出意思表示前，卖方则处于一种等待履行请求或解除通知的不确定状态，而此时买方显然处于过于有利的地位，当标的物的价格在上升状态时其可以正常请求交付，而当标的物降价时其则可以解除合同，这种情况下显然容易促使作为买方的债权人产生投机的心理。[1]

仅就本条规定而言，适用本条解除定期买卖关系，需要满足以

---

[1] 谷川久：《商品买卖》，有斐阁1964年版，第80页；江头宪治郎：《商事交易法》（第3版），弘文堂2008年版，第23页。

下几个要件：

（1）交易为"商人间"买卖，即要求买卖行为对买卖双方当事人均为商行为。

（2）交易为定期买卖，即依买卖的性质或者当事人的意思表示，如果合同不在特定日期、时间或一定的期间内履行就不能达到合同目的。日本法院判例认为，商人间的买卖合同中即使确定了物品交付的具体时间，也不必然形成本条规定的定期买卖（大判明治39.10.18民录12辑1293页[1]），主要还要结合具体情况确定是否为定期买卖合同，如圣诞节用品等节日性用品及某些季节性用品，主要还是应以标的物的"性质"确定是否为定期买卖。

（3）当事人一方未予履行且合同期间已经经过。"未履行"，仅强调未予履行的事实状态，至于未予履行的原因是否可归责于当事人，不予考虑，这一点已为日本法院判例所确认。

（4）履行期限到来对方未立即作出请求履行的意思表示，即在期限到来后，若买方立即发出履行的请求，则其意思表示可以排除合同效力的解除；此处的"立即"，日文为"直ちに"，其所对应的英文为"Immediately"，意在强调须在履行期到来的同时或其后"极短的时间内"使对方接收到履行的请求。

第五百二十六条 ［买方对标的物的检查及通知］

商人间的买卖，买方受领买卖的标的物时，必须及时检查该物。

前款规定情形中，买方按规定检查发现买卖标的物存在瑕疵或者数量不足时，如未立即将该事项通知卖方，则其不能以

---

[1] 莲井良宪、森淳二朗：《商法总则·商行为法》（第4版），法律文化社2006年版，第202页。

存在瑕疵或数量不足为由解除合同、减少货款或者请求损害赔偿。买卖标的物存在不能直接发现的瑕疵时，买方于六个月以内发现该瑕疵，亦同。

前款规定不适用于卖方对上述瑕疵及数量不足存在恶意的情形。

本条是关于商人间买卖中，买方检查标的物及瑕疵通知义务的规定。按照日本民法上的一般原则，如果在1年内发现标的物存在瑕疵或数量不足，买方可以解除合同、减少价金及请求损害赔偿；尤其在善意的情形中，期间则是在知悉瑕疵或数量不足时起1年的时间。这种情形中，法律关系要在相当长的一段期间内处于不确定状态，显然，这对于性质上要求迅速完结的商事活动不甚妥当；而且，买卖双方当事人均为商人时，相较于一般民事活动中的普通人而言，其对交易标的物显然应具备较为专业性的鉴别知识和较强的鉴定能力，因此，作为商人的买方应会比较容易发现标的物存在的瑕疵或数量不足。鉴于此，《日本商法典》于本条对民法的一般原则作出了特别规定。

本条第1款规定中要求检查必须"及时"，对于不能直接发现的瑕疵也要求须在6个月内发现并通知，否则卖方则不再承担瑕疵担保责任。对于本条规定中的"及时"，对于通常都是大批量交易的商人间交易，如果不存在相应的商事习惯，显然是一个不易确定的期间。对此，日本法院中存在着大量的判例，如受领"一周"发现交易的食用油中掺杂大量水分、受领"10日"后发现所接收的玩具品质不良，以及受领时无异议而"10日"后发现数量不足等案例中，法院判例均认可其符合本款规定的"及时"。[1]其实，对

---

〔1〕 田边光政：《商法总则·商行为法》（第3版），新世社2006年版，第226—227页。

于特定或个体物品而言很容易直接发现的瑕疵,在商事买卖的批量化物品中也会转变为"不能或不易直接发现的瑕疵",从这个角度考察,本条规定对标的物瑕疵作出的能不能"直接发现"的区分,似乎并没有太大的实际意义。因此,若无行业标准或习惯,这些情形中,只能依靠法官根据个案的具体情况把握瑕疵能否被"直接发现",进而确定检查是否"及时"。

本条第2款规定的"通知",对于可以直接发现瑕疵或数量不足的情形,应于发现后"立即发出"[1];对于不能直接发现的瑕疵,若在受领6个月内发现,也应立即发出相应通知。问题在于瑕疵于受领后6个月内发现,但通知在6个月外发出的情形该如何认定,对此,日本商法学通说认为,若发现行为在6个月的法定期限内,但所作出的通知行为符合交易惯例中的迅速性要求,即便通知行为在6个月之外也应适用本条规定;但是,如果发现行为超出了6个月的法定期限,则卖方不再承担瑕疵担保责任。

此外,本条规定意在保护善意卖方的利益,当卖方存有恶意时,则不再使用本条前两款规定。换言之,当卖方存有恶意时,买方即使怠于实施检查义务及通知义务,也可以根据民法上的一般原则向卖方主张瑕疵担保责任。

---

[1] 本条第2款规定中的"立即"与第525条规定中的"立即",在内涵上略有区别。日本法院的判例认为,本条规定中"立即"(日文为"直ちに"),与"及时"(日文为"遅滞なく")无明确的区别,商法学上也认为本条中的"立即通知"(直ちに通知)与"及时通知"(遅滞なく通知)并无实质差异(吉田直:《现代商行为法》,中央经济社2004年版,第94页);换言之,此处所要表达的意思是"Without Dela",而并不具有第525条规定中的"Immediately"式的紧迫感。其实,本条规定中的"立即",着重于强调在考量平素交易惯例的基础上尽量迅速。

第五百二十七条［买方对标的物的保管及提存］

于前条第一款的情形，即使已解除合同，买方也必须以卖方的费用保管或者提存买卖标的物。但该物可能灭失或损伤时，应经法院许可将该物拍卖并保管或提存拍卖金。

前款但书中的许可案件，由该买卖标的物所在地的管辖法院管辖。

买方按第一款规定拍卖买卖标的物时，应及时将该事项通知卖方。

前三款规定不适用于买卖双方的营业所（无营业所时，为其住所）处于同一县乡村区域内的情形。

本条是关于特殊情况下买方保管及提存标的物的规定。本条前3款是买卖法律关系中的通常性规则，属于一般性规定。本条第1款中规定的前提为"前条第1款的情形"，即"物品存在瑕疵或物品数量不足"导致解除合同的情况，对于因其他情况导致合同解除的情形可否适用本条规定，商法学上观点不一；就解释论而言，多数说认为应类推适用本条规定。[1]

本条第4款规定，"前3款规定不适用于买卖双方的营业所（无营业所时，为其住所）处于同一县乡村区域内的情形"；但是，当当事人指定的交付场所不在同一区域时，即使买卖双方的营业所（无营业所时，为其住所）处于同一县乡村区域内，也应会涉及本条前3款规定的适用问题；学界甚至有观点认为，纵然指定的交付场所在同一区域内，也不应绝对排除相关义务的承担。[2]从立法意图上看，本款的宗旨应是敦促卖方及时采取适当的措施；就此角度

---

［1］ 西原宽一：《商行为法》，有斐阁1973年版，第158页。
［2］ 江头宪治郎：《商事交易法》（第3版），弘文堂2008年版，第33页。

而言，仅从地理区域上划定一个范围上的区域是否是最为适当或最为科学的方法，的确存有疑问。

第五百二十八条［买方对标的物的保管及提存］

卖方向买方交付的物品与定购物品不一致以及卖方向买方交付物品的数量超过定购量时，前条规定准用于该不一致物品以及该超过数量部分的物品。

其实，第527、528条两个条文，均是关于买方保管及提存义务的规定。通常，当买方因接收的标的物与合同约定不符而解除合同时，买方只需依民法规定将标的物返还卖方即可；至于卖方向买方交付非订购物品或者超过合同约定数量交付物品时，买方也仅负返还义务。但是，如果将此规则适用于通常为批量交易的商人间的商事买卖，对买卖双方而言均不合适。对买方而言，显然可能会因返还过程丧失其他商业机会；而对卖方而言则更为不利，其不仅要承担物品返还的风险、时间成本，还可能会在返还期间失去好的转卖机会。基于此，为因应商事活动中的实际需要，不少国家的商法中都对民法规定作出了一些修正。

日本商法规定，当"卖方向买方交付的物品与定购物品不一致以及卖方向买方交付物品的数量超过定购量"以及前条规定的"物品存在瑕疵或物品数量不足"时，若卖方不存在恶意且买卖双方当事人的营业所（无营业所时，为住所）在空间上不处于同一县乡村区域内，则卖方须承担保管或提存责任。

此外，本条规定中的保管行为，法律并未给出明确的期间，学说认为，此期间应是卖方"可以采取适当措施"的一段合适期间;[1]负有保管义务(提存、紧急销售义务,亦同)的买方,如果怠于履行相应行为给卖方造成财产损失时,须对卖方承担损害赔偿责任;但若其已善尽相应义务,则可以依据本法第511条的规定,向卖方主张适当的报酬。

---

[1] 平出庆道:《商行为法》,青林书院1988年版,第244页。

第三章　往　来　账

"往来账"[1]制度发端于13世纪初期，主要是由在意大利各城

---

〔1〕　日本商法典此处原文为"交互计算"，我国法学上基本均沿袭民国时期的翻译方式，直译为"交互计算"（20世纪80年代以来，"交互计算"一词主要以计算机专业术语存在，意指交互式计算，即Interactive Computing）。对此直译方式，笔者通过考证发现不甚妥当，梳理和分析的结果显示，我国经贸语境中"往来账"一词是日语"交互計算"妥帖的对应术语。理由如下：

（1）二者对应的英文相同。2006年版，日本内阁官房（Cabinet Secretariat，类似我国国务院办公厅的机构）网站主页上提供的"日本法令英译基础数据库"，曾将"交互計算"英译为"Current Account"，但去年补充修正版后的英译被校正为"Open Account"。笔者认为，如此校正是合适的，"Current Account"通常表示银行业中"活期账户"或表示国际收支中的"经常账"，与日本商法上"交互計算"的规定确有风马牛不相及之感。《布莱克法律词典》对"Open Account"的解释（Open Account : an unpaid or unsettled account ; anaccount that is left open for ongoing debt and credit entries by two parties and that has a fluctuating balance until either party finds it convenient to settle and close, and which time there is a single liability. 详见 *Black's Law Dictionary*, 8th ed., West Group, 2004, p.20），显然精准地因应了日本"交互計算"制度的本质和内涵。反观"Open Account"所对应的中文专业术语，不难发现，这个词是"往来账"（蔡勇主编：《英汉汉英商贸词典》，北京航空航天大学出版社1994年版）。此外，《元照英美法词典》虽未明确使用"往来账"的术语，但其对Open Account的解释与往来账制度的内涵亦高度一致（薛波主编：《元照英美法词典》，法律出版社2003年版）。

（2）二者制度内容相似。目前，我国商事法律中虽然并没有明确规定该制度，但在实际商事活动中"往来账"制度已经成为商事交易的一项重要制度。对企业而言，它不仅贯穿企业起步、发展、成熟至清算的整个过程，甚至其管理水平还"关系到企业的存亡"。具体而言，我国经贸语境中的"往来账"，是指商事交易的应收应付账项，通常表现为应收账款、预收账款、应付账款、预付账款以及其他应收账、其他应付款、应收票据、应付票据等。在我国商事活动中，存在经常性交易的

邦商业银行间交易中所形成的习惯法发展而来[1]。日本商法典上的"往来账"（Open Account），是指存在持续交易关系的商人间或商人与非商人间，以合同的形式约定双方交易中一定期间内所生复数的债权债务，于特定期间终了时仅支付抵销后余额的制度。此制度的特色在于，合同双方间不对个别债权进行处理，仅在双方约定的期间终了时对债权债务关系进行总体结算。

关于该制度的法律性质，日本商法学上存在诸多学说。在早期的商法研究中，日本不少学者着眼于合同存续期间的信用担保功能，提出了相互借贷说、互相委任说及相互性信任开始说等；也有一些学者立足于上述约定期间终止后债权债务相互抵销的功能，提出了抵销合同说及混合合同说等。显然，上述学说均无法全面描述该制度的内涵及本质，加之无论将该制度归类于现代民法学上的何类合同类型均显得牵强，日本现代商法学上通说倾向于将其定位为

主体间，通常通过定期签署往来账来对双方一定时期内的交易进行确认和结算。与日本"交互計算"制度相比，虽二制度具体操作程序不同，但二制度内容并无实质差异。确切说，我国的"往来账"制度所缺乏的更多是制度内涵的明确化及其地位的法律化。

（3）二者法律效力相当。日本商法典在本章中较为明晰地规定了"交互計算"的法律效力，但我国目前对"往来账"还未进行直接的法律界定，所以对其尚无明确的法律效力的定位。但我国法院系统的具体案例，已经明确认定了经双方签署后的"往来账"具有"对账单"的法律效力［上海市第二中级人民法院2005年6月15日作出的（2005）沪二中民四（商）终字第361号民事判决书］。通过上述考察可以确认，我国商贸领域的专业术语"往来账"，无论在词义、性质及内容上还是在法律效力上，均与日本商法上"交互計算"保持着全面性、立体式的契合。既然我国已存在如此同质性的制度及对应的专业术语，便没有必要再引进一个在汉语语境中明显词不达意的"交互計算"。更重要的是，若翻译为我国商事交易语境中业已存在的"往来账"一词，不仅能够更为准确、形象地反映日本"交互計算"制度的内涵，也更便于学界及实务界对两种制度进行比较研究和分析，如此，显然会更有利于往来账制度在我国商事实践中的应用、完善及法定化。

〔1〕 西原宽一：《商行为法》，有斐阁1973年版，第167页。

一种特别的不要式诺成合同[1]。

在商事实践中，"往来账"的功能是多方面的，但其最基础的功能主要体现为两点：①该制度具有担保作用。由于双方当事人在设立往来账的合约中约定有明确的期间，在双方约定的固定期间内，双方均不用就个别债务向对方支付金钱或提供担保，而只需在约定的期间终了时就结算后的余额进行支付即可。②该制度有效简化了商事交易的结算程序。由于根据该制度仅需就抵销后的差额进行支付，这不仅省去了每次交易均须单独支付的烦琐，而且避免了金钱往来中伴随的风险及相关手续费用，更重要的是有效优化了商人对资金的充分利用。

基于往来账的制度优势，目前日本已经突破了仅适用于日本国内各种行业的商事交易活动的限制。为节约拥有海外公司的集团公司在内部关联交易中的汇兑手续费、外汇风险及结算费用，日本于1998年颁行的《日本外汇外贸法》规定，包括海外公司在内的企业集团关联交易，均可以利用商法上"往来账"制度中的仅"支付差额"的结算方式进行支付。

第五百二十九条［往来账］

往来账，是指存在持续交易关系的商人间或商人与非商人间，相互约定将一定期间内交易所生债权及债务的总额进行抵销，仅支付抵销后余额的具有约定效力的制度。

本条是往来账的定义条款。在比较法学上，德国、意大利以及我国台湾地区等国家或地区的商法或民法中明确规定了该制度，但

---

［1］ 平出庆道:《商行为法》，青林书院1988年版，第308页；莲井良宪、森淳二朗:《商法总则·商行为法》（第4版），法律文化社2006年版，第212页。

具体定义及内涵均有所差异。就《日本商法典》的规定而言,具有法律效力的往来账必须具备以下几个主客观要件:

(1)至少一方当事人为商人。当两方均为非商人时,即使双方缔结了类似合同,也仅构成民事上的"往来账",不能适用商法于本章所作出的规定。此外,往来账制度是一种结算上的方法而不是营业行为,根据本法第503条之规定,商人为其营业采用此结算方法时,其在行为性质上应定性为附属性商行为。

(2)交易关系存在持续性。所谓持续性,通常是指当事人双方间不仅在过去一段期间内存在交易关系,而且在可以预期的将来一段期间内也会产生交易关系,至少在设立往来账之时起一段期间内将产生不特定多数的债权债务关系。

(3)一定期间的时间段。此期间的长短由双方当事人自由确定,以明示方式或默示方式进行均可,不要求必须具备书面形式;如果双方没有相关意思表示,则适用本法第531条之规定,期间视为6个月。

(4)抵销债权债务及支付余额之结算方法的约定。①由于本条规定的是"总额抵销",所以该"债权债务"仅能为金钱债权债务,与民法学上同种债务抵销的规定不同。②要求该"债权债务"必须是当事人间在上述特定"期间"内因"交易行为"产生。因此,因侵权行为、无因管理、不当得利行为以及自第三人处受让的债权债务关系均不符合,而且,也排除了票据等需要特别手续的商业证券上的债权债务。此外,还要求当事人双方间就"一定时期内的债权债务关系进行一体结算且仅支付余额"存在明示或默示的合意。

第五百三十条 [关于商业证券债权债务关系的特别规定]

将票据等其他商业证券所生债权债务纳入往来账时,若商业证券的债务人未进行清偿，则双方当事人可以将该债务的相关项目从往来账中排除。

本条是关于商业证券债权债务的特别规定（Special Provision），日本商法学上通常称其为"往来账不可分原则"的例外。"往来账不可分原则"，是指往来账在性质上要求一定期间内双方因交易而产生的金钱债权债务均纳入往来账，完全丧失独立性，在往来账的期间内其只能作为一体抵销的对象。换言之，就上述债权而言，不仅当事人不能就某个独立债权行使请求权、进行转让或质押，而且被纳入往来账目后某独立债权的时效也会在约定的特定期间内中断[1]。此外，对于不可分原则的效力是否及于第三人，日本商法学界的学说及日本法院的判例观点不一。日本法院早期的判例认为，效力及于第三人，即无论第三人善意与否对其均具有对抗效力。换言之，善意受让已纳入往来账之债权的第三人无主张所受让债权的权利，即使是法院扣押令（Attachment Order）对此也不产生效力（大判昭和11.3.11民集15卷977页[2]）。但是，目前较为有力的学说认为，"往来账不可分原则"的效力应仅及于当事人，对于善意第三人应适用《日本民法典》第466条第2款之规定，即当事人间就性质上可以转让的债权作出的禁止转让的意思表示，不得对抗善意第三人[3]。对此，日本法院新近的判例予以了确认，同时认定纳入往来账的债权亦可以适用扣押[4]。

本条规定是上述"往来账不可分原则"的例外，即在票据及其

---

[1] 吉田直：《现代商行为法》，中央经济社2004年版，第166条。
[2] 转引自末永敏和：《商法总则·商行为法》，中央经济社2004年版，第118页。
[3] 大隅健一郎：《商行为法》，青林书院新社1967年版，第75页。
[4] 江头宪治郎、山下友信编：《商法（总则·商行为）判例百选》（第5版），有斐阁2008年版，判例79。

他商业证券所生债权债务被纳入往来账的情形中，当商业证券的债务人未进行清偿时，双方当事人可以将相应债务项目从往来账中删除。所谓"商业证券所生债务"，通常不是指证券上所显示的债务，而是指在为获得贴现转让票据等的情形中，贴现票据（Discounted Bill）等的主债务人应当支付贴现价金的债务[1]。日本商法之所以在立法上将未进行清偿的此类债权债务关系排除在外，原因在于将此类债权债务关系纳入往来账是以贴现票据等的主债务人能够及时给付为前提的，如果贴现期到来后无法获得既定贴现，则显然无法实施"往来账"在性质上所要求的抵销行为。

对于本条规定，日本商法学上学说认为，本条规定的立法意图并不明晰，而且所谓"票据等其他商业证券所生债权债务"的具体内容其实也并不够明确，同时，作为日本商法之母法的德国商法也并无此规定。因此，学界认为，目前日本也并无支持本条规定的积极理由，就立法论而言，本条内容应可删除或进行必要修正。

第五百三十一条［往来账的期间］

双方当事人未约定应抵销的期间时，期间为六个月。

本条是对双方当事人未规定应抵销期间时如何处理的法律补充规定。依本法第529条之规定，当事人双方有约定抵销期间的自由和权利，但当双方未就该期间达成合意时，则适用本条规定，期间视为6个月。

第五百三十二条［往来账的承认］

当事人承认记载有债权债务各项目的财务报表后，不能就

---

[1] 田边光政：《商法总则·商行为法》（第3版），新世社2006年版，第238页。

该文件各项目提出异议。但该财务报表存在记载错误或遗漏时，不在此限。

　　本条是关于往来账承认的规定，本条规定是往来账积极效力的体现。根据本法第529条的规定，往来账期间期满时，被纳入往来账的债权债务将被一体抵销，仅保留余额债权。而本条规定则意在对上述抵销过程的结果提供法律上的规范，即要求双方应制作往来账财务报表（Financial Statement，日文原文为"計算書"），立法意图在于通过当事人对该报表的承认确认余额债权。至于"承认"的方式，学说观点认为此时并不否认默示承认的方式[1]，但实践中通常是当事人一方将详细记载有"债权债务各项目以及余额"的财务报表交付对方进行明确的确认。

　　依据本条的规定，当当事人已经承认对方提供的财务报表后，不得就财务报表中记载错误或遗漏之外的项目提出异议。换言之，本条但书仅认可当事人对"记载错误或遗漏"有异议权，可以就存在"记载错误或遗漏"的项目单独行使不当得利返还请求。除此之外，只要财务报表一经承认，即使发现存在"计算错误"，也不得对余额债权提出异议。但是，学说认为，如果在承认过程中，承认行为本身存在欺诈、胁迫及错误（Mistake）等瑕疵时，则应依民法上的一般原则来认定确定的效力。[2] 不过，此观点应是突破了往来账余额债权不可异议的原则。

　　另外，财务报表中的余额债权是基于往来账规则产生的一个新的债权债务关系，具有自身新的消灭时效，因此，若当事人间不存

---

　　〔1〕　莲井良宪、森淳二朗：《商法总则·商行为法》（第4版），法律文化社2006年版，第213页。

　　〔2〕　西原宽一：《商行为法》，有斐阁1973年版，第170页；出庆道：《商行为法》，青林书院1988年版，第318页。

在特别约定,则该余额债权不能承继往来账中各单独债权债务关系中的保证或担保。

第五百三十三条 [余额利息请求权等]

财务结算封账日之后,债权人可就抵销之后的余额请求法定利息。

前款规定,不妨碍对上述用于抵销的债券债务各项目自纳入往来账之日起计算利息。

本条是关于往来账中认可复利(Compound Interest)及余额利息请求权等方面的规定。按照日本商法学对往来账效力的分类,本条也是往来账积极效力的体现。本条中的余额利息请求权,是指往来账结算后余额债权的债权人可以自财务结算封账日起,就该余额向对方请求法定利息(商事利率6%)。

此处所谓的"复利"则是一个民法上的制度,依据《日本民法典》第405条的规定,利息迟延支付1年以上,经债权人催告债务人仍不支付利息的,债权人可以将该利息计入本金。根据本条第2款所作出的明确规定,各项目纳入往来账目时可以计算利息,显然,《日本商法典》也认可了《日本民法典》第405条规定的复利制度。

第五百三十四条 [往来账的解除]

当事人双方可以随时解除往来账关系。解除往来账关系后,立即封账结算并可以请求支付余额。

本条是关于解除往来账关系的规定。往来账关系,本质上即双方间所达成的一种合同关系,所以合同期满以及其他可以终止合同的原因均适用于往来账关系。此外，由于往来账关系是基于双方间的信任而建立，所以，无论双方间是否约定了合同存续期间，只要双方间信用状态发生了改变，任何一方在向对方发出了解约通知后，往来账关系即可以随时终止。除了自由终止外，依据日本破产法及公司重整法（Corporate Reorganization Act）的规定，若当事人任何一方破产或开始重整程序（Reorganization Proceeding），往来账关系均会自然终止。

此外，需要注意的是，第529条所规定的"往来账期间"的期满或终了与"往来账合同"期满或终止是两回事，通常往来账期间的期满或终了并不意味着合同终止或终了。

第四章 隐名合伙

隐名合伙制度，一般认为发端于10世纪的地中海地区。意大利商港各都市间所广泛存在的康曼达（Commenda）制度，则通常被视为现代隐名合伙的雏形。隐名合伙制度的法定化肇始于《德国商法典》，此后，该制度开始在大陆法系间广泛传播，《日本商法典》上的"匿名组合"（Silent Partnership）[1]，即隐名合伙制度，也是

---

[1] 目前，日本已就"合伙"制度发展建立起一套相当完备的合伙法律体系，经分析梳理可以发现，日本法律体系就各具体合伙制度间的特色区分得相当精细。为便于更好地理解本章所规定的隐名合伙制度，现将隐名合伙与日本法律规定的主要合伙制度对比分析如下：

（1）隐名合伙（Silent Partnership）与日本民法上合伙（Partnership）。二者的主要区别体现在以下几点：①隐名合伙中，隐名合伙人（Silent Partner）出资后，财产权即归营业商人所有，而民法上各合伙人投入的财产属全体合伙人共有；②隐名合伙人不参与合伙事业的经营，民法上各合伙人则都有权参与合伙事业的经营并与第三人建立法律关系；③隐名合伙中，隐名合伙人的出资只能是财产，不能是民法上合伙被认可的劳务、技术；④隐名合伙人原则上仅以自己的出资为限承担债务，民法上各合伙人对合伙债务承担无限连带责任。二者间虽存在上述不同，但就性质而言，隐名合伙与日本民法上的合伙均体现为一种合同或者说契约，所以，特殊情况下隐名合伙也可以类推适用民法上关于合伙的规定。

（2）隐名合伙与有限责任事业合伙（Limited Liability Partnership）。所谓有限责任事业合伙，是指根据日本2005年制定的《有限责任事业合伙法》，以合伙合同为基础建立的一种以经营某类事业为目标的企业组织体，日本商法学上通常称之为"日本版LLP"。日本的LLP制度，是模仿英美国家有限责任合伙制度构建而来，但是日本立法并未采用英国赋予LLP独立法人格的立法方式，却承认了其对合伙财产拥有相对独立的权利。换言之，该类合伙人仅以出资为限对有限责任事业合伙的债务承担责任而不负个人清偿责任。不仅如此，依据日本《有限责任事业合伙法》，此有限责任不仅限于合伙经营中经营或者借贷所生债务，还包括合伙成员的侵权行为或合伙财

在参酌德国商法上隐名合伙（Silent Gesellschaft）的基础上发展而来。

不过，就隐名合伙的本质，《日本商法典》立法者并未遵从《德国商法典》的观点。在类属上，《德国商法典》中的隐名合伙是与公司制度并列规定的，而未规定于法典第四编的基本商行为的范畴。换言之，《德国商法典》将隐名合伙的本质定位为企业，即认

产造成他人损害时的赔偿责任（就有限责任事业合伙侵权责任的承担方式，我国合伙企业法中"特殊普通合伙制度"的规定与此相似）。易见，二者虽均拥有"合伙"（日文：组合）之名，实则大相径庭。

（3）隐名合伙与投资事业有限责任合伙（Investment Limited Partnership）。日本法上的投资事业有限责任合伙（通常简称LPS），是指根据日本1998年制定的《投资事业有限责任合伙法》（Limited Partnership Act for Investment）设立的一种合伙，与我国《合伙企业法》中规定的"有限合伙"制度相当，由无限责任合伙人和有限责任合伙人组成。对于隐名合伙与有限合伙的关系，我国学说上存在两种观点：一是认为二者相同，只是来自不同法系而已；另一观点则认为二者是两种合伙形式，不可混淆。从比较法角度考察，日本的立法现状表明，我国学说上的后一种观点是正确的，日本法上同时确立了两种制度。其实，隐名合伙中的隐名合伙人与后者中的有限责任合伙人虽然在责任承担、出资形式以及是否执行合伙业务等方面存在诸多相似之处。但是，就成员登记、合伙资金所有关系、利益分配以及成员法律地位等均存在较大差异。其实，就本质而言，日本将隐名合伙定位为一种合同关系，即其仅是一种特殊的商行为（附属商行为）。而日本版的LPS则在性质上属于一种从事商事活动的团体组织。

（4）隐名合伙与两合公司（Limited Partnership Company）。作为大陆法系上两个较为典型的制度，二者均起源自康曼达（Commenda）制度，即二者是由"Commenda"制度在历史演变过程中分化而来的。经营人与投资人相结合开展共同事业是二者的共同点，"一方负有限责任，另一方负无限责任"的责任承担形式也是二者的相似之处。但是，根据日本公司法典的规定，两合公司是具有独立法人人格的企业，因此，无论是在形式上还是在实质上，二者均区别较大。

此外，在日本法律中，还存在一些以"组合"冠名的、自"合伙"制度演变而来的组织。如渔业、农业及商业等各领域中，相应领域的企业根据该领域的特别法，为共同目的设立的共同所有、民主管理且非营利性的意在相互扶助的各类"协同组合"（Cooperative，类似我国法律语境中的"合作社"）、各类"劳働组合"（Labor Union，类似我国工会）以及大批的"共济组合"（Mutual Aid Association，类似我国的一些互助社，如目前我国农村存在的资金互助社）等。

为隐名合伙是当事人以共同开拓事业为目的的一种企业形态。《日本商法典》之所以将隐名合伙制度规定于"商行为"部分，立法者应是以本法第503条规定的附属性商行为为基础作出的定性。的确，正如一些日本学者的观点，无论从目的还是从形式上看，隐名合伙都是"作为商人的出名营业人""为其营业"缔结的合同，其自然应归属于附属性商行为，规定于"商行为"部分亦无不可。

此外，从现代经贸领域的现实实践观察，隐名合伙主要适合于"拥有资金但碍于社会地位或职业等因素不愿或者不能从事具体营业"与"具有经营才能但无营业资本"的两类人共同开展某项特定营业。在隐名合伙制度下，投资人一方可以不参加具体经营但可以以较为隐蔽的方式享受投资的利益；而作为具体经营者的一方，则可以依据共同投资的营业中属于其本人的法律定位，在不受投资人支配的情形下较为自由地利用资金开展合适的事业。因此，负责经营的普通合伙人与隐名合伙人所投资的资本相结合，应是隐名合伙的基础内涵。但是，基于隐名合伙所具有的高度灵活性，近来，在日本其开始被广泛应用于资产流动化[1]中的特定目的公司（Special Purpose Company）以及杠杆租赁（Leveraged Lease）等。[2] 但是，隐名合伙制度过于灵活化的弊端也渐渐显现，近年来，日本社会中利用隐名合伙制度逃税避税的现象，也开始频繁见诸

---

[1] 资产流动化，与我国资产证券化（Asset Securitization）相当，是指将债权及不动产等资产与企业分离，并以此为凭筹集资金的方法总称，根据资产类别的不同，通常称之为债权流动化、不动产流动化等。在资产流动化的具体操作中，发行资产担保证券（Assetbacked Security）或者利用特定目的公司（Special Purpose Company）是较为常见的方法。为规范和支持资产流动化，日本目前已经颁布施行了资产流动化法（資産の流動化に関する法律）、债权转让特别法（債権譲渡の对抗要件に関する民法の特例等に関する法律）等一系列法律法规。

[2] 莲井良宪、森淳二朗：《商法总则·商行为法》（第4版），法律文化社2006年版，第218—219页。

报端。

第五百三十五条 ［隐名合伙合同］

隐名合伙合同，是指当事人双方间约定当事人一方为对方营业出资并分配其营业利益的有效协议。

本条是关于如何认定隐名合伙合同的规定。隐名合伙合同，在性质上属于一种有偿、双务、诺成性的合同，因此，订立合伙章程以及签订书面的合同书等行为并不是其成立或生效的要件。换言之，即使隐名合伙人尚未实际出资，只要双方意思表示一致，合同即告成立，若无解约事由出现，则隐名合伙合同即有效存在（东京地裁明治37.5.20新闻210第5页[1]）。

日本商法学上通常认为，符合本条规定的隐名合伙合同，必须具备以下四个要件：①隐名合伙合同中出名营业人必须为商人。此处所言"商人"，在具体表现上可为完全商人意义上的公司、个体商人，也可为不完全商人意义上的小商人。但是，日本商法学上通说认为，并不需要当事人的营业必须开始于订立合同时或订立合同之前，即不要求当事人订立合同时即必须具备商人要件。换言之，隐名合伙合同能以"开业准备行为"的形式出现。②隐名合伙合同，为双方当事人间的合同；当事人一方为隐名出资人，另一方为负责经营的出名营业人。日本通说认为，依据该制度的历史沿革以及《日本商法典》本条与第540条的文意理解，隐名合伙仅限于两方当事人，不同于民法上合伙协议可为多方当事人的规定。当负责经营的出名营业人与数名出资人签订隐名合伙合同时，各个合同相

---

［1］ 转引自田边光政：《商法总则·商行为法》（第3版），新世社2006年版，第242页。

互独立，构成数个独立的隐名合伙合同。[1]③隐名合伙人为出名营业人的营业出资。此处的"营业"，不限于营业整体，仅对出名营业人某个具有相对独立性的"部分营业"或"特定营业"出资，也符合本条规定。根据本法第536条的规定，该出资行为仅限于金钱或者其他财产出资，不得以信用或劳务出资。该出资直接归入出名营业人的营业财产，在性质上不属于共有财产。此外，本条所规定的出资，不限于以所有权方式进行的出资，并未排除保留所有权仅以使用权进行出资的方式。④利益分配。根据经营业绩的浮动进行利益分配乃隐名合伙存在的基石，本条所规定的利益分配，不限制双方当事人对所分配之利益的上限作出约定，但双方若事前约定无论有无盈利均向隐名合伙人支付一定数额金钱时，则会在性质上更接近于借贷合同，而与隐名合伙制度产生冲突。通常认为，当双方当事人对利益分配没有作出约定时，则类推适用《日本民法典》第674条关于民事合伙的规定，即应按照双方出资额的比例进行利益分配。此外，由于在隐名合伙制度中，不存在公司制度中应以某种标准维持经营资本数额的限制，因此，在利益分配中并不受资本维持原则的制约。

第五百三十六条［隐名合伙人的出资及权利义务］

隐名合伙人的出资，归入出名营业人的财产。
隐名合伙人的出资标的仅限于金钱及其他财产。
隐名合伙人不能执行出名营业人的业务或者代表出名营业人。
隐名合伙人不因出名营业人的行为与第三人产生权利义务关系。

---

[1] 莲井良宪、森淳二朗:《商法总则·商行为法》(第4版)，法律文化社2006年版，第216页。

本条是关于隐名合伙中隐名合伙人对外及对内关系方面的规定。2005年《日本商法典》修改时本条有较大改动，本条第3款及第4款为新增条款。

在隐名合伙关系中，隐名合伙人仅是具体营业人所经营营业的资金提供者，根据本条第2款的规定，隐名合伙人提供的资本直接归入营业人的财产，同时依第3款的规定其也无业务执行权及代表权。所以，原则上隐名合伙人与隐名合伙的债权人间不存在任何权利义务关系。从本质上而言，隐名合伙人履行出资义务后，其即在事实上获得了与股份有限公司股东相似的间接有限责任。换言之，无论隐名合伙对外营业状态如何，隐名合伙人均不会与第三人间发生任何权利义务关系。

第五百三十七条 ［隐名合伙人同意他人使用自己姓名等时的责任］

隐名合伙人同意将自己的姓氏或全名用于出名营业人商号中或者同意将自己的商号用于出名营业人的商号中的，隐名合伙人应对此后所发生债务与出名营业人一起负连带清偿责任。

本条也是关于隐名合伙人对外及对内关系方面的规定。根据第536条的规定，原则上，在隐名合伙关系中，隐名合伙人仅是具体营业人所经营营业的资金提供者，通常不会与第三人间发生任何权利义务关系。但是，当隐名合伙人"同意将自己的姓氏或全名用于出名营业人商号中或者同意将自己的商号用于出名营业人的商号中"时，依据本条规定，其应对其"同意使用"后隐名合伙所产生的债务与实际经营营业的人负连带清偿责任。此时，优先保护信赖"外观"之善意第三人的利益无疑是较为合适的。甚至有学者认为，此时即使第三人不是基于善意而是出于恶意，也应同等对待，[1]日本法院的判例也支持此见解，日本地方法院也曾出现过恶意第三人得到保护的判例。[2]

就法律效果而言，本条的规定与本法第14条规定的许可他人使用自己商号之行为（日文为"名板貸"）的责任是一致的，同为禁反言法理的具体体现。

第五百三十八条［利益分配的限制］

出资因损失减少时，隐名合伙人不能在该损失未补足前请求利益分配。

本条是关于利益分配限制的规定。如前所述，隐名合伙在实质上是出名营业人与隐名合伙人共同经营的事业，因此，若无特别约定，隐名合伙人须负分担风险的责任。当隐名合伙人的出资因分担损失而减少时，隐名合伙人同样应负相应补足责任，否则不得请求利益分配。通常认为，若双方事前对损失分担比例无特别约定，则应按照利益分配的比例进行分担。[3]

根据本法第535条之规定，在隐名合伙合同中，利益分配条款是该类合同不可或缺的要素，但损失分担并不是隐名合伙合同的本质要求。因此，基于私法自治精神及合同自由原则，隐名合伙合同的当事人间也可以通过自由约定隐名合伙人不承担经营风险和损失排除本条规定的适用。

第五百三十九条［资产负债表的阅览以及业务与财产状况的检查］

营业年度结束时，隐名合伙人可以在出名营业人的营业时

---

［1］ 大隅健一郎：《商行为法》，青林书院新社1967年版，第88页。
［2］ 田边光政：《商法总则·商行为法》（第3版），新世社2006年版，第245页。
［3］ 弥永真生：《商法总则·商行为法》（第2版），有斐阁2006年版，第172页。

间内，提出下列请求或者检查出名营业人的业务及财产状况：

Ⅰ.出名营业人以书面形式制作资产负债表时，请求阅览或者复印该书面文件

Ⅱ.出名营业人以电磁记录（日本法务省所规定的电子方式、磁性方式及依他人知觉能够认识的方式制作并能够通过计算机进行信息处理的记录形式）的方式制作资产负债表时，请求阅览或拷贝依法务省规定的方法表示出的该电磁记录所记载的事项

隐名合伙人有重要理由时，经法院许可后可以随时检查出名营业人的业务及财产状况。

前款许可案件，由该出名营业人营业所所在地的管辖法院管辖。

本条是关于隐名合伙人对营业拥有监视权[1]的规定。根据本法第536条第3款的规定，隐名合伙合同中的隐名合伙人既无业务执行权也无代表权，但作为与合伙经营业绩存在重大利害关系的一方，其对营业本身无疑应拥有相应的合法权益。因此，借鉴两合公司中有限责任股东的法律地位，《日本商法典》确认隐名合伙人拥有对营业的监视权。

根据本条规定，在隐名合伙的营业年度结束[2]时，隐名合伙人可以在出名营业人的正常营业时间内，检查出名营业人的业务及财

---

[1] 日本商法上的"監視權"，通常包括对营业状况的知情权（Right to Know）以及对营业财产及业务的检查权（Supervision Right）。

[2] 日文原文为"終了"，其作为法律用语有两层含义：①通常为终止，英译为"Termination"，如"契约终了"（Termination of Agreement）；②指期间的结束，英译为"End"，如"事業年度終了の日から3个月以内"（within three months from the end of each business year）。本条中"終了"的意思为后者。本法第541条规定中的"終了"的意思则为前者。

产状况，或者查阅、复印书面的资产负债表（Balance Sheet）及拷贝相应电磁记录（Electromagnetic Record）的文档。当存在重大事由时，经法院许可，隐名合伙人可以随时行使其对营业财产及业务的检查权。

第五百四十条［隐名合伙合同的解除］

隐名合伙合同中未规定隐名合伙的存续期间或者所规定隐名合伙的存续期间与当事人寿命相同时，当事人可以在营业年度结束时解除协议。但必须于六个月前预先通知。

隐名合伙无论是否规定了存续期间，当出现不得已之事由时，各当事人均可随时解除隐名合伙合同。

本款是关于隐名合伙合同解除的规定。在日本商法上，隐名合伙在法律性质上属于合同，原则上，合同的一般终止原因也均适用于隐名合伙。作为一种特殊制度，《日本商法典》于本条及第541条又特别规定了五种终止原因。

本条第1款所规定的解除方式，属于当事人间的合意解除。即当当事人未事先约定合伙存续期间或隐名合伙对当事人终身有效时，当事人可以在隐名合伙营业年度结束时通过预先通知（Advance Notice）的方式解除双方间的隐名合伙协议。

本条第2款所规定的解除，是当事人发生"不得已之事由"时不得不解除隐名合伙的情况。本条规定中使用了"不得已之事由"的文字，事由是否"不得已"，应视具体情况而定。在通常情况下，主要表现为当事人不履行或怠于履行其主要义务，如隐名合伙人不履行或怠于履行其出资义务或者负责经营的一方不履行或怠于履行其经营义务、利益分配义务等。

第五百四十一条［隐名合伙合同的终止事由］

除前条规定的情形外，隐名合伙合同因下列事由终止：

Ⅰ.作为隐名合伙之目的的事业[1]已成功或者不能成功；

Ⅱ.出名营业人死亡或者出名营业人受到监护开始的审判；

Ⅲ.出名营业人或者隐名合伙人受到破产程序开始的决定。

本条是关于隐名合伙合同终止事由的规定，主要是非因当事人意思表示终止合同的情况，本条规定的内容均属于当然解除的范畴。

本条第Ⅰ项规定，合伙的目的事业已成功或者已不能成功时合同自然终止。其实，《日本商法典》从立法上直接将"事业成功或者不能成功"作为解除合同的法定事由，是不甚明智的做法：①在具体实践中，若有更好的经营项目，负责实际经营合伙的人在承担损害赔偿责任的前提下，实际上可以任意废止或转让营业；②本法第540条已赋予当事人通过预先通知的方式任意解除合同的权限，法律实在无必要再从事业是否成功的角度代替当事人决定何时应当终止合同，何况立法者也不可能提供一个科学合理的判断何为"成功"的具体标准。因此，从立法论考察，《日本商法典》此一规定实无必要。

本条第Ⅱ项规定，负责具体经营合伙的出名营业人死亡或者其受到监护开始的审判（Ruling for Commencement of Guardianship）等丧失完全行为能力时，隐名合伙合同终止。由于在隐名合伙合同中，隐名合伙人的出资通常是源于对对方的信任或者对方技术的信赖，基于此考量，当经营者死亡或者处于被监护状态时，立法规定合同终止是合适的。但是，从私权自治及契约自由角度而言，当事人间自然也有约定由经营者继承人继承营业的自由。由于隐名合伙

---

［1］ 日语原文为"事業"（Business）。日本新公司法典中也使用了"事业"一词，其实与本法中其他条款中所使用的"营业"含义基本相同，并无实质区别。

人仅是资金的提供方,并不参与实际的经营,因此,合同有效成立后,其死亡或行为能力状况并不影响合同的效力。

本条第Ⅲ项规定,当事人任何一方受到破产程序开始的决定(Order for Commencement of Bankruptcy Proceeding)时,隐名合伙合同即告解除,尤其是当负责营业一方破产时,由于其已丧失营业能力及对财产的管理处分权限,合同当然解除。

第五百四十二条［隐名合伙合同终止时出资额的返还］

隐名合伙合同终止时,出名营业人必须向隐名合伙人返还其出资额。但出资因损失减少时,仅返还其余额即可。

本条是关于隐名合伙人出资额返还请求权的规定,是隐名合伙终止后法律效果的具体体现。依据本条规定,在隐名合伙合同终止时,隐名合伙合同的隐名合伙人可以请求合同的对方当事人返还其对营业的出资金额。根据法条文意理解,本条规定中返回的标的并不是当初出资时的"标的物",仅为与标的物价值相当的"价额"。当然,根据私法原理,双方自然也可以通过特别约定,约定隐名合伙终止时须返还出资标的物。此外,根据本条后半段的规定,如果隐名合伙合同双方当事人没有特别约定,当隐名合伙人的出资在经营中因损失而减少时,则隐名合伙人仅能请求出名营业人返还余额。换言之,隐名合伙人有可能面对出资全部灭失的风险。

从法律性质上考察,本条所规定的出资额返还请求权是债权,隐名合伙合同终止时,《日本商法典》及其他法律并未规定隐名合伙人的债权具有特别优先权,因此,清偿时,隐名合伙人与隐名合伙的其他普通债权人在地位上没有任何区别,在债权的清偿顺序上处于同一顺位。

第五章 居间营业

居间营业是一种非常古老的营业形式，自罗马时期就已经出现作为交易活动中介人的自由营业的居间业者。至13世纪左右，居间制度在欧洲已经发展成为较成熟的制度。不过，此时的居间业者已不再是当初的自由营业人，而是发展为具有官方性质的阶层。中世纪欧洲的居间业者通常是由所在城市政府或商人组织任命，并且在相当长的一段时期内，居间行为也都保持着强制色彩和垄断性。进入19世纪后，随着资本主义经济的迅速发展，居间业的强制与垄断性才开始在经济自由主义的现实中逐步瓦解，居间业渐渐恢复了自由营业的原有特征。

《日本商法典》于本章规定的"仲立营业"，即居间营业制度，主要是根据德国商业经纪（Mäklergeschäft）制度并参酌法国中间人（Courtier）制度确立。其实，在日本最初于1890年制定的旧商法典中，居间制度与欧洲早期的规定相似，居间商也具有相当强的官方色彩及垄断性特征。但日本1899年制定的新商法典即现行商法典，完全采取了居间业的自由营业主义。不过，针对日本居间业者在从事媒介行为时所普遍存在的暴利现象，对于完全否定居间业者官方性的立法取向是否适当，也有学者提出过异议[1]。

日本商法上的居间营业，是指以承接他人间商行为之媒介业务

---

〔1〕 田中诚二：《全订商法总则详论》，劲草书房1976年版，第189—191页。

为目的的营业。[1]设置居间营业制度的意义，主要在于增进缔结合同的机会，尤其是在商品及有价证券买卖、银行短期资金借贷（Call Loan）、租船合同（Charter Party）、保险等领域，熟悉市场状况且具有相关专门知识的居间业者，显然能够更为迅速地找到合适的交易对方并能更为准确地探知对方的信用。其实，居间业者在把握市场行情与行业状况方面存在的优势以及其在专门知识方面所具有的特长，为世界各国所重视，我国《合同法》也在第424—427条用专章进行了规定，但与日本及德国商法典的相关规定相比，条文相对简略，尚未形成成熟的系统性制度。

第五百四十三条 [定义]

居间商，是指充当他人间商行为的媒介并以此为业者。

本条是关于居间商定义的条款。依据本条规定，应从以下几个要点把握日本商法上的居间商概念：

（1）从事媒介行为。《日本商法典》居间商制度的母法为德国商法典，此处的"媒介"一词来自德语"Vermittlung"，与日语"仲立"及"周旋"同义，主要是指尽力促成他人间缔结法律行为的各种活动，[2]类似于我国的"中介"一词。本条所言居间商，仅以自己努力促成他人间成立某种法律行为，原则上其本身对于自己所促成的法律行为无任何权利义务关系，与以自己的名义参加交易的行纪商、以本人名义参与交易的代理商存在区别。

（2）以从事媒介行为业。所谓"以从事媒介为业"，是指以"承接""媒介"之"法律行为"为业。本来，从行为性质而言，

---

〔1〕莲井良宪、森淳二朗：《商法总则·商行为法》（第4版），法律文化社2006年版，第225页。

〔2〕吉田直：《现代商行为法》，中央经济社2004年版，第146页。

"媒介"本身为事实行为，但当以"承接""他人间媒介事务"作为营业时，营业性的"承接"行为则为商行为，从该角度也可以确认，以从事商行为为业的居间商所具有的商人本质。

（3）商行为的媒介。作为媒介对象的行为必须为商行为，通常认为，对当事人任一方构成商行为即可，不要求必须对双方均为商行为。[1]若行为主体"以之为业"的媒介对象行为不是商行为时，则不构成本条所规定的居间商，如"以介绍结婚对象为业"的婚介业以及"以非商人间不动产出售为业"的住房买卖中介业等，由于其媒介对象行为"介绍结婚对象"及"非商人间住房买卖"均不属于商行为，虽然根据本法第4条及第502条第Ⅺ项的规定也称其为商人，但却不构成本条所规定的居间商。日本称此类商人为"民事居间人"，其行为不适用本章规定，主要受商法总则、商行为总则及民法一般原则调整。

（4）他人间商行为的媒介。本条规定中的他人为不特定的广义上的普通人，只要他人间的行为符合上述"商行为"要件，该他人是否为商人不受限制。"代理商"一章中所述的媒介代理商虽然也以从事居间行为为业，但由于其仅以特定的商人为对象从事媒介行为，故与本条规定的居间商存在区别。

第五百四十四条［居间商的给付受领权限］

居间商进行媒介行为时，不得为当事人受领支付及其他给付。但有特别的意思表示或者习惯的，不在此限。

本条是关于居间商受领权限的规定。居间商仅是他人间交易的媒介，不是交易合同的当事人也不是交易双方的代理人，若其与当

---

［1］田边光政：《商法总则·商行为法》（第3版），新世社2006年版，第254页。

事人间事前无特别约定或相应习惯，基于媒介法律行为的性质，则原则上其没有受领给付的权限。因此，当当事人向作为媒介的居间商进行支付或实施其他给付行为时，其对交易对方的债务并不会因此免除。但当当事人间事前存在默示或明示的特别意思表示或者存在相应习惯时，居间商自然获得给付受领权。此外，本法第548条规定的当事人要求居间商对自己的姓名或商号保密的情形中，也应认定居间商拥有给付受领权。

第五百四十五条［居间商的样品保管义务］

居间商进行媒介行为时，若收到样品，则在其行为完成之前必须保管样品。

本条是关于居间商样品保管义务的规定。依据本条规定，在"居间行为完成"之前，居间商必须保管所收到的样品。立法要求居间商保管样品，其目的主要是保全证据，意在保证日后当事人间就标的物品质发生纠纷时有"据"可依。因此，从立法要求居间商保管样品的宗旨进行理解，居间商保管样品的期间，即本条条文中"行为完成之前"，并不是指"买卖合同成立"至"标的物交付完成"这段时间，而应是指自"居间商收到样品"至"当事人间不可能就标的物发生纠纷"为止的这段时间。换言之，只有当买方认可卖方已为完全给付，并且本法第526条规定的"买方对标的物的检查及通知期间"以及《日本民法典》第566、570条规定的"瑕疵担保请求期间"也已经过时，买卖关系才尘埃落定，本条所规定的居间商保管义务方告解除。

依据《日本民法典》的规定，在实施保管之法律行为过程中，保管人须尽善良管理人的注意义务，因此，居间商依据本条实施保管行为时，自然亦须尽此义务。不过，本条并未明确规定居间商须自己保管，故其可在自我负担的前提下委托他人代为保管。此外，日本商法学通说认为，本条仅适用于凭样品买卖合同，即卖方保证交付买方的货物与事前所提供的样品具有同一品质的买卖合同。若作为媒介行为的对象不是"凭样品买卖"，则居间商即使收到样品也不负本条所规定的保管义务。[1]

第五百四十六条 [缔约书制作及交付义务等]

当事人间与媒介相关之行为成立时，居间商应及时制作记载有下列事项的书面文书（下称"缔约书"）并于各方署名或记名签章[2]后交付各当事人。

I.各当事人的姓名或名称

II.该行为的年月日及其主要内容

前款规定之情形，除当事人应立即履行外，居间商应要求各当事人于缔约书署名或记名签章，并将缔约书交付相对人。

前两款规定之情形，若当事人一方不接受缔约书，或者不在其上署名或记名签章时，居间商应及时将该事项通知相对人。

本条的3个条款是关于当事人间意思表示一致时，居间商应制作缔约书并及时交付当事人的规定。依据本条第1款的规定，当事人间的合同成立时，居间商应及时制作书面文件（缔约书，也称缔约凭证），并将各当事人的名称、商号及合同成立的日期以及其他主要内容明确记载其上，且须在文件上署名后及时交付当事

---

[1] 大隅健一郎：《商行为法》，青林书院新社1967年版，第95页。
[2] 在法律意义上，日文"署名"（Signature）指自己以手写方式签署自己的姓名；记名签章，即日文"記名押印"（Affix the Name and Seal），其中，"記名"可以是打印机打印、复印甚至他人代签的姓名。

人。从法律效力角度考察，居间商所制作的缔约书虽不是其媒介行为或当事人间合同成立的要件，但其作为当事人间通过媒介行为成立合同的事实记录，对日后当事人间所可能发生的纠纷显然具有重要的证据效力。因此，作为负有制作缔约书义务的居间商，应全面、准确地记载各项事项，如其未如实记载或记载有误并致使当事人利益受到损害，则应承担损害赔偿责任。此外，本款中的"主要事项"，主要是指当事人间合同标的物的名称、质量要求、数量以及履行时间、地点及方法等当事人双方意思表示一致的内容。

若当事人间的合同适宜当即履行，则居间商所制作的缔约书在效力上等同当事人间的正式合同书；但当当事人间的合同属于附期限或附条件合同等不适于立即履行的合同时，居间商应要求各当事人在前款自己已署名的缔约书上署名并分别交付相对人。

依据本条第3款的规定，居间商为上述两款中规定的交付请求当事人署名时，若一方当事人拒绝受领缔约书或拒绝署名，则其应立即将此事项通知另一方当事人，以使其能够采取必要的应对措施，防止损失的扩大。此时，如果居间商怠于行使本款规定的通知义务，应对遭受损失的当事人一方负相应的损害赔偿责任。

第五百四十七条 [账簿记载义务等]

居间商应将前条第一款规定事项记载于其账簿。

当事人就居间商为其所作媒介行为，随时可以请求居间商交付相关账簿的誊本。

本条是关于居间商应制作营业日记账及应在当事人请求时交付

相关账簿誊本[1]的规定。依据本条规定，居间商在其经营中应制作账簿。对于因其媒介行为所促成的合同，居间商应将记载于缔约书上的内容，即合同各当事人的名称、商号及合同成立的日期以及其他主要内容等，在其账簿中作出全面准确的记录。当当事人提出请求时，居间商应随时将相关账簿的誊本交付当事人。

在日本商法学上，本条规定账簿通常称为"日记账"（Journal），类似我国企业活动中用以记录每日经营事务内容的业务日志。由于居间商的日记账制作义务为法定义务，并且缔约书的记载内容与日记账相同，因此在日本司法中，居间商的日记账具有一般性证据效力。对于该日记账簿是否属于本法第19条第2款所规定的商业账簿，日本商法学上存在争议。肯定说（目前的通说）认为，居间商的日记账中并无自身财产与损益状况的明确记载，故其只是具有司法上的证据效力或在当事人发生纠纷时起到证据保全的作用，在

---

[1] 日文原文为"謄本"（Transcript of Document 或 Certified Copy of Document），我国台湾地区仍沿用"謄本"用法。此外，在日本法律语境中，与"謄本"相关联的法律用词还包括"原本""正本""副本""抄本"。日文"原本"（the Original of Document），是指文书制作人为确认特定内容所制作的文件的原件，如日语语境中的"契約書原本"及"判決原本"等。日文"謄本"，是指使用与"原本"相同的文字符号将"原本"全部内容抄录或复制的书面文件，通常"謄本"是为了证明"原本"的内容制作的，具有正式性或官方性，如日本普通民众在日常生活中经常遇到的为证明户籍全部事项由户籍所在地政府部门开具的"户籍謄本"（类似我国派出所加盖公章的户籍卡复印件）。日语"正本"（Authenticated Copy of Document），是"謄本"的一种，通常由依法具有制作权限的人按法定程序制作，与"原本"具有同一效力，如日本法律语境中的经公证的"遺言正本"及"供託書正本"（即提存单正本）。日语"副本"（Duplicate of Document），与"謄本"相似，所不同的是其不像"謄本"以复制或抄录"原本"全文为前提，"副本"自始便与原本具有同一内容、同一效力，如"訴状副本"。此外，日语"抄本"（Extract of Document）与"謄本"效力一致，所不同的是，其仅是对"原本"部分内容的抄录或复制。

性质上并不属于商业账簿；[1]否定说则认为，居间商媒介行为所促成的合同本身乃是与居间商的"营业会计"密切相关的事实，不应局限于"日记账"的形式而否定其"商业账簿性"。[2]不过，学说上虽然对该日记账簿的定性存在不同观点，但对于该账簿的保存期间，学说上则持有较为一致的观点，即应类推适用本法第19条对商业账簿保存期限的规定。

第五百四十八条 ［不得向对方表明当事人姓名等的情形］

当事人要求居间商不得向相对人表明其姓名或名称时，居间商不得将该姓名或名称记载于缔约书及前条第二款规定的誊本文件。

本条是关于存在特别约定时居间商负保密义务（Duty of Confidentiality）的规定。

在日益复杂的商事交易活动中，交易主体通常会以最符合自己经济利益的方式开展活动。在某些场合中，交易主体可能会在考量各种利害关系的前提下，基于保护自己或为实现自我利益更大化，以较为隐蔽的形式参与商事交易。此时，任何一方当事人要求居间商对其名称或商号保密，居间商在向相对方交付缔约书或其日记账

与我国相似法律用语相比较，日语"原本"与我国法律语境中的"正本"相似，其"副本"则与我国"复本"较为一致。其实，在我国法律语境中，"正本"与"副本"较为常用，在法律实践中，"誊本"与"副本"以及"复本"与"副本"并未做严格区分，几乎是等同使用（如《元照英美法律词典》解释Transcript一词时，对应汉语词语并列出了"抄本""謄本"与"副本"三个词语）。至于日语中的"謄本"与"正本"相对应的类似术语，在我国目前的法律语境中似乎并不存在。

〔1〕 大隅健一郎：《商行为法》，青林书院新社1967年版，第96页；莲井良宪、森淳二朗：《商法总则·商行为法》（第4版），法律文化社2006年版，第228页。

〔2〕 西原宽一：《商行为法》，有斐阁1973年版，第283页。

誊本时，应隐去提出要求之当事人的名称或商号。

不过，本条所规定的保密义务，即需要隐去当事人名称或商号的地方，仅指向相对方所交付的缔约书或其日记账誊本。基于居间商日记账誊本的证据保全作用，居间商在其日记账誊本中仍必须详细记载第546条第1款所规定的所有内容。

第五百四十九条［居间商的介入义务］

居间商未向相对人表明当事人一方的姓名或名称时，应自行负履行责任。

本条是明确了居间商在实施媒介行为过程中就任何一方当事人名称或商号保密时，须在其媒介行为促成合同的履行中负介入义务（Obligation of Intervention）。

居间商仅以其媒介行为促成当事人间成立某种合同，其自身并不是合同当事人；然而，当居间商未向相对人表明当事人一方的名称或商号时，其地位显然变得较为特殊。但是，从居间制度的内涵及居间性质而言，居间商不能成为合同的当事人。根据本条规定，当其未向相对方透露另一方当事人名称或商号时，仅需"负合同的履行责任"，即当其履行了介入义务后，可以向隐名当事人行使求偿权，请求实际当事人为相应给付。

日本商法典的本条规定，是在借鉴《德国商法典》第95条规定的基础上改造而来的，但实质上与《德国商法典》第95条的规定存在极大差异。《德国商法典》第95条规定的介入义务仅适用于特定情况下居间商暂时对当事人一方名称或商号进行保密的场合，而《日本商法典》的本条规定规制的是履行行为，显然是指居间商自始至终未透露当事人的名称或商号的情况。

从解释论而言，本条意在明确，无论是因当事人一方要求还是因居间商自己主动隐去当事人的名称或商号，当事人间的合同均有效成立，虽居间商不能成为合同的当事人，但为了保护相对方的利益，只能要求居间商负履行责任。[1]但日本也有观点指出，某些合同成立之前隐名行为或有意义，但就有效性及合理性而言，合同成立之后的交易中是否仍须隐名存有疑问，而且要求居间商负如此严格责任进行保护相对方的必要性也令人质疑。[2]在比较法上，就立法论而言，《德国商法典》第95条的规定似更具实用性和合理性。

第五百五十条 ［居间商的报酬］

居间商在完成第五百四十六条规定的手续之前，不得请求支付报酬。

居间商的报酬由当事人双方平均分担。

本条是关于居间商报酬请求权的规定。根据本法第4条及第502条第11项的规定，居间商属于商人。因此，如果事前当事人无特别约定，居间商可以就其媒介行为向当事人请求适当报酬。但是，依据本条第1款规定，居间商必须在向合同双方当事人交付制作完备的合同书后方可行使此请求权。居间商的报酬，通常称之为佣金，日本商法学上通说认为，居间商作为以居间为业的商人，居间行为乃其日常性经营内容，因此，若无事前的特别约定或相应的习惯，其从事媒介行为时所支付的食宿费用、交通费用及通信费用等应属于其开展媒介业务的经费而包含于佣金之中，不得另行主张费用偿还请求权。我国《合同法》第426—427条也对居间合同报

---

〔1〕 大隅健一郎：《商行为法》，青林书院新社1967年版，第97页。
〔2〕 莲井良宪、森淳二朗：《商法总则·商行为法》（第4版），法律文化社2006年版，第229页。

酬及居间费用作出了具体规定。根据我国《合同法》的规定，当居间人促成合同时，当事人应支付报酬并负担居间活动中居间人所支付的费用，但通常认为，此报酬包含居间费用[1]，中日学界观点一致。但合同不成立时，我国《合同法》则确认了居间人的费用偿还请求权，日本学界则持相反观点。中日两国的这种差异，应主要根源于两国对居间制度的定位不同，日本将居间制度置于商法典中，作为商人的居间者承担从事媒介业务时所发生的经营风险，并无不妥。

依据本条第2款的规定，居间商的报酬由当事人双方平均分担。根据本款规定，当事人间即使存在其他分担比例上的约定，也不得对抗居间商。换言之，无论当事人存在何种约定，居间商均可依法分别向当事人双方请求报酬金额的一半。此外，本款规定"报酬由当事人双方平均分担"，确认了未向居间商作出委托的合同相对人同样负有支付一半酬金的义务。基于居间商的媒介行为同样惠及未作出委托的当事人，立法确认其酬金分担义务，符合公平原则。

此外，需要注意的是，本条第1款条文中用词为"完成第546条规定的手续之前"。结合本法第546条规定易知，本条所规定的居间商的报酬请求权并不以当事人间"合同的履行"为前提，而是以"完成第546条规定的手续"为前提。换言之，只要当事人间就合同的成立意思表示一致，且居间商依本法第546条规定履行了缔约书制作义务、交付义务以及通知义务，即使当事人一方或双方拒绝受领或拒绝署名，也不影响居间商报酬请求权的有效成立。

---

[1] 江平：《中华人民共和国合同法精解》，中国政法大学出版社1999年版，第371页。

第六章　行纪营业

在大陆法系国家，通常将"以自己的名义，为他人为法律行为的行为"称之为行纪。而以行纪为业者，通常称为行纪业者，日本商法典本章规定的行纪商［日语原文为"問屋"（Commission Agent）］即行纪业者之一种。此外，日本商法上还包括以自己的名义从事货运行纪行为并以此为业的货运行纪商（本法第559—568条）、以自己的名义从事物品买卖及货运以外的法律行为并以此为业者（准行纪商，本法第559条）。

就历史沿革而言，行纪制度的历史相当久远，但作为商事主体的行纪商则是发达于欧洲中世纪时期已开始繁荣的国际贸易中。经营国际贸易业务的商人通常委托本地商人买卖货物，而被委托的本地商人通常以自己的名义从事交易，在逐渐的实践中，它表现出的实用性和优越性被普遍肯定。16世纪左右，现代意义上的独立行纪商开始出现。至18世纪末，行纪商已成为成熟的商事活动主体，这个时期也成为行纪商最为繁盛的时期。自19世纪中叶开始，随着商人自己建立分支机构以及其他类型中间商的发展与兴盛，行纪商的地位及优越性已略见衰减。[1]

从立法例角度考察，法国商法典第94条最早对行纪商进行了正式的定义和规定，随后，德国商法典进一步对行纪商制度作出了更为明确和系统化的规定。此后，瑞士债法典等大陆法系国家

---

[1] 西原宽一：《商行为法》，有斐阁1973年版，第263页。

商事立法基本以德国商法典为母法规定了行纪或行纪商制度。日本商法典也在参照德国商法典规定的基础上于商行为编辟本章对行纪商进行了规定。如今日本国内将作为证券交易所会员的证券公司（Securities Company）和作为商品交易所会员的果蔬市场（Vegetable and Fruit Market）及海产品市场（Marine Products Market），定位为最为典型的从事行纪营业的行纪商。

第五百五十一条［定义］

行纪商，是指以自己的名义为他人销售或购买物品并以此为业者。

本条是行纪商的定义条款。依据本条规定，行纪商是在经营活动中，以自己的名义为他人进行销售或购买物品并以此为业的商事主体。准确把握日本商法上的行纪商，需要注意以下几个要点：

（1）以自己的名义。在营业活动中，行纪商是以自己而非以委托人的名义进行交易行为。在效果上，行纪商自己实际上成了交易行为的直接当事人，是交易关系的直接权利义务主体。不过，在实质上，行纪商乃是委托人的代理人，但在行为效果上却与缔约代理商行为时的直接代理不同，行纪商的代理乃间接代理。在商事活动中，由于行纪商"以自己的名义"进行交易，所以其使用或积淀的均是自己的信用或信誉，与直接代理中需更多依赖委托人本人的信用相比，无疑其具有自身的特色及优势。

（2）为他人。与本法第530条规定的居间商（为他人间商行为）不同，本条规定中并未要求行纪商作出的购买或销售物品的行为为商行为。因此，本条规定中的"他人"，即委托人并不要求为商人，不特定的广义上的普通人也可以为本条中的"他人"。此外，有观点认为，以自己的名义，惯常性地为特定对象买卖特定种类物品的行纪代理商也应归于行纪商范畴。但是，日本日常生活中常见的以"薬問屋"（医药批发商）或"呉服問屋"（和服批发商）冠名的批发商，虽名亦为"問屋"（行纪商），而且也以自己的名义从事交易，但其是基于自己而非他人的利益和风险[1]从事交易的，因此并不属于行纪商。[2]因此，本条中的"为他人"，他人是否特定不重要，关键是看行为人的行为是基于"自己"还是"他人"的利益和风险。

（3）购买或销售物品。行纪商在营业中承接的法律行为仅两种，即购买行为或销售行为，而两种行为的标的物唯一，仅能为物品。作为行纪商行纪行为标的物的"物品"，本条并没有给出明确的界定。日本商法学上通说及日本法院的判例认为，本条中的"物品"包括有价证券。[3]

（4）以从事为他人销售或购买物品的行为为业。行纪商均属于完全商人，订立行纪合同乃其日常营业的目的，通过为他人销售或购买物品收取报酬是其能够持续存在的基础。因此，营业的持续性及职业性是其特点。

第五百五十二条［行纪商的权利义务］

行纪商为他人从事销售或购买行为时，对相对人享有权利、担负义务。

行纪商与委托人之间，除本章规定外，准用委任及代理的相关规定。

---

[1]"他人的利益或风险"，日语语境中通常使用"他人の計算"（Account of Others），即行为的损益或其他经济效果归属于他人。
[2] 田边光政：《商法总则·商行为法》（第3版），新世社2006年版，第262页。
[3] 弥永真生：《商法总则·商行为法》（第2版），有斐阁2006年版，第122页。

本条是关于行纪商、相对人及委托人[1]三者间法律关系的规定。在商事活动中，行纪商通常依据委托人的委托销售或购买物品。在整个买卖过程中，虽然行纪商以自己的名义进行交易活动，但交易中实质上的利益与风险均归属于委托人。从这个角度上考察，立法者应在考量交易本质的基础上为委托人提供充分的法律保障。但是，在这个交易关系中，相对人是直接与行纪商交易的一方，作为因信赖外观而进行交易的一方，同样存在一定的交易风险，因此对其利益法律也不能忽视。由于形式与实质呈现分离乃行纪制度的显著特征，如何在这种形式与实质分离的状态下平衡并合理解决行纪商、委托人与相对人三者间的法律利益，各国立法例的解决方案不尽一致。日本商法典结合自己国情及法律传统作出了本条相对妥当的规定。

（1）行纪商与相对人间的关系。行纪商在接受委托后，在商事交易中均以自己的名义进行商事活动，在其参与的买卖交易中，其本身是法律上的权利义务主体。就形式而言，行纪商与相对人间的合同与普通买卖合同无异，因此，普通买卖合同的交易规则自然也适用于行纪商与相对人间的合同。

（2）委托人与相对人间的关系。原则上，接受委托的行纪商是买卖关系中形式上的当事人，委托人与相对人间并无直接的法律关系。但是，委托人毕竟是买卖关系中实质意义上利益和风险的归属人，因此，在本质上，委托人与相对人间其实存在着实质的利害关系。日本商法学上通说认为，当标的物存在瑕疵等事项时，基于实

---

[1] 委托人，日语原文为"委託者"，日语语境中的"委託者"有两种含义：①销售及运输等情形中的委托人（Consignor）；②信托情形中的委托人（Settlor）。此处，含义为前者。

质性关系，委托人若存在恶意视同行纪商的恶意。[1]

（3）行纪商与委托人间的关系。依据本条第2款的规定，行纪商与委托人间的关系，"准用"委任及代理的相关规定。其实，行纪商接受委托实施行纪行为，为委托人买卖商品全权负责，根据《日本民法典》第643条关于委任合同的规定，其与委托人间原本形成了典型的委任关系，[2]委任的相关规定自然适用。

第2款规定行纪商与委托人之间可以"准用"代理的相关规定，从解释论角度考察，立法原意主要应在于解决"交易所得物的物权还需要完成从行纪商到委托人的转移"时所可能发生的问题。即当三者间的"形式上的法律关系"按照原定法律程序转化为委托人"实质经济利益"发生困难时，可以按照"代理相关规定"处理。具体而言，委托人与相对人间的关系虽异于代理法律关系中的情况，但从实质经济效果上的考察，行纪商完全是"基于委托人的利益与风险"进行行纪行为的，因此，行纪商所从事买卖行为的法律效果理应归属于委托人。换言之，当行纪商完成其与相对人间的"形式法律关系"后，应"准用"代理相关规定，即无须经过转让或其他特别的权利转移程序，其购买的物品的所有权自然归属于委托人。[3]

但是，准用代理相关规定时，可能对商法上重要的"外观主义"带来冲击。例如，在行纪商破产以及行纪商再委托情况中，应否准用代理相关规定，日本商法学上观点不一。较早的通说认为，

---

[1] 大隅健一郎：《商行为法》，青林书院新社1967年版，第109页。
[2] 其实，日本商法典此处使用"准用"似乎不妥，"准用"的仅为代理相关规定，对于委任方面的规定是"适用"而非准用。这一点，我国《合同法》的界定是准确的，我国《合同法》第423条规定，行纪合同一章未作规定的，适用委托合同的有关规定。
[3] 弥永真生：《商法总则·商行为法》（第2版），有斐阁2006年版，第123页。

行纪商破产时，本款代理规定的准用不应及于第三人即行纪商的债权人，委托人与其他债权人地位相同。但目前的日本商法学上通说为西原宽一的观点，即主张除预先收取的委托费用以及相对人支付的货款外，委托人对行纪商按委托要求购得的物品、委托销售的物品以及销售物品未结清的货款，均可行使取回权。[1] 对此，日本法院的判例也持支持态度（最判昭和43.12.12民集22卷13号2943页[2]）。此外，对于行纪商的再委托行为，日本商法学上多数说认为，可以准用日本民法典关于复代理人（Subagent）的相关规定。[3]

第五百五十三条 [行纪商的担保责任]

行纪商为委托人从事销售或购买行为时，若相对人不履行其债务，则行纪商承担该履行责任。但另有意思表示或习惯时，不在此限。

本条是关于行纪商在实现委托事务中负履行担保责任的规定。就法律关系性质而言，行纪商与委托人间属于委任关系，因此，行纪商根据委托人的委任本意实施行纪行为的过程中，只要善尽了注意义务，即使相对方未履行合同，行纪商也不应负履行担保责任。但是，由于行纪商在为委托人实施委托事务时均是以自己的名义实施法律行为的，在相对人违约时委托人直接向其追究债务不履行责任，显然存在制度障碍。因此，为保护委托人的利益，也为了确保和维持人们对行纪商制度的信赖，日本商法典确认行纪商对相对人的

---

[1] 西原宽一：《商行为法》，有斐阁1973年版，第267页。
[2] 转引自江头宪治郎、山下友信编：《商法（总则·商行为）判例百选》（第5版），有斐阁2008年版，判例84。
[3] 田中诚二：《新版商行为法》，千仓书房1970年版，第213页。

履行负担保责任。我国《合同法》第421条也作出了与日本商法典类似的规定，但作为《日本商法典》母法的《德国商法典》以及大陆法系的多数立法例，均未确立行纪商负履行担保义务的制度，如瑞士债法及我国澳门商法典等立法例仅确认了行纪商的瑕疵担保责任，但对履行担保责任基本采取"原则排除，约定自由"的立法取向。

日本商法之所以采取与此相反的原则，主要是为了防止或杜绝行纪商"无责任心"地从事行纪行为。[1]行纪商从事行纪行为时，其本质上是基于委托人的利益及风险进行商事活动的，行纪商自身的损益仅限于行纪行为的"手续费"而已。因此，行纪商在签订买卖合同前，可能会怠于或敷衍性地调查交易相对人的财产状况及商业信誉而与资力不佳或信誉不佳的相对人签订合同，最终导致合同无法履行从而损害委托人的利益或贻误委托人的商机。因此，在原则上确认行纪商的履行担保责任也并无不当。

此外，依据本条但书规定，有惯例或者当事人特别意思表示的情况下，可以排除适用本条规定的履行担保责任。本条中的"意思表示"，并不限于明示的意思表示，日本商法学上通说认为，行纪商所收报酬包括对相对方资力及信用的调查费用，因此，若行纪商向委托人收取的手续费用明显低于普通收费标准时，视为存在"排除履行担保责任"的默示意思表示。[2]

第五百五十四条［行纪商负担委托人指定价格之差额时销售或购买的效力］

行纪商以低于委托人指示价格销售或者高于委托人指示价格购买物品时，若自己负担该差额，则其销售或购买行为对委

---

〔1〕 田边光政：《商法总则・商行为法》(第3版)，新世社2006年版，第265页。
〔2〕 江头宪治郎：《商事交易法》(第3版)，弘文堂2008年版，第229页。

托人有效。

本条是确认行纪商有义务遵守委托人指示价格进行买卖交易。委托人委托行纪商进行买卖交易时，通常会就交易价格向行纪商作出指示。具体而言，指示大致为两种类型：限价指示（Limit Order）和市价指示（Market Order）。所谓限价指示，是指委托人就买卖价格作出指示，若行纪商以低于委托人指示价格销售或者高于委托人指示价格购买物品，则委托人可以拒绝承受交易结果。日本商法上，所谓限价指示，是指指定"销售的最低价格"或"购买的最高价格"（大判大正4.11.8民录21辑1838页[1]），委托人以不低于最低价销售或不高于最高价购买的行为对委托人自然生效。所谓市价指示，是指委托人不对价格作出明确要求，而是寄希望于行纪商的专门知识及交易经验，将选择价格的权利赋予行纪商，由行纪商基于善良管理人的注意义务，判断并选择最符合委托人利益的市场价格。此种情况下，只要行纪商善尽了注意义务，其交易行为即对委托人有效。

《日本商法典》的本条规定属于委托人发出限价指示（Limit Order）的情况。在此种情形中，若委托人违反限价指示，则委托人可以拒绝承受交易结果。但是，如果行纪商自己负担了限价的差额，可以视为行纪商对其违约行为履行了赔偿责任，在经济效果上也等同于实现了委托人作出的限价指示，此时，行纪商的交易行为自然对委托人有效。

我国《合同法》第418条也明确规定了行纪人的"限价遵守义务"，与《日本商法典》的本条规定不同的是，我国《合同法》

---

[1] 判例转引自田边光政：《商法总则・商行为法》（第3版），新世社2006年版，第266页。

第418条还详细规定了行纪人高于指示价格出售及低于指示价格购买的情形，此外还有委托人存在特别价格指示，行纪商必须遵守的规定。其实，大陆法系各主要国家的立法例，基本均将"限价遵守义务"作为行纪制度的基础性条款进行了规定。但是，就比较法角度考察，《瑞士债法典》第428条对"限价遵守义务"的规定更为成熟、全面和科学合理，《瑞士债法典》第428条第3款规定不仅限定了行纪人需以委托人指示及利益为准则从事交易还于该条第1款但书[1]中规定了有利于发挥行纪人积极性的例外情况。

第五百五十五条［介入权］

行纪商受托销售或购买有交易所报价[2]的物品时，自己可以成为买方或者卖方。在此情形中，买卖的价格依据行纪商发出自己成为买方或卖方之通知时交易所报价确定。前款情形中，行纪商亦可以向委托人请求报酬。

---

〔1〕 依据《瑞士债法典》第428条第1款但书规定，当行纪人能够证明其未按限价指示交易有利于委托人且客观情况使其无法获取委托人指示时，无须填补差额，交易依然对委托人有效。

〔2〕 日语原文为"相場"，日语语境中的"相場"有三种含义：①汇率（Exchange Rate），如"固定相場制"（Fixed Exchange Rate System），即固定汇率制度。②市价或市场价格（Market Price），主要是指竞争性的某类物品交易市场中的主导价格（Black's Law Dictionary, 8th ed., West Group, 2004, p.1227），如"相場情報"（Market Price Information），即市价信息，再如"銅相場"（Market Price of Copper），即铜的市场价。③报价（Quotation），主要是指由交易所报价系统所提供的报价，在日本主要指商品交易所、证券交易所及金融期货交易所的报价，如"公定相場"（Official Quotation），即官方报价或正式报价。

本法条规定中的"相場"为第三种含义，即报价（Quotation），而非市价或市场价格。与我国《合同法》第419条规定中使用的"市场定价"相似，其主要在于强调价格的"公示性""统一性"等非少数人可以左右的交易价格。其实，也正是由于这种价格的特征，才使得行纪商行使介入权成为可能。

本条是关于行纪商介入权的规定。介入权制度，原本是德国商事交易中的商事习惯，后为德国旧商法及新商法法定化。日本商法上的介入权制度，是在参照德国"自行介入"（Selbsteintrit）制度的基础上确立的。[1]

委托人委托他人购买或销售物品时，除有特别意思表示的情况外，其最为关注的应是所购物品的质量或者所售物品的价格，通常对交易对方并无限制。因此，从常识角度理解，作为被委托人的行纪商若能成为合格的买方或卖方，不仅能为交易提供便利，还会提高交易的效率。但是，当非常熟悉市场行情并具备丰富专业知识的行纪商成为交易一方时，其出现为自己利益而损害委托人利益之道德风险的可能性也会增加。因此，各国立法在确认介入权时，通常会同时设定介入的前提及限制。

依据日本商法典本条规定，行纪商行使介入权时须符合三个要件：①委托销售或购买的物品须存在交易所报价。条文中的"交易所"为相对确定的交易所（Exchange），若委托人指定了买卖场所时为该指定交易所[2]，未指定时则为行纪商营业所（Business Office）所在地交易所或者支配其所在地市场价格的交易所。条文中的"报价"，是指行纪商行使介入权时，交易所中物品所具有的现时价格。②委托人无明示或默示的禁止行纪商介入的意思表示。若委托人委托时已指定特定交易相对人或明确反对行纪商介入时，行纪商自然不得介入，即使委托人没有明确意思表示，若其在

---

〔1〕 西原宽一：《商行为法》，有斐阁1973年版，第271页。
〔2〕 委托人指定了特定交易所时，是否构成了阻止行纪商介入的特别意思表示，日本商法学上观点不一。有观点认为，基于私法自治精神，若委托人指定了特定交易所，则应视为存在特别意思表示，行纪商不得行使介入权。但通说认为，如果存在客观的时价，则可以保障交易的公正，行纪商的介入并不会损害委托人的利益。

委托本意上是与第三人交易时,行纪商同样不得行使介入权。[1]③须无特别法限制。在证券交易、金融期货交易等很多商事领域,由于物品"报价"存在波动的概率较大,价格的选择时机自然关系到委托人与行纪商两个不同主体的利益。此时,兼具"卖方"与"受托人"双重身份的行纪商,其在"善良管理人注意义务"及"自我利益"两者间显然无法兼顾。因此,立法者往往会基于保护投资者以及维护公正市场秩序等因素进行考量,通过特别法禁止行纪业者行使介入权,如日本证券交易法、金融期货法等商法特别法均作出了禁止性规定。因此,本条规定中的交易所价格主要是指商品交易所(Commodity Exchange)中的报价。

就法律性质角度而言,介入权属于形成权范畴,当行纪商向委托人发出的其介入交易的通知到达后,介入权的行使即生效。不过,依据本条第1款的规定,交易的价格是其发出介入通知时交易所中物品的报价。通常认为,在该报价选择时机上,行纪商应当善尽注意义务,以委托人利益为考量选择交易时机。换言之,委托人此时所获得的法律利益,不应因行纪商的介入而低于与第三人间缔结合同而获得的法律利益,否则,应视行纪商怠于履行善良管理人的注意义务。

本条第1款条文中明确使用了"可以成为卖方或买方"的文字,故依该款规定,行纪商就委托的实行行为行使介入权时,本身就是卖方或买方。但是,就行纪商的法律地位而言,目前日本商法学上较为有力的观点认为,在性质上,介入仅是法律所认可的实现委托的一种方法,因此,行纪商并不能成为纯粹意义上的买卖当事人,其仅是与通常意义上的卖方或卖方"地位相同"。[2]此外,依据本

---

[1] 大隅健一郎:《商行为法》,青林书院新社1967年版,第106页。
[2] 大隅健一郎:《商行为法》,青林书院新社1967年版,第108页。

条第2款的规定，行纪商行使介入权成为交易卖方或买方后，还可以向委托人请求报酬。行纪商本身的介入确实完成了委托人的委托，而且，从实际法律效果角度而言，若行纪商在行使介入权时能善尽注意义务，委托人是自行纪商处还是自第三人处购得或出售物品，并无本质区别。从解释论视角来看，此时，行纪商在角色上相当于兼具了行纪商及买卖当事人两种身份。因此，其在交易的同时获得报酬亦无不当。

第五百五十六条 ［行纪商购买之物品的提存及拍卖］

行纪商受托购买物品，委托人拒绝受领或不能受领所购物品时，准用第五百二十四条的规定。

本条确认行纪商享有提存及拍卖的权利。

本法第524条是关于卖方在特殊情况下享有提存权及拍卖权的规定（关于《日本商法典》上卖方提存权及拍卖权的具体规定，请参见本法第524条的解释）。依据本条规定，行纪商接受委托购买物品后，若委托人拒绝受领或不能受领所购物品时，行纪商可以提存标的物或者规定适当的期间并经催告委托人后将该物品进行拍卖，且有权将拍卖所得价金的全部或部分冲抵其对委托人的债权。

本条规定确立了行纪商在此种情况中享有与卖方同等的法律地位。就处理所购货物方面而言，立法者赋予了行纪商较大的机动性，应当说，本条保护行纪商商业机会利益的立法取向，符合行纪商经营上的特征。我国《合同法》第420条也对行纪人的提存权作出了具体规定，但与日本商法典的规定存有两点细微差异：①《日本商法典》第524条所规定的提存的前提条件仅一点，即"买方拒绝受领或者不能受领该买卖标的物"，但我国《合同法》第101条则列举了三种具体情形及"法律规定的其他情形"的概括性条款，可操作性较弱；②日本商法典本条规定的提存对象仅为"行纪商受托购买物品"，而我国《合同法》上行纪人的提存权不仅适用于受托所购物品，也适用于未能依法取回或未予处分的委托出售物品。另外，日本商法典本条规定的拍卖适用于所有受托所购之物，但我国《合同法》则限定"标的物不适于提存或提存费用过高"的物品行纪人才可以拍卖。相较而言，我国《合同法》的规定更符合民事性交易，对于迅速性要求较高的商事交易显然不甚适用。

第五百五十七条［准用代理商相关规定］

本法第二十七条及第三十一条的规定，准用于行纪商。

本条意是在确认行纪商负有通知义务及享有留置权。2005年日本商法修改时本准用条款中的两个条文均有变动，但本条规定的实质内容并未改变。

本法第27条是关于代理商通知义务（Duty to Give Notice）的规定，行纪商在从事被委托事务时同样负此义务。即行纪商在为委托人实施销售或购买行为时，应将其实行行为及时告知委托人。日本商法学上通说认为，此通知的内容不限于已销售或已购买之事项本身，还包括买卖的相对方以及交易时间等内容。[1]

本法第31条是关于代理商的留置权的规定（关于《日本商法典》上代理商留置权的具体内涵，请参见本法第31条的解释）。依据本条规定，行纪商为委托人销售或购买物品所产生的债务至清偿期时，若其与委托人间无事前的特别意思表示，则在其债务受清偿前，行纪商可以留置其暂时占有的委托人物或有价证券。立法之所以确认行纪商拥有留置权，在宏观角度上，自然是为促进交易中

---

［1］ 田边光政：《商法总则·商行为法》（第3版），新世社2006年版，第267页。

的信用及安全；在微观层面上，则是考量到行纪商所进行的行纪行为是一种较为频繁的法律行为，若在每个交易中均需设定或变更担保权，显然十分繁杂也不切实际。因此，为适应行纪商交易的频繁性及迅速性特征并有效保护行纪商利益，在比较法上，包括日本在内的各国民商事立法中均基本确认行纪商享有留置权。此外，根据《日本破产法》第65条及第66条的规定，有商法上留置权的主体均享有破产法上的别除权。

第五百五十八条［准行纪商］

本章规定准用于以自己的名义为他人从事销售及购买以外的行为并以此为业者。

本条是关于准行纪商的规定。本法第502条第11项对"行纪"已有陈述。《日本商法典》将"以自己的名义为他人从事法律行为"的商事主体，根据其所从事法律行为内容的不同作出了界定并分别进行了定义：本法第551条规定的"以物品销售或购买为目的"从事行纪行为的商事主体为行纪商；而本条所规定的则是日本商法学上通常称为"准行纪商"的另一类从事行纪业务的商事主体。此外，本法第559条规定的以"货运"为目的从事行纪行为的商事主体即货运行纪商，其实也属于准行纪商的范畴，但日本商法典遵循其母法德国商法典的立法模式，也另辟专章作出了特别规定。在具体实践中，作为一种间接代理方式，准行纪商广泛存在于日本社会的出版业、广告业等行业。

第七章　货运行纪营业

货运行纪营业，是指以从事货物运输的行纪行为为目的的营业，它是随着行纪商的发达而发展起来的一种行业，20世纪20年代成熟于欧洲大陆的法国及德国，并于德国实现了法制化。[1]从事货运行纪行为并以此为业的货运行纪商，通常不仅仅从事货运的行纪，往往还兼营运输、仓储等营业，混业经营的模式使得其在货物运送和保管方面为货物运输带来了极大的便利。同时，作为拥有专业知识专门从事货运行纪业务的商人，在日常的业务往来中与许多同业者间建立起了较为成熟的关系，为其迅速完成运输业务创造了有利条件。[2]在商事实践中，需要批量式、经常性转运货物的商人一般会借助该货运行纪营业办理货运事宜，通过这种方式往往可以省去谋划运输方案、货物保管、交付及运输等诸多烦琐事项，进而节省运输成本、提高商事交易效率。同时，为自身更早、更快地获取其他新的商机赢得了时间。

基于货运行纪营业的积极社会经济意义，在比较法视野中，各国民商事法律中基本均对其作出了或原则或具体的规定。日本现行商法典在参酌德国旧商法典中运输代理（Spediteur）制度基础上，

---

[1] 田中诚二：《新版商行为法》，千仓书房1970年版，第208—209页。
[2] 大隅健一郎：《商行为法》，青林书院新社1967年版，第116页。

于本编专门"货运行纪营业"[1]规定了一章。在日本商法上，货运行纪营业的具体法律表现形式，通常为经营货运行纪业的货运行纪商与委托人间签订的货运行纪合同。货运行纪合同与上一章所规定的行纪商与委托人间签订的合同相同，就法律性质而言，日本商法学上亦将其定性为"委任"。因此，除本章所作特别规定外，货运行纪商准用前章关于行纪商的规定，同时，某些情况下也可以援引日本民法关于委任的规定。

在我国《合同法》中，没有就运输行纪作出专门规定。不过，在商事实践中，我国物流业中所存在的"运输代理"[2]与大陆法系

---

[1] 货运行纪营业，日文原文为"運送取扱営業"（Forwarding Agency）。我国商法学界早期有学者将其直接译为"运送取扱营业"（松波仁一郎：《日本商法论》，秦瑞玠等译，中国政法大学出版社2005年版，第286页），不识日语者显然不解其意。较近的译作较多地将其译为"承揽运输业"（王书江等译：《日本商法典》，中国法制出版社2000年版，第162页）、"承揽运输营业"（付黎旭等译：《日本商法典》，法律出版社2000年版，第206页）或者"运输代理营业"（吴建斌：《现代日本商法研究》，人民出版社2003年版，第214页），似也不妥。

日语"取扱"，意为处理或对待，对应英文为"Treatment"，因此，"運送取扱营业"直译应为"运送处理营业"，但直译方式显然词不达意。选择"承揽"一词，似乎能表示出日本商法上"運送取扱营业"的部分含义，但结合日本商法典第559条的规定，该类主体营业上的显著特征是"以自己的名义从事货物运输的行纪行为"，显然与我国民商法上"承揽"制度相去甚远。另外，选择"代理"的译法，应是参酌了德国商法典的现行规定。的确，经1998年修改后的《德国商法典》第407条关于"运输行纪营业"的旧有规定已有变动，现行德国商法典已不要求"以自己的名义行为，并自己成为运输合同的当事人"（[德]C.W.卡纳里斯：《德国商法》，杨继译，法律出版社2006年版，第766页），故翻译为"运输代理营业"是合适的。但是，日本商法典此处的规定依然承袭德国旧商法典的规定，仍坚持"以自己的名义"的前提，翻译为"代理"，显然不妥。因此，结合第559条所规定的内容，意译为"货运行纪营业"，应更能准确表达制度本意，也更直观形象。

[2] 通常，我国运输代理业兼营四类业务，除货运代理（Freight Forwarder）外，还包括租船代理（Shipping Broker）、船务代理（Shipping Agent）及咨询代理（Consultative Agent）。不过，此处虽名为"代理"，但实际商事交易中，"以自己的名义"缔结合同时，在法律性质上则显然属于"行纪"。不得不说，该领域中较常再现我国"实务实践"领跑"法制建设"的常有现象。

传统商法上的运输行纪，在社会功能上有相似之处。此外，《国际货物运输代理业管理规定》及其实施细则对"运输代理"的定义中，指出"运输代理"，是"接受货物收货人、发货人的委托""以委托人的名义或者以自己的名义"，为委托人办理运输相关事宜并收取手续费的行业。就定义而言，此处规定与新《德国商法典》第454条第3款规定较为接近，属于比较先进和符合该行业发展趋势的规定。不过，本规定仅适用于国际货运领域，并不适用于国内货运。[1]

第五百五十九条［定义等］

本章所规定的货运行纪商，是指以自己的名义从事货运行纪行为并以此为业者。

除本章有特别规定外，货运行纪商准用第五百五十一条行纪商相关规定。

本条是货运行纪商[2]的定义条款。在日本商法上，货运行纪商的含义应从以下几个层次理解：

（1）以自己的名义。在行纪行为中，"以自己的名义"是一个最为显著的特征，本条规定的货运行纪商也不例外。不过，由于在现实商事活动中，货运行纪商通常兼营运输等业务，而且，在具体商事交易中，货运行纪商从事代理及媒介行为的现象也不少见。因

---

〔1〕 2008年已废止的《民用航空运输销售代理业管理规定》，是我国适用于国内的航空货运代理的规定，但按照该规定，运输销售代理人通常应当以承运人的名义用承运人提供的合同，代表承运人与客户订立运输合同，虽然代理人根据业务需要也可以出具"分运单"以自己的名义与托运人签订货物运输合同，但在法律实践的定性上，其行为为代理而非行纪。

〔2〕 货运行纪商，日文原文为"運送取扱人"（Freight Forwarder）。鉴于其所具有的商人性及保持与行纪商之术语的对应性，此处弃"人"而将其意译为"商"。

此，日本的商法典修改草案建议将其定义修改为"从事货运行纪、代理或居间行为并以此为业者",但该修改案并未被立法者采纳,现行日本商法上的货运行纪商仍仅限于以自己的名义从事行纪行为的商人。《日本商法典》的本条规定与旧《德国商法典》第407条第1款的规定较为相似,均限定"以自己的名义"从事相关营业,与德国1998年修改后的现行商法典第454条规定略有差异,德国现行商法典中已不严格限制"以自己的名义"进行商事交易的前提条件。[1]

(2)货运。如前所述,日本商法上,将"以自己的名义为他人从事法律行为"的商事主体,根据其所从事法律行为内容的不同作出了界定并分别进行了定义:前一章所规定的行纪商,主要从事买卖的行纪行为,即以"物品销售或购买"为营业目的;而本条所规定的货运行纪商则以"货运"为目的从事行纪行为。另外,本条第1款规定中的作为行纪目的的"货运"业务,不仅限于陆上运输,还包括航空运输及海上运输。

(3)行纪行为。虽然在日本社会的现时商事交易中,货运行纪商的经营内容已经不仅限于行纪行为,如(1)中所述,在立法论上的确应重新对其进行定义及命名。但是,就解释论而言,日本商法典上的货运行纪商仅以从事行纪行为为业。

第五百六十条 [货运行纪商的责任]

货运行纪商自受领物品至收货人收货期间,所运送物品的

---

[1] 德国商法学者的著作中出现"运输代理人"与"运输行纪商"两种不同的翻译,应是因本条规定所致(前者见C.W.卡纳里斯:《德国商法》,杨继译,法律出版社2006年版,第766页;杜景林译:《德国商法典》,中国政法大学出版社2000年版,第208页。后者见范健:《德国商法》,法律出版社2003年版,第422页)。

灭失、毁损或因其原因造成物品灭失、毁损，或者延迟送达，则应承担损害赔偿责任。但是，货运行纪商能够证明自己在物品的受领、保管、交付、选择承运人或其他货运行纪商事宜中未疏于注意，不在此限。

  本条是关于货运行纪商损害赔偿责任的规定。如前所述，在法律性质上，日本商法学将货运行纪合同定性为"委任合同"。因此，作为受委任一方的货运行纪商应尽到善良管理人的注意义务。通常认为，该注意义务不仅限于"为托运人缔结货运合同"，还包括"货运所必需的所有事宜"。[1]根据本条规定，货运行纪商及其雇员若在物品的受领、交付、保管、选择承运人（Carrier）及其他货运行纪商等运输相关事宜中，存在疏于履行注意义务的行为，并导致所运送物品灭失、毁损或延迟送达时，货运行纪商应向托运人（Consignor）负损害赔偿责任。2018年新法修订中，除灭失、毁损、延迟送达，新增"致使物品灭失、毁损之原因"，即自物品受领至收货人收货期间，如行纪运输商的行为带来了致使物品灭失或毁损之原因，同样应承担相应责任。结合日本商事交易实践、法院判例及学说观点，可以从以下几个方面理解本条规定的货运行纪商的损害赔偿责任。

  本条所规定的损害赔偿责任，日本商法学上通说及法院判例认为，在性质上属于债务不履行责任。[2]依据本条规定，该责任可能发生于受领、交付、保管、选择承运人或其他货运行纪商及其他与运输相关事宜的整个货运过程：①"受领"。运输物品的受领，指货运行纪商自托运人处接收货物。若在接收过程中导致物品灭失或

---

  [1] 大隅健一郎：《商行为法》，青林书院新社1967年版，第117页。
  [2] 莲井良宪、森淳二朗：《商法总则·商行为法》（第4版），法律文化社2006年版，第276页。

毁损，货运行纪商又不能证明自己一方未疏于履行注意义务，则显然应承担损害赔偿责任。②"交付"。物品交付，通常由实际承运人完成。考察日本所出现的判例，货运行纪商在交付出现债务不履行责任，通常因疏于注意将货物交付冒名的收货人、无权代理人或者因疏于故意多交付或少交付货物。③"保管"。货运行纪商自托运人处受领物品后，若其自己完成运输，则保管义务应自其向收货人（Consignee）完成交付行为后方可解除。当委托其他承运人运输时，其保管义务自其向实际承运人交付货物时止。由于委托人须负善良管理人的注意义务，因此在保管过程中，必须根据物品的性质选择合适的仓库、适当的方法进行保管，若因疏于注意致物品遭窃或因火灾等原因致物品毁损、灭失等情况发生，则视为未善尽注意义务。④"选择承运人或其他货运行纪商"。此处的"选择"，是指货运行纪商在完成一项运输任务时，需要根据实际情况选择合适的实际承运人、中继货运行纪商或目的地货运行纪商。其实，就本质而言，由于货运行纪商主要从事货运行纪业务，因此，就托运人所委托的货物选择适当的实际承运人或其他货运行纪商，应是其最根本、最核心的任务。依本条规定，货运行纪商选择实际承运人或其他货运行纪商时，也须尽善良管理人注意义务。当货运行纪商所选择对象的运力不足、运输工具老旧或运输工具不适宜于所委托货物运输，导致物品毁损、灭失或延迟送达时，若其不能证明自己未疏于注意，则须承担损害赔偿责任。

第五百六十一条［报酬请求权］

货运行纪商将运输物品交付承运人时，可以直接向托运人请求支付报酬。

货运行纪合同中规定有运费金额时，除有特别约定外，货运行纪商不得另外请求报酬。

本条是关于货运行纪商享有报酬请求权的规定。通常情况下，接受货运任务的货运行纪商将物品交付实际承运人时，即视为其受委任的事务完成，依据本条第1款的规定，其此时可以直接向托运人请求支付报酬。但是，若货运行纪合同中特别约定，行纪行为须至运输到达地时，货物交付收货人后其方可请求支付报酬，[1]即此时收货人接收货物后，委任事项方告结束。

依据本法第512条的规定，若无特别约定，则货运行纪商可以向委托人请求支付适当报酬。但是，根据本条第2款的规定，若货运行纪合同中规定有运费金额时，则效果与第512条相反，即若无特别约定，货运行纪商此时不得另行向托运人请求支付报酬。通常认为，此类规定有运费金额的合同，属于"确定运费的运输行纪合同"，运费中已包含上述行纪行为的报酬。

此外，由于本法第559条第2款规定准用行纪商相关规定，依据本法第552条规定，货运行纪商与行纪商相同，除适当报酬之外，就其支出的其他必要而有益的费用，还可以依据《日本民法典》第649条及第650条向委托人行使"费用偿还请求权"。

第五百六十二条 ［留置权］

货运行纪商仅可因应得报酬、附随费用、运费及其他为委托人垫付的费用，在获清偿之前，留置所运送物品。

本条是关于货运行纪商享有留置权的规定。当货运行纪商依据前条规定请求支付报酬、运费受阻或者其费用偿还请求权得不到满足时，可以依据本条规定留置所运输标的物。通常认为，货运行纪

---

［1］ 弥永真生：《商法总则·商行为法》（第2版），有斐阁2006年版，第131页。

商须在依据本法第561条规定完成委任事项后，请求权不能满足时方能就所运输物品行使留置权。此时，托运人为间接占有人，货运行纪商具备行使民事留置权的条件。但是，此时物品通常已经运输在途，若货运行纪商非自己运输，则承运人已取代货运行纪商成为直接占有人，货运行纪商只有通过指示实际承运人停止运输才可能行使其留置权。从权利行使方式及权利行使的前提条件考察，本条规定的留置权，需要被留置的标的物与被担保债权存在关联关系，因此与本法第31条规定的代理商的留置权、第557条规定行纪商的留置权及第521条规定的商事留置权均存有差异。同时，与"要求债权已届清偿期"的日本民法上留置权，也存在一定不同。

其实，就立法论而言，特别确立该留置权似乎并无必要，作为准行纪商，排除其适用第521条规定的商事留置权似乎并无明确的理由和依据。

第五百六十三条［介入权］

货运行纪商可自行运送。该情形中，货运行纪商与承运人权利义务相同。

货运行纪商按照托运人的请求制作海运提单或联运提单时，视为自己进行运送。

本条是关于相继运输行纪的规定。在日本商法上，相继运输行纪有狭义与广义之分。广义相继运输行纪，是指数个货运行纪商，就同一货物的运输相继进行货运行纪行为的情况；[1]狭义相继运输行纪，是指最初的货运行纪商以自己的名义"基于委托人

---

［1］莲井良宪、森淳二朗：《商法总则·商行为法》（第4版），法律文化社2006年版，第279页。

利益"选任第二货运行纪商的情况。[1]不过，若最初的货运行纪商以自己的名义"基于自己的利益"利用转包方式选择运输商（Subcontractor）完成委托事项时，则视为其行使了本法第565条规定的介入权。

数人相继进行运输行纪行为时，类似相继运输（Successive Transport）的情况。依据本条规定，后者有义务取代前者行使报酬请求权、费用偿还请求权以及留置权等权利。换言之，后者有义务为前者收取手续费、预付款等费用且有义务在特定情况下行使留置权。依据本条第2款规定，当后者向前者清偿后，直接取得前者的权利。

此外，日本商法学上多数说认为，本条中的"前者"，无论是在广义相继运输行纪情形中还是在狭义相继运输行纪情形中，均是指委托自己实施货运行纪的直接前者，而非指所有前者。[2]

第五百六十四条［准用物品运送相关规定］

第572条、第577条、第579条（第三款除外）、第581条、第585条、第586条、第587条（仅限第五百七十七条以及第五百八十五条规定中的准用部分）以及第588条的规定，准用于货运行纪商。在此情形中，第579条第2款中的"前者"可视为"之前的货运行纪商或承运人"，第585条第1款中的"受领货物"可视为"收货人受领货物"。

本条是关于货运行纪商向承运人为清偿后权利继受的规定。根据前条规定，数人为相继运输行纪时，后者向前者清偿后即取得前

---

〔1〕弥永真生：《商法总则·商行为法》（第2版），有斐阁2006年版，第132页。
〔2〕田边光政：《商法总则·商行为法》（第3版），新世社2006年版，第312页。

者的权利,其立法理由与民法上确认损害赔偿人代位权的理由相同,目的在于防止不当得利及鼓励后者清偿前者债务。与此相同,本条规定的货运行纪商向实际承运人清偿后,即取得承运人的权利,立法宗旨亦应相同。[1]

第五百六十五条至第五百六十八条 【删除】

---

〔1〕 田中诚二:《新版商行为法》,千仓书房1970年版,第216页。

第八章　运　输　营　业

　　在商事活动中，最为基础和常见的交易形式为有形财产的买卖交易，而在现代商事交易中，现实情况往往需要将买卖交易的标的物进行空间上的转移。随着商事贸易的发展，运输业作为一个特殊的行业渐渐作为一个专门性、专业化的业种独立出来，在整个商事活动中发挥着重要的作用，逐渐成为商人营业活动中不可或缺的辅助行业。据统计，日本运输业的产业总规模，目前已近两千亿美元。

　　日本商法将承接运输货物或旅客的行为定性为营业性商行为的一种，本章将承接运输的行为作为典型商行为予以特别规定。此外，与国际通行惯例相同，根据运输对象的不同，日本商法也将运输界定为货运与客运两种类型，分别规定于本章的第二节及第三节。

第一节　总　则

　　本节节名为2005年商法典修改时所追加，原法典无此节名。本总则中，仅存在用于定义承运人的第569条。

第五百六十九条［承运人］

　　本法中，下列术语的含义，从其规定。

Ⅰ.承运人：从事陆上、海上或航空运输业务并以此为业者。

Ⅱ.陆上运送：指陆上货物或乘客的运输。

Ⅲ.海上运送：使用本法第684条规定的船只（包括第747条规定的非航海船只）进行货物或乘客的运输。

Ⅳ.航空运送：航空法（1952年法律第231号）第2条第1款规定的飞机运输货物或乘客。

本本条是关于承运人的定义。2018年商法典修订中，对本条进行了实质性修改。修订前本条规定是："在陆上、湖泊、河流及港湾从事货运或客运，并以承接此类合同为业者"，适用本章中关于"承运人"的规定。根据运输地域不同，"运输"被区分为陆上运输、海上运输与航空运输，因此，与原规定仅是关于陆上运输的规定不同，新规定涵盖了目前存在的主要运输方式。

需要说明的是，日本"陆上运输"不仅仅包括地表意义上的陆地地面上运输，还包括"地中"意义层面的地下铁运输与地表距离较近的索道运输或缆车运输，同时包括湖泊、河流及港湾内的运输行为。[1]日本商法学上通常认为，依据地域不同对运输形态所作出的划分，主要是基于运输行为本身所具有危险程度的近似性，目的在于使危险程度相当的运输行为适用相同的法律规定进行调整。此外，日本此种立法方式还在相当程度上受到了比较法上其他立法例的影响，尤其受到德国关于内水（Internal Waters）航行方面立法的影响。[2]

运输业在整个社会层面及经济层面均具有较为重要的意义，因此，各国均倾向于对运输业作出较为严格和具体的限制性规定和监

---

[1] 我国通常将湖泊、河流及港湾内的运输划归水上运输。日本则将湖泊、河流及港湾内的运输划归陆上运送。

[2] 大隅健一郎：《商行为法》，青林书院新社1967年版，第126页。

管日本也是如此，就运送业制定了许多特别法令及规定，由于存在较多的详细而具体的规定和单行法规，因而商法更多地是起到原则性及补充性的作用，实质上适用的空间较小；在具体实践中，主要调整一些不适用特别法令调整的运送行为。2018年的实质修改，拓宽了商法典的适用范围，则更会突出突出商法典在具体适用中的原则性及补充性的作用。

第二节 货 运

本节所规定的货运，在法律形式上表现为货运合同，主要是指在负责保管的前提下，货运承运人受托将受托物品从某固定地点运输至指定场所的兼具承揽性质的合同。通常认为，在货运行为中，承运人对受托物品的占有是货运合同的本质性特征。日本商法学上学说认为，若欠缺此要件，即使是以完成物品空间移动为目的的承揽合同，也不属于商法意义上的货运合同，如拖船合同，虽属运输合同，但在本质上属于承揽或雇佣合同。[1]

此外，就法律性质而言，货运合同为诺成、不要式合同，虽然实务中当事人双方均会以某种书面形式表征合意，但无书面合同或未交付物品并不影响合同的有效成立。

第五百七十条［货物运输合同］

在承运人承诺从托运人处接收某种物品并将其运送和交付收货人，且托运人承诺为该结果支付运费时，货物运输合同生效。

---

〔1〕 田边光政：《商法总则·商行为法》（第3版），新世社2006年版，第267页。

就法律性质而言，货运合同为诺成、不要式合同，虽然实务中当事人双方均会以某种书面形式表征合意，但无书面合同或未交付物品并不影响合同的有效成立。本条为2018年修订中新增，原为托运单交付请求权之规定。

第五百七十一条［托运单交付义务等］

托运人应按承运人请求交付记载如下事项的书面文件（下称"托运单"）

Ⅰ.运送品的种类

Ⅱ.运送品的体积或重量、包裹或者单品的数量以及标记

Ⅲ.包装的种类

Ⅳ.托运人以及收货人的姓名或名称

Ⅴ.发货地以及收货地

前款规定的托运人，可以根据法务省令的规定，经承运人同意，以电磁方式（指使用法务省令规定电子数据处理系统和其他信息通信技术方法，下同）交付提单上载明的事项，代替交付托运单。此情形，应视为该托运人已交付托运单。

依据本条规定，承运人具有托运单[1]交付请求权，2018年新法修改中，将原第570条与第571条合并，并进行了修改。承运人依据托运单了解收货人、所运输物品、送达地等重要内容，也便于及时通知收货人所运输物品的内容。本条规定的托运单与提单（Bill of Lading）不同，就法律性质而言，托运单并非有价证券，仅属于一种与运输合同相关的证据凭证而已。此外，通常认为，当托运

---

［1］ 2018年新法修改中，摒弃了原条文常用于陆上运输的"運送狀"（Way Bill）用语，改用更为宽泛的"托运单"或"送货单"用语（日语"送り状"，即英文Invoice）。

人对法定记载事项记载不全时，虽不会导致托运单无效，但其所具有的证据效力仅限于所记载范围内。

第五百七十二条［告知危险货物的义务］

货物为易燃、易爆或者有其他危险的，托运人应当在交货前将该事实以及货物的名称、性质和安全运输所必需的其他信息告知承运人。

本条内容为2018年修改中新增内容，此前，在2005年日本商法典修改纲要中即曾提出相似规定，认为若因托运人的故意或过失致托运单填写内容"不实"或"不准确"给承运人带来损失时，托运人应承担损害赔偿责任。依据我国合同法第304条的规定，托运人"申报不实或者遗漏重要情况，造成承运人损失的，托运人应当承担损害赔偿责任"。

第五百七十三条［运输费］

运费应在货物到达目的地交付的同时支付。
因货物的性质或者缺陷造成运输货物灭失或者损坏的，托运人不得拒付运输费。

本条是关于承运人运费请求权的规定。承运人是典型的商人，因此，若当事人间无事前的特别意思表示，承运人可以就其运输行为请求运费。

2018年修订前，本条第1款的规定为：若在运输途中全部或者部分运输物品因不可抗力灭失时，承运人不再享有主张运费的权利，若已收取运费则应当将其返还。此次修订中，删除了该"不可抗力"的规定，其实，日本商法学上通说认为原规定中的"不可抗力"，是指"不可归责于当事人双方的事由",与日本民法典第536条第1款规定的不可抗力同义,因此,此次修订删除该规定是合适的。

依据本条第2款的规定,若因所运输物品自身原因或者托运人过失致使物品灭失,则不影响承运人的运费请求权。此处的"灭失",通常是指物品所具有的经济性价值完全丧失等严重毁损的情况。

第五百七十四条［承运人的留置权］

承运人仅可因运送物品应得运费、附随费用以及垫付款(以下将称"运费等"),在获清偿之前,留置所运送物品。

本条为2018年修订中新增条文,是特别为承运人设置的留置权。该留置权行使时,必须严格限定"仅可因运送物品应得运费、附随费用以及垫付款",换言之,即便与托运人存在其他债权债务关系,如与该货物相关的"应得运费、附随费用以及垫付款"已经获得清偿,则承运人也不得就该运输货物行使留置权。本条规定,与本法第31条、第521条、第557条及第562条规定留置权类似,但也均存在差异。

第五百七十五条［承运人的责任］

承运人自收到货物至交付期间,所运输货物的灭失、毁损或因其原因造成物品灭失、毁损,或者延迟送达时,应承担损害赔偿责任。但是,承运人能够证明自己在物品的受领、运输、保管以及交付中未疏于注意,不在此限。

本条是关于承运人承担损害赔偿责任的规定,2018年修订中,对本条做出了修改。本条所规定的承运人的损害赔偿责任,在法律性质上，与货运行纪商的责任相同，均属于债务不履行责任。通常认为，该严格责任源自罗马法中的承保（Receptum）制度，原意是指旅馆及驿店主人对从顾客处受领之物品，负安全保管及返还义务，若返还不能则负无过失损害赔偿责任。不过，日本商法学上目前的通说认为，本条规定是日本民法典第415条债务不履行相关原则在商法中的延伸和体现，即承运人不能自证无过失时，则须承担过失责任。[1]

依据本条规定，承运人的损害赔偿责任存在于受领、运输、保管以及交付物品四个方面，"受领""运输""保管"及"交付"的具体内涵，与本法第560条规定的趣旨相同（详见本法第560条解释）。

第五百七十六条［损害赔偿额］

运输货物灭失或毁损时，损害赔偿额根据货物应交货地及应交货时的市场价格（如是存在交易所市场定价的物品，则从其价格）确定。但是，如无市场价格，则应按应交货地和应交货时同种同质货物的正常价格确定金额。

因所运输货物灭失或毁损而无须支付的运费等其他费用，从前两款所规定的赔偿额中扣除。

因承运人故意为或重大过失造成货物灭失或者损毁时，不适用前两款规定。

本条是关于确定损害赔偿额的特别规定。本条对运输货物的灭失、毁损或因承运人原因造成物品灭失、毁损，或者延迟送达时的损害赔偿额，确立了一个相对确定的计算方法。即若当事人间无事

---

[1] 田边光政：《商法总则·商行为法》（第3版），新世社2006年版，第280页。

前的特别约定，则所运输物品的赔偿额，仅限于通常性损害范围。换言之，本条直接排除了承运人的特别损害赔偿责任，即使是存在可预见性利益也不在赔偿范围内，这显然是突破及修正了日本民法典第416条规定的债务不履行时的一般赔偿原则，但却是符合商事法更注重交易效率的特征。

此外，通常认为，如此立法还在考量承运人通常以较低运费运输大量物品，且须迅速完成运输任务的实际情况，对承运人利益给予了相对倾斜的特别保护。[1]不过，日本商法学上通说认为，本条虽然在立法意图上更多地照顾了承运人的利益，但实际出现物品灭失、毁损或因承运人原因造成物品灭失、毁损，或者延迟送达时，承运人即使能证明实际损失额小于依本条标准所计算出的金额，亦应按本条规定进行赔偿。[2]

第五百七十七条［贵重物品特别规定］

承运人受托运输货币、有价证券及其他贵重物品时，除托运人于委托时明确告知物品种类及价格外，承运人不负货物灭失、损坏或者迟延交付的损害赔偿责任。

下列情形，不适用前款规定：

Ⅰ.承运人在签订货物运输合同时知道货物是贵重物品。

Ⅱ.因承运人故意或重大过失造成贵重物品灭失、损坏或延迟交付。

本条是关于贵重物品运输的规定。由于贵重物品通常较易因被盗等其他事故灭失或毁损，而且，此类灭失或毁损往往会给承运人

---

〔1〕 莲井良宪、森淳二朗：《商法总则·商行为法》（第4版），法律文化社2006年版，第254页。

〔2〕 弥永真生：《商法总则·商行为法》（第2版），有斐阁2006年版，第139页。

带来巨额损失。因此，当托运人明确告知运输标的物为贵重物品时，承运人通常会在考量投保或增加相应运费的前提下，决定是否接受运输任务。从比较法角度考察，各国立法例中基本均规定，若托运人未事前告知运输标的物为贵重物品，当贵重物品灭失或毁损时，承运人不负相应损害赔偿责任。

但是，2018年修改中，新增"因承运人故意或重大过失造成贵重物品灭失、损坏或延迟交付"，不适用第576条规定，显然增加了承运人的责任范围。其实，当承运人基于故意或存在重大过失时，显然已不存在特别保护的基础和必要。此时，承运人应对一切损害承担赔偿责任，即回归日本民法典第416规定的一般原则，承运人须按照债务不履行承担赔偿责任。

本条"贵重物品"是指"与物品体积或重量无关的高价值物品"及"与外观或非专门人员常识无关的高价值物品"（最判昭和45.4.21判时593号87页）。通常是指宝石、货币、象牙、邮票、贵金属以及古董文物等物品。本条"物品种类"的"明确告知"，须达到使"货运行纪商或承运人足以判断或识别所运输物品是否为贵重物品的程度"（大阪地判昭和30.3.8判时75号18页）；2018年修改中第二款第一项中新增的"知道"，也需达到承运人基于从业者从客观情况足以判断将要运输的物品为贵重物品。否则，视为托运人未"明确告知"或"不知道"，即使所托运物品实际上确为贵重物品，在遭到非因承运人故意或过失的灭失、毁损时，承运人可依据本条规定而免责。

本条中"重大过失"，是一个相对性概念，不同情形中其具体表现形式显然会出现差异，一般意义上，通常认为重大过失是指

"近似故意的显然疏于注意的情形"[1]。此外,日本商法学上通说及日本法院的判例认为,承运人故意或重大过失所致货物的毁损等引起的"债务不履行责任"与"民法上侵权责任"发生竞合,但无论依据本条规定还是按侵权途径追究承运人责任,均明显排除了本法关于责任限定的规定。[2]

第五百七十八条 [联合承运人的责任]

同一合同下使用陆运、海运、空运两种或者两种以上运输方式,承运人对运输货物的灭失等(指运输货物的灭失、损坏或者延迟送达,本节以下同)承担赔偿责任时,应根据不同运输段中货物灭失等的原因,分别适用调整该区段运输方式的我国法令或我国所缔结的条约的规定。

同一合同下,陆上运输的不同区间需适用两条以上不同法令的情形,准用前款规定。

本条是关于联合承运人责任的规定,为2018新修订内容。我国对此种复合运输方式,习惯上称为"多式联运"(Intermodality),通常指同一个运输合同或一种凭证下,需要使用两种或者两种以上不同运输工具或方式。进入21世纪以来,复合运输的综合运输方式发展相当迅速,基本做到了一次托运,全程负责的程度,日本本次法律修订新增本条规定,也是呼应现实需要。

第五百七十九条 [相继运输]

---

[1] 江头宪治郎、山下友信编:《商法(总则·商行为)判例百选》(第5版),有斐阁2008年版,判例94。
[2] 三枝一雄、坂口光男、南保胜美:《论点整理(商法总则·商行为法)》,法律文化社2005年版,第180页

承运人数人相继进行陆上运输时，后一承运人替代前一承运人行使权利、履行义务。

前款规定中，后一承运人已向前一承运人偿付的，后一承运人取得前一承运人的权利。

数位承运人相继为托运人陆上运送货物时，各承运人应对所运输货物的灭失等负连带赔偿责任。

前三款规定，海路运输与航空运输准用。

本条是关于相继运输中各承运人权利义务关系及负连带责任的规定，2018年修订中，对本条进行了修订，进一步明确了各承运人权利义务的承继关系。日本商法相继运输，与2018年新增的联合承运行对应，我国习惯上称之为"同式联运"或"单式联运"，是指两个或两个以上承运人以同一种运输方式进行运送的运输形式。

由于现代商事交易的地域范围较为宽广，相应地物品需要运输的距离也随之增加，在有些情况下凭单一承运人的运力往往难以完成整个运输任务。而且，一些地域性的承运人对自己所在区域的地理环境等更为熟悉，有时还可能为托运人节省时间及运输成本。在此背景下，数个承运人就同一物品分担运输任务的运输方式应运而生。本条所规定的数个承运人就同一物品，以接续的形式，相继于不同区间共同完成运输任务的运输方式，在日本商法学上称之为"狭义相继运输"，又称"连带运输"。在此种运输方式中，通常是由初始承运人就整个区间与托运人签订货运合同。此后，有关联关系的其他承运人相继加入该货运合同。

根据本条第三款规定，在此类相继运输中，各承运人对运输物品的灭失、毁损或延迟送达负连带赔偿责任。而在内部关系上，各承运人仅就自己承运的区间负责任，承担连带损害赔偿责任的承运人可以向存在过失的承运人求偿。但是通常认为，当无法确定在哪一区间产生了损害时，若无事前的特别约定，各承运人应按运输区间的比例承担责任。此外，与上述狭义相继运输相对应，日本商法学上还存在广义相继运输。广义相继运输，在具体形态上主要表现为三种情况：①分包运输，即初始承运人承接整个运输任务后，以自己的名义并基于自己的利益及风险，将部分或全部运输任务分别委托其他承运人完成运输任务。在分包运输中，仅初始承运人与托运人存在合同关系，与连带运输中各承运人均与托运人间存在合同关系相异。②部分运输，即数个承运人各自独立承接特定区间的运输任务。由于在此种情况中存在数个独立的货运合同，与仅存在一个货运合同的运输形式区别较为明显。③共同运输，即数个承运人共同承接整个区间的运输任务，而后再确定各承运人承担的具体承运区间。此种方式与连带运输存在相似之处，如两种情形中所有承运人均与托运人存在合同关系，但是，二者也存在重要区别：在连带运输中，是由初始承运人单独和托运人签署合同，而后其他承运人相继加入；而在共同运输中，是数个承运人对外共同承担"单一债务"，在本质上，属于本法第511条第1款规定的情形，即数人中一人或全部人员的行为构成商行为，且因此产生债务负担时，每人均对该债务负连带责任。

第五百八十条［托运人终止运输等的请求］

　　托运人可以请求承运人终止运输、变更收货人以及做出其他处分。此情形中，承运人可以按已运输比例请求对方支付相应的运费、附随费用、垫付款及其他处分行为中所产生的费用。

　　本条是关于承运人服从托运人指示义务的规定。通常，托运人或提单持有人即为所运物品的实际所有人，因此在本条规定的条件下其可以要求承运人终止运输、返货或实施其他处分行为。立法认定承运人此项义务,有利于托运人或提单持有人根据市场行情、交易对方的经营状态等动态信息及时应变或调整经营策略。但是,就性质而言,托运人或提单持有人新的指示行为显然对原货运合同作出了本质性变更,如此,显然间接增加了承运人的义务,而且给承运人经营活动带来被动。因此,本条规定,承运人除可以按已运输比例请求对方支付相应的运费、垫付款外,还可以就新的处分行为请求相应的费用。

第五百八十一条［收货人的权利义务等］

所运输货物运达目的地后,或当所有运输货物灭失时,收货人取得与托运人在货物运输合同中产生的相同权利。

在前款的情况下,收货人已请求交付运输的货物或者赔偿其损失时,托运人不得行使该请求权。

收货人受领所运输货物时,对承运人负有支付运费及其他费用的义务。

本条是关于收货人权利取得与义务承担方面的规定。就法律关系而言,运输物品运达目的地但尚未交付收货人时,托运人的权利并未消灭,结合本条第1款规定,此时托运人与收货人的权利处于并存状态。此时,二者均可以向承运人作出指示,但日本商法学上通说认为,在收货人作出正式交付请求之前,当二者的指示出现矛盾时,托运人的指示优先。[1] 其实,就运输法律关系而言,收货人并不是运输合同的当事人,但本条第1款规定直接赋予了收货人权利人地位,即运输物品运达目的地后,收货人享有运输合同中托运

---

〔1〕 末永敏和:《商法总则·商行为法》,中央经济社2004年版,第140页。

人的权利。换言之，收货人既可以请求承运人及时交付所运物品，也可以向承运人作出其他必要的指示。

同时，收货人还可以就所运物品的延迟送达、部分灭失或毁损等行使赔偿请求权。当收货人正式提出交付请求时，依据本条第2款的规定，托运人的权利消灭，收货人成为所运物品的唯一权利人，承运人仅能根据其指示处分所运物品。依据本条第3款规定，当收货人正式受领物品后，其有义务向承运人支付运费等其他费用。[1]此外，由于在制作有托运时，运输合同的权利义务关系均已表征于书面中。因此，在原则上本条规定通常适用于没有制作托运单的情况。

第五百八十二条［携带物品的提存和拍卖］

无法查明收货人时，承运人可以提存所运输货物。

在前款规定情形中，承运人应向托运人催告要求其在指定的合理期限内就货物的处分作出指示，但托运人未就此作出指示时，承运人可以将货物进行拍卖。

因损伤或任何其他原因可能导致降价的货物，可以不作前款规定的催告进行拍卖。

根据前两款规定拍卖货物时，承运人应提存该货款。但是，

---

〔1〕关于如何定位收货人的法律地位问题，目前日本商法学上主要存在两种观点，即大隅健一郎及西原宽一两位著名商法学家提出的观点。大隅的观点认为运输合同在性质上属于广义的"为第三人订立的合同"（大隅健一郎：《商行为法》，青林书院新社1967年版，第146页等），因此，收货人无须受益的意思表示当然取得合同上权利。虽然该说处于较为有力的地位，但在解释为何收货人须承担运费等义务上，被认为存在障碍。西原的观点为"法定说"，认为货运合同的本质是为了克服"空间性障碍"，为此，法律特别赋予了收货人作为"替身"的法律地位，即收货人的权利义务均是基于法律的直接规定（西原宽一：《商行为法》，有斐阁1973年版，第313页等），目前，"法定说"的影响力较盛。

不妨碍承运人将全部或部分货款充当运输费等。

承运人根据第1款至第3款规定提存或拍卖货物时，应及时将该事项通知托运人。

本条是关于无法查明收货人时，承运人可以提存或拍卖所运输货物的规定。本条是关于承运人在特殊情况下，对所运货物享有提存权与拍卖权的规定。与货运行纪商等主体提存权的立法宗旨相同，本条立法宗旨亦是秉持商事交易迅速性的特征，以求双方法律关系尽快确定，同时，避免承运人因保管货物丧失其他商业机会或者带来其他损失。2018年修改中，新增"因损伤或任何其他原因可能导致降价的货物，可以不作前款规定的催告进行拍卖"之规定，更是该立法宗旨的体现。

依据本条规定，当无法查明［日文为"確知"（Ascertain）］收货人时，承运人可以根据本条规定的程序对所运物品进行提存或拍卖，在及时通知托运人提存和拍卖相关讯息后，可以将全部或部分拍卖所得价金冲抵运费，但在扣除拍卖等相关费用后须将剩余拍卖款进行提存。此外，本条规定使用了"无法查明收货人"的文字。通常认为，当不能确定收货人信息时，立法确认了承运人负有调查义务，但此处所谓"调查"，仅指常规意义上的查询，不包括需其他技术手段及耗时较长或以较高费用才能"查明"的情况。我国合同法第316条用语为"收货人不明"，从解释论角度分析，我国承运人应当也负有通常意义上的调查义务。

第五百八十三条

收货人拒绝或者不能接收货物时，准用前条规定。此情形中，前条第2款中的"承运人"应替换为"承运人向托运人催告要求其在指定的合理期限内接收货物，且该期间已届满"，上述条款第5款中的"托运人"应替换为"托运人和收货人"。

本条是关于收货人明确拒绝或客观不能接收货物的情况，此时，承运人可以提存或拍卖所运物品。例如，当货物运抵目的地时，收货人与承运人间就所运物品的数量、质量及包装等问题，意见不一致且就物品交付发生争议而收货人拒绝受领，承运人可以根据本条、前条规定的程序对所运物品进行提存或拍卖。当然，承运人也应事前指定适当期间并催告收货人受领该运输物品，若所指定期间经过并再次催告后收货人仍拒绝受领，在及时通知收货人提存和拍卖相关讯息后，则承运人可以提存或拍卖所运输物品。在拍卖情形中，承运人可将全部或部分拍卖所得价金冲抵运费，并须把扣除拍卖相关费用后剩余拍卖款进行提存。

就解释论而言，基于保护承运人利益的立法本意，在收货人无理由拒绝受领货物或客观不能的情况下，承运人应同样可以依据本条规定提存和拍卖所运物品。对于在收货人无理由拒绝受领货物的情况下货物的处理，我国合同法第316条也作出了明确的规定，但仅确立了承运人的提存权，未明确涉及拍卖权。但在解释论上，对于不宜提存或提存费用过高的物品，承运人可依合同法第101条的规定，对其进行拍卖或变卖。

第五百八十四条［承运人责任的消灭］

收货人无保留地受领货物时，承运人对货物的损坏或部分灭失的责任消灭。但是，若该货物存在不能立即发现的损坏或部分灭失，收货人交付之日起两周以内通知承运人时，不在此限。

承运人在交付货物时知道货物损坏或者部分灭失的，不适用前款规定。

承运人另将运输委托给第三方的情形中，收货人在第1款但书的期间内对承运人发出该款但书的通知时，第三方对承运人承担责任的该款但书所规定的期间，延长至承运人接到收货人通知之日起满两周之日。

本条是关于承运人特别免责事由的规定，2018年新法作了部分修订。所谓"无保留地受领"，是指收货人受领物品时，没有向承运人作出"物品存在毁损、部分灭失等相似情况的意思表示"[1]。依本条第1款规定，若不存在"不能立即发现的毁损或部分灭失"且承运人无"知道却隐瞒"之"意"时，收货人无保留地受领货物行为，视为承运人完全履行了合同义务而责任消灭。

此外，本条2018年修订中删除了"恶意"的用语，而于第2款规定了"明知物品存在部分毁损或部分灭失"的情况。如此修改，或与日本商法学界存在一种观点有关，即"明知存在毁损、灭失而进行交付的情形"，不足以构成"恶意"，认为"恶意"，应是指"故意致使物品毁损、灭失或者有意遮掩灭失、毁损的行为"；但近年来一种较有影响力的观点认为，"明知物品存在部分毁损或部分灭失"而交付，即构成"恶意"，而不适用第一款规定。[2]

第五百八十五条

自货物交付之日起（货物全部灭失时，自应当交付之日起）1年内未提起诉讼请求的，承运人对货物灭失等的赔偿责任消灭。

仅货物灭失等情况造成的损害，可通过合意延长前款规定的期限。

承运人另将运输委托给第三方，且承运人在第1款规定的

---

[1] 弥永真生：《商法总则·商行为法》（第2版），有斐阁2006年版，第141页。
[2] 三枝一雄、坂口光男、南保胜美：《论点整理（商法总则·商行为法）》，法律文化社2005年版，第166页。

期间内赔偿损失或被提出诉讼请求时，则第三方对承运人承担责任的该款规定的期间，延长至承运人赔偿损害或被提起诉讼请求日起满三个月之日。

本条是2018年修改时商法典新增条款，是关于诉讼时效期间的规定。诉讼时效制度，是民商事领域重要的法律制度，罗马法中既已经有类似制度，当时通常称为"消灭时效"，日本民商法上至今沿用该名称。按照本条规定，除非货物交付或本应交付之日起1年内被提起诉讼，承运人货物灭失等赔偿责任消灭；但是，依据第2款规定，在货物灭失等情况中，相关诉因发生以后，经当事方同意，这一期限可以延长，这一规则，适用于国内陆上、海上和航空运输。

目前，海商法领域已经形成一套相对独立，且已经制度化、体系化的特别诉讼时效规范。《汉堡规则》和《鹿特丹规则》已将索赔的时效期间延长为2年，但本条规定应是沿用了《海牙规则》诉讼时效期间起算点的规定，即自承运人交付或应当交付起计算1年。我国海商法仿效《海牙规则》《维斯比规则》《雅典公约》《国际救助公约》等多个国际公约，形成了我国的海商法诉讼时效规定。

国内承运人的责任应当在收货人收到货物的一年后因时效而消灭。这个1年的期间被称为诉讼时效期间。该期间可以通过通知方式延缓6个月，但是不能依据双方当事人的协议而延长。

第五百八十六条 ［承运人债权的消灭时效］

承运人对托运人、收货人的债权，自可以行使之日起一年内未行使的，时效消灭。

关于时效期间的具体规定。根据本条规定，货运行纪商对托运人或收货人债权的时效期间为1年，而根据第566条的规定，货运行纪商责任的时效期间原则上也为1年。两条所规定的时效期间均为1年，属于商事常规规定，主要是为了促使责任关系的尽快落实。短期时效的规定也相对符合货运行业证据保存存在困难的实际情况及货运行业的营业特点。

第五百八十七条［承运人的侵权责任］

第576条、第577条、第584条和第585条之规定，准用于承运人因货物灭失等原因向托运人或收货人承担的侵权损害赔偿责任。但是，如收货人事先既拒绝托运人所委托的运输，则接受托运人之委托的承运人对收货人的责任，不在此限。

本条2018商法修订中进行了修订，是关于承运人侵权责任认定和承担的规定。商法典第576条确定损害赔偿额、第577条关于贵重物品运输的特殊规定、第584条及第585条关于责任消灭和诉讼时效的规定，应当适用于托运人或者收货人的侵权索赔。

第五百八十八条［承运人之雇员的侵权责任］

根据前条规定免除或者减轻承运人因货物灭失等而承担的损害赔偿责任时，承运人的雇员因货物灭失等对托运人或收货人承担的侵权损害赔偿责任，也在该责任免除或减轻的限度内，得以免除或者减轻。

因承运人之雇员故意或者重大过失导致货物的灭失等情形发生时，不适用前款规定。

本条是2018年修订时的新增条款，是关于商业雇员责任的规定。此处雇员（日语"被用者"，即英文 employee）是日本"商业使用人"之一种，日本商法上的"商业雇员"，是指根据雇佣合同从属于特定商人，并辅助该商人进行对外性商业业务的人。所谓"特定商人"可以为企业、个体商人等，本条即对应承运人；所谓辅助商人进行"对外性商业上业务往来"（日本商法学上通说），是指不同于营业中从事简单劳务的"商人特有的商业技术性业务"，如仅从事内部性勤务性、无代理权的簿记员及单纯的现金出纳员，不属于商业雇员。但是，为了保护善意第三人，通常会认定或类推适用商业雇员的相关规定。

第三节 客　运

客运，在日本法律体系中，对铁路运输、轨道运输及公路运输等均有较为详细的规定，在相应典型运输合同中，通常直接适用相应的单行法规。本节规定，属于承运人责任的一般性规定，因此，在实践中，本节规定通常仅适用于界定非典型的一般性客运合同中商事承运人的责任。

第五百八十九条［准用规定］

承运人承诺承运旅客，对方承诺为此支付车费，则客运合同生效。

本条为 2018 年商法典修订中新增条款，对客运合同进行了界定。客运，即旅客运输，法律形式上表现为客运合同，属于以完成客运行为为目的的诺成合同。就性质而言，其与货运合同并无本质区别，均属于兼具承揽性质的合同（Contract for Work）。

第五百九十条［客运合同］

对于旅客因运输所受损害，承运人应承担损害赔偿责任。但是，承运人能证明自己在运输方面并未疏于注意的，不在此限。

本条是关于对承运人旅客损害承担赔偿责任的规定。依据本条规定，承运人在客运过程中对旅客负有安全运输的义务，在整个运输过程中，承运人必须对客运行为负善良管理人的注意义务。因此，在运输过程中旅客出现损伤时，承运人若不能证明自己及其雇员在运输时"未疏于注意"，须对旅客因运输而遭受的损害承担赔偿责任。通常当旅客与承运人间的客运合同成立生效后，承运人将旅客安全运抵目的地应是客运合同的主要目的，若在运输途中因承运人或其雇员疏于注意而给旅客带来损害，则应视承运人未完全履行合同上义务。因此，就性质而言，本条所规定的损害赔偿责任属于债务不履行责任的范畴。

本条中"旅客因运输所受损害"，具体而言，包括旅客身体以及衣物层面的损害、因延迟到达而产生的损害等所有有形或无形的损害。同时，日本法院的判例认定，将来应得到之利益的损失也在应赔偿之列（大判大正2.10.20民录19辑910页[1]）。此外，2018年修订前，本条还存在第2款，其规定为：法院应斟酌受害人及其家属情况确定损害赔偿额。此处所谓斟酌"受害人及其家属情况"，是指法院在确定损害赔偿额时应考量受害人的收入、地位及家庭构成、生活状况等特别情况。但为因应现实情况，2018年删除了第2款规定。

---

[1] 转引自大隅健一郎：《商行为法》，青林书院新社1967年版，第165页。

第五百九十一条［禁止特别协定］

豁免或减轻承运人因侵害旅客生命或身体而产生损害赔偿责任之特别约定（运输迟延为主要原因的情形除外），无效。

下列情况下，不适用前上款规定：

Ⅰ.发生大规模火灾、地震等灾害，或者可能发生火灾、地震等灾害时的运输行为。

Ⅱ.运输中通常存在震动等情况造成的旅客生命或身体重大危险。

本条是关于禁止承运人就乘客遭受人身损害等的赔偿做豁免或减轻自身责任的规定，是2018年新增条款。乘客在途中遭受生命或身体伤害，如按照客运合同定性，属于违约行为，若客运承运人有过错，同时构成侵权行为。此情形，构成违约责任与侵权责任竞合。根据本条规定，无论定性为违约责任还是侵权责任，若承运人为豁免或减轻自己责任，而与乘客作出特别约定（运输迟延为主要原因的情形除外），均属无效。但是，因为规模火灾、地震或可能发生类似不可抗力因素时，承运人为采取必要措施作出的类似行为，或者运输中常见的正常震动导致乘客遭受生命或身体伤害时，特殊约定有效。

第五百九十二条［承运人对受托行李的责任等］

承运人对旅客交付之未收取运送费的行李，也应与货运合同中的承运人承担同等责任。

承运人的雇员对前款规定之行李承担的责任，应与货运合同中承运人的雇员承担同等责任。

第1款规定之行李运达目的地之日起一周内，乘客未请求交付时，承运人可对行李进行提存，或经合理时间催告后，将该行李进行拍卖。在此情况下，承运人应将提存或拍卖该行李之事宜及时通知乘客。

因损坏等原因可能贬值的行李，可不经前款催告进行拍卖。

承运人根据前两款规定将行李进行拍卖时，应提存该拍卖款。但是，不妨碍承运人将全部或部分拍卖款冲抵运输费。

旅客住所或住处不明时，无须进行第3款规定的催告和通知。

本条是关于承运人对旅客所交付之行李的责任，2018年商法典修订中，对本条进行了扩充修改。通常，客运合同成立后，当旅客将自己的行李交付客运承运人时即完成了委托其进行运输的意思表示，即作为客运合同的附随法律效果，就旅客行李成立货运合同。不过，此附随性地成立的货运合同并不适用前章关于货运的所有规定，依据修订后的本条第1款和第2款规定，对旅客所交付的行李，客运承运人及其雇员，与货运承运人及其雇员"负相同的责任"。换言之，在该附随合同中，仅适用货运承运人"责任"认定方面的规定，而非前者所有规定。依据修订后的本条第3款和第5款的规定，行李运达目的地之日起1周内旅客未请求交付时，客运承运人若不知道旅客住所（Address 或 Domicile）或住处（Residence），则可以不经催告或通知，视具体情况直接处理该行李。

第五百九十三条［承运人对未交付托运之行李的责任等］

旅客未交付托运的行李（包括随身物品）发生灭失或损伤时，除存在故意或过失，承运人不负损害赔偿责任。

第576条第1款及第3款、第584条第1款、第585条第1款及第2款、第587条（仅限于第576条第1款及第3款、

第584条第1款、第585条第1款及第2款准用的部分）及第588条的规定，准用于前款规定之行李灭失或损坏情形中承运人的损害赔偿责任。此情形下，第576条第1款中的"应交货时"应替换为"应完成客运"；第584条第1款中的"收货人无保留地受领货物时"应替换为"客运结束时无异议"，"收货人交付之日"应替换为"客运结束之日"，第585条第1款中的"货物交付之日（货物全部灭失时，自应当交付之日起）"应视为"客运结束之日"。

本条是关于承运人对旅客未进行托运之行李负过错责任的规定，2018年修订新增了第2款准用性规定。按本条规定，当旅客将某些行李自己随身携带而未向承运人托运时，双方之间仅存在客运合同。旅客自己保管的行李，仅为客运合同的一部分，不构成独立的货运合同。因此，对于旅客随身行李的灭失或毁损，只要承运人及其雇员不存在过失，则无须承担损害赔偿责任。此外，由于此时承运人仅负过错责任，因此，当承运人或其雇员因过失致旅客随身行李毁损或灭失时，应由旅客承担举证责任。

第五百九十四条［承运人债权的消灭时效］

客运，准用第586条之规定。

本条是关于客运承运人债权时效期间的具体规定，是2018年新增条款。根据本条规定，客运承运人的债权，与货运行纪商对托运人或收货人债权的时效期间相同，为1年。立法精神而言，二者本质相同，主要是为了促使债权债务及责任关系的尽快落定。

第九章 保　管

保管，又称寄存，日文原文为"寄託"（Deposit），是指受托人在实际支配受托物品的状态下，设法防止其灭失、毁损以维持原状的行为。作为一项法律制度，保管制度起源于罗马法上的寄托（Deposito）制度，通常是指保管合同期满或约定条件达成后，保管人将寄存原物返还给存货人的法律行为。从比较法上考察，德国、法国及我国台湾地区等大陆法系主要国家和地区的民商事法律，均对保管制度作出了各具特色的规定。

在日本民法典上，保管合同是典型合同之一。就法律性质而言，原则上属于无偿、要物、单务合同，当当事人之间特别约定为有偿保管时，通常认为法律性质属于有偿、诺成、双务合同。《日本民法典》第657条以下，对保管合同作出了较为具体的规定，日本商法典于本章对商事保管制度作出了进一步的规定。其中，本章第一节，主要对商事保管制度的总则性条款及日本商法学上"場屋"营业条款作了原则性规定；第二节对仓储营业尤其是寄存凭证、设质凭证，以及仓单等仓库有价证券所具有的特性作出了较为详细的规定。

第一节　总　则

本节四条，主要是关于保管制度的总则性规定。第593条所规定的内容，本质而言，不仅仅是保管一章的总则，还具有商行为总则的性质；除第593条外，第594—596条均是关于日本商法学上"場屋[1]"营业的条款，主要是关于"場屋"经营者责任的规定。

第五百九十五条［接受寄存之商人的责任］

商人在其营业范围内接受寄存时，即使未收取报酬，也应

---

〔1〕"場屋"，类似我国法律语境中的"服务业经营场所"。其实，"場屋"一词，为我国古已有之的名词，清末之前其含义有二：一意为科举时代试士的场所，如"太平兴国中，举进士，在场屋间颇有隽名"（《宋史》第287卷《陈彭年传》）、"空拳入场屋，拭目看京师"（宋朝王禹偁所作《谪居感事》）；另一意为"戏场"，如"夜半月高弦索鸣，贺老琵琶定场屋"（唐朝元稹所作《连昌宫词》）。至清末民初时，"場屋"开始出现商业及法律意义上的含义，如民国《商人通例》界定商业范围时，作为例示，第十类商业类型为"设场屋以集客之业"。在日本，法律意义上"場屋"为"以接待顾客为目的的配备有人力与物质设施的场所"，其较为权威性的英译为"Establishment"。通过比较可以发现，民国时期《商人通例》中的"場屋"与日本现行商法上"場屋"的含义基本相近。

目前，我国商法学界对日本商法上"場屋"的翻译方式主要有两种："店所"（王书江、殷建平译：《日本商法典》，中国法制出版社2000年版，第168页）、场馆（卞耀武主编、付黎旭、吴民译：《日本国商法》，法律出版社2000年版，第215页），显然均无法准确、清晰地表征日文原文的含义。其实，我国存在过与之对应的固有名词，而且也曾经出现过相似的含义，在翻译时完全采用直译方式直接翻译为"場屋"，亦并无不妥。但是，考虑到民国之后，我国"場屋"一词所具有的商业与法律层面的含义已实际废止，因此，采取直译的方式显然容易令人费解，结合我国现实法律语境，采取意译的方式应更为可取。

从日本商法上"場屋"的概念及其例示考察，我国法律语境中的专业术语"服务业经营场所"，与其最为接近。中国商业联合会2003年4月29日公布的《商业、服务业经营场所传染性疾病预防措施》第3条"术语和定义"条款中，对"服务业经营场所"作出了界定："指提供住宿及相关服务、餐饮服务、美发美容服务的场所。"

可见，日本商法上"場屋"与我国法律语境中的专有名词"服务业经营场所"，在内涵上较为契合，但相对而言，我国"服务业经营场所"较日本"場屋"的范围窄，我国采取的是限定性列举，但日本商法上"場屋"完全是开放式的，与"旅馆、饭店、公共浴室"类似的其他以招徕顾客为目的营业场所，均属于本条所规定的"場屋"。较近的判例显示，日本法院已经将"場屋"的外延扩张至高尔夫球场等新兴服务场所。

尽善良管理人的注意进行管理。

本条是关于商人接受寄存时所负责任的规定。根据民法规定，保管的无偿性乃其原则。在无偿保管情形中，保管人以对待自己之物处理他人之物即可。依据本条规定，当商人在其营业范围内接受寄存时，即使是无偿保管亦应以善良管理人的注意，对物品进行保管。

本条规定中的"尽善良管理人的注意进行管理"，相当于罗马法及法国民法中的"善良家父的注意"及德国民法上的"交易上必要的注意"，即要求保管人在保管过程负善良管理人的注意义务。换言之，要求在营业范围内接受寄存的商人接受寄存物后，须以一种较高的注意程度来保管和处理寄存物品，注意程度甚至超过对待自己财产时的注意。

第五百九十六条［服务业经营场所经营者的特别责任］

旅馆、饭店、公共浴室及其他以招徕顾客为目的的服务业经营场所的经营者[1]，对顾客寄存物品的灭失或毁损，除能证明系不可抗力所致外，应负损害赔偿责任。

顾客携带至服务业经营场所但未特意寄存的物品，因经营者或其雇员疏于注意灭失或毁损时，该经营者应负损害赔偿责任。

---

[1] 经营者，日文原文为"主人"，我国台湾地区"民法"第606、607条也因循日本商法典的规定，使用了"主人"一词。但结合我国实践，此处将"主人"一词译为"经营者"。其实，较近的一些日本商行为法著作及论文也已开始使用"营业者"的提法。此外，在本条语境下，"主人"通常英译为"the Proprietor of an Establishment"，但是，从本条所规定的责任及义务来看，更似英美法上"占有者责任"，译为"Occupier"似较为妥帖。

服务业经营场所的经营者即使作出对顾客携带物品不负责任的告示，亦不得免除前两款所规定的责任。

本条是关于旅馆、饭店、公共浴室及其他以招徕顾客为目的的服务业经营场所经营者责任的规定。[1] 通常认为，本条所规定的服务业经营场所经营者的责任，发端于罗马法上的承保（Receptum）责任。从比较法角度考察，包括日本在内的许多国家均以不同形式将该责任制度纳入了本国民商事法律。现代民商事法律通过确认此制度，对经营者课以较重的责任。这主要基于在不特定多数人出入的服务业经营场所中，顾客自身无法确保所携带物品的安全，作为提供服务的经营者，是以营利为目的的商人，对顾客携带进入场所内的物品显然应视不同情况，尽到相应的责任。[2] 而且，通常认为，商法规定该严格责任，不仅在于保护作为消费者的顾客的利益，也是在于谋求维持经营者的信用。[3]

（1）本条中的"顾客"，原则上是指进入服务业经营场所并进行实际消费的场所设施的使用者，但通常认为，事实上以顾客身份被接待的客人均应属本条所规定的顾客。换言之，即使双方间尚未正式成立相关服务合同，只要已进入经营者的服务业经营场所并被作为顾客接待，即为本条所规定的顾客。[4] 例如，宾馆满员时在接待室或大堂等候者，即使最终并未入住该宾馆，亦属于本条所规定的顾客。

---

〔1〕 日本民商法学界的研究较为深入，有研究认为，该责任应当扩张至超市、公寓及大型购物中心等场所。笔者认为，对我国而言，尤具现实意义。在我国民商事法律中，除侵权法中有类似规定外，对此重要制度尚无系统性规定。

〔2〕 田边光政：《商法总则·商行为法》（第3版），新世社2006年版，第332页。

〔3〕 莲井良宪、森淳二朗：《商法总则·商行为法》（第4版），法律文化社2006年版，第301页。

〔4〕 大隅健一郎：《商行为法》，青林书院新社1967年版，第168页。

（2）经营者对寄存物品的责任。当顾客寄存的物品灭失或毁损时，除系不可抗力外，本条第1款规定中的服务业经营场所的经营者须负损害赔偿责任，即此时经营者的责任为结果责任。

此处的"不可抗力"，法律并无明确定义。在解释上，日本商法学存在客观说、主观说和折中说等不同的见解：客观说认为，本条第1款规定的不可抗力，指不可归因于经营者的意外性事件，其发生通常具有不可预见性；[1]主观说认为，此处的不可抗力，是指就营业性质而言已尽最大限度的注意仍无法避免的风险。[2]但是，日本商法学上多数观点认为，若采客观说，当发生可以预见，但在技术或经济上无法实现或实现存在困难的情况时，仍由经营者承担责任显失公平；而主观说虽解释上较具弹性，但不易区分过失程度，即导致轻过失与重过失界限模糊。目前日本商法学上通说为折中说，认为本款所规定的不可抗力，是指自经营组织体外部发生的意外性事件，即使善尽通常的必要性预防手段，仍无法防止事件发生的风险。[3]此处，"自经营组织体外部"，是指自经营组织体以外的不可归因于经营者的原因导致的事件，具体包括天灾等自然性事件及战争等人为性事件。[4]

（3）经营者对未特意寄存物品的责任。依据本条第2款的规定，对顾客携带进入服务业经营场所的物品，即使顾客未特意寄存，若因经营者或其雇员疏于注意导致物品灭失或毁损时，经营者应负损害赔偿责任。日本商法学上通说认为，本款规定的服务业经营场所

---

[1] 田中诚二：《新版商行为法》，千仓书房1970年版，第270页。
[2] 户川成弘："服务业经营场所经营者责任——关于商法第594条第1款不可抗力的含义"，载濑田道代编：《现代企业交易法》，税务会计协会1998年版。
[3] 石井照久、鸿常夫：《商行为法》，劲草书房1970年版，第191页。
[4] 土桥正："服务业经营场所营业"，载酒卷俊雄、栗山德子编：《商法总则·商行为法》，成文堂2005年版，第352页。

经营者的责任，是基于经营者与顾客间特殊关系而产生，与普通的侵权行为责任存在差异，应将本款所规定的责任视为基于"经营场所使用关系"而由法律规定的特别责任，[1]性质上也可以理解为经营场所使用关系的附随性法定责任。此处的"疏于注意"，是指未尽到善良管理人的注意义务，即存在过失。此外，与第1款中不可抗力举证责任相反，此处由顾客负举证责任。

（4）经营者免责告示的无效性。本节关于经营者责任的规定，不属于强行性规定，当事人间可以自愿达成特别约定减轻或免除相关责任。但是，依据本条第3款的规定，经营者单方面的免责声明或告示无效。

第五百九十七条 ［贵重物品的特别规定］

前条规定中的经营者受托保管货币、有价证券及其他贵重物品时，除非顾客于寄存时明确告知了物品种类及价格，否则经营者对寄存物品的灭失或毁损不负损害赔偿责任。

本条是关于服务业经营场所经营者保管贵重物品的特别规定。由于贵重物品通常更易被盗，而且出现灭失或毁损时所引起的损害赔偿额也较大，因此，在受托保管贵重物品时，营业者通常会在接受明确性委托后，给予更多的关注或谨慎去保管受托物品。当顾客未明确告知或明确提示所寄存物品为贵重物品时，苛求营业者也应尽到上述注意显然不甚公平、不尽合理。因此，日本商法典于本条作出特别规定，此时营业者不负损害赔偿责任。

关于"贵重物品"的具体内涵及"告知"的明确程度，第568条及第578条已做解释，此处不赘述。此外，顾客虽未明确告知，

---

［1］ 平出庆道：《商行为法》，青林书院1988年版，第616页。

但因服务业经营场所营业者或其雇员故意或存在重大过失，导致贵重物品毁损、灭失时，不适用本条规定，此已为日本法院的判例所确认。

第五百九十八条 ［短期消灭时效］

前两条规定的责任，自经营者返还或顾客取走寄存物品时起经过一年，因时效消灭。寄存物品全部灭失时，前款规定的期间自顾客离开经营场所时起计算。

前两款规定不适用于经营者恶意的情形。

本条是关于服务业经营场所经营者责任具有短期时效性的规定。根据本条规定，服务业经营场所经营者的损害赔偿责任，为短期消灭时效，时效期间为1年。当寄存物品全部灭失时，自顾客离开经营场所时起计算；当寄存物品部分灭失或毁损时，自寄存物品被返还或被顾客取走时起计算。之所以规定此短期时效，立法意图应是在于平衡本法第594条第1款对经营者所作出的较为严苛的损害赔偿责任。

此外，本条仅适用于经营者或其雇员非基于恶意的情形，当经营者或其雇员基于恶意时，则应以一般商事时效为原则适用5年的时效期间。

第二节　仓储营业

日本商法典上仓储营业，即"倉庫营业"（Warehouse Business），主要是指仓库经营者利用仓库为他人保管物品并以此作为营业时的日常性法律行为，类似我国《合同法》上的仓储业从事的法律行为。仓储营业通常通过对物品的保管，调整商事活动中生产至消费的时间差，同时，在仓储过程中仓库营业人还可以通过发行仓储证券[1]（Warehouse Receipt）实现资本融通的辅助功能。相对于以物品的"空间性"转移为核心实施辅助行为的运输营业而言，仓库营业从客观上成了商事活动"时间性"调节的辅助手段。

基于仓储业在商事活动及在国民经济运行中的重要作用，各国商法或其他商事单行法通常均会以不同形式对此作出明确规定。日本的商事法律体系中，除本节关于仓库营业人及仓单的规定外，还专门制定了仓储业法及仓储业法施行规则。从比较法角度考察，我国在此领域的规定较为薄弱，我国除《合同法》中关于仓储合同的原则规定以及效力层级较低的《粮油仓储管理办法》（2009年12月29日施行）等简单规定外，并未制定具有系统性或全局性视野的仓储类法律法规，此立法状况显然与我国经济发展规模的现状不相适应。

第五百九十九条 [定义]

仓库营业人，是指利用仓库为他人保管物品并以此为业者。

本条是关于仓库营业人的定义条款。根据本条规定，日本商法上的仓库营业人是指利用仓库[2]（Warehouse）为他人保管物品并以此为业者：①须是利用仓库实施保管行为。此处的仓库，不以具

---

[1] 仓库证券，是指仓库营业人按照存货人的请求、向其填发的表征寄存物返还请求权的有价证券。根据《日本商法典》规定，视存货人的要求不同，仓库营业人可以向其填发一组两单的寄存凭证与设质凭证（第598条）或者单独签发仓单（第627条）。根据《日本仓库业法》第2条第3款的规定，此三类有价证券的总称为"仓库证券"。

[2] 根据《日本仓储业法》第2条的规定，仓库是指供保管物品使用、防止物品灭失或损伤的建筑构造物（Structure）或为防止物品灭失或损伤而实施过土建工程的土地或水面。依据《日本仓储业法施行规则》第3条的规定，视仓库所处位置、构造和设施的不同，分为普通仓库、冷藏仓库、水面仓库及箱柜租赁仓储业务仓库（Trunk Room）四类。

备屋顶的房屋为必要条件,凡是达到《日本仓储业法》第2条规定者,均符合要求,而且仓库所有权是否属于仓库营业人亦非所问。②须是为他人实施保管行为。保管行为必须是为他人,当保管人取得仓储物品所有权承诺返还同质同量之同类物品时,构成《日本民法典》第666条规定的消费寄存,此时的保管人不属于本条所规定的仓库营业人。③保管行为的对象物须为他人的物品。该物品为非不动产,原则上为一切在性质上适宜保管的动产。④行为人须以"利用仓库为他人保管物品"为业。换言之,以经营他业为主,偶尔利用仓库为他人实施保管行为者,不属于本条所规定的仓库营业人。但是,经营其他行业的同时,并不妨碍其成为仓库营业人,如从事运输业的商人兼营仓储者并不鲜见。[1]

第六百条 [复券凭证交付义务]

仓库营业人应根据存货人的请求,交付仓储物的寄存凭证及设质凭证。

本条是关于仓库营业人凭证交付义务的规定。依据本条规定,当存货人向仓库营业人交付仓储物并发出请求时,仓库营业人应同时出具寄存凭证及设质凭证(Pledge Receipt)。

在日本商法上,仓库营业人向存货人交付相应凭证是一项法定义务。在比较法上,根据仓储物转让与设质时是采取单券还是复券方式,存在三种立法模式。以《德国商法典》为代表的立法例采用了单券主义,仓库营业人仅签发仓单(Warehouse Receipt),仓单可用于转让亦可用于设质。以法国商法典为代表的立法例选择了复券主义,即仓库营业人须同时填发一组两单,一为寄存凭证,凭其

---

〔1〕 大隅健一郎:《商行为法》,青林书院新社1967年版,第172页。

提取或转让仓储物；一为设质凭证，用以担保。仅依本条规定，日本商法典似乎采用了法国式的复券主义，但其实不然。结合本节第627条可知，日本商法典选择了单券与复券并用的立法方式，即仓库营业人应根据存货人的请求签发单券或复券。不过，寄存凭证及设质凭证必须为一组同时填发，单独填发无效。而且，依据《日本仓库业法》第13条的规定，只有获得国土交通大臣许可的仓储商人才有资格填发该类凭证。

此外，需要说明的是，在日本商法上，由仓库营业人填发寄存凭证及设质凭证的制度，虽仍为一项明确的制度，但是，事实上，签发复券的方式在实际的商事交易中已很少被采用。

第六百零一条［寄存凭证及设质凭证的形式要件］

仓库营业人应在寄存凭证及设质凭证中记载下列事项及编号，并应在证券上署名：

I. 仓储物的种类、品质、数量及其包装的种类、件数与标记

II. 存货人的全称或商号

III. 保管的场所

IV. 仓储费

V. 有保管期间时，该保管期间

VI. 仓储物被投保时，其保险金额、保险期间以及保险人的全称或商号

VII. 凭证的填写地及填写日期

本条是关于寄存凭证及设质凭证形式要件的规定。本条在形式上对寄存凭证及设质凭证的记载事项作出了明确规定，即寄存凭证及设质凭证的记载事项已法定化，所以，寄存凭证及设质凭证均为

要式证券。

但是，日本商法学上通说认为，该"要式"并不具绝对性，即条文中的七类内容中若干内容的欠缺并不必然导致证券的无效，如仓储费及填写地等的欠缺等。换言之，只要仓储物已成为证券上的特定物且证券能够明确表彰其权利客体为该仓储物，上述凭证即为有效。

第六百零二条 ［账簿备置义务］

仓库营业人向存货人交付寄存凭证及设质凭证后，应在其账簿中记载下列事项：

Ⅰ.前条第Ⅰ项、第Ⅱ项、第Ⅳ项及第Ⅵ项所列事项

Ⅱ.凭证的编号及其填写日期

本条是关于仓库营业人特殊账簿备置义务的规定。根据本条规定，仓库营业人在向存货人交付寄存凭证及设质凭证后，应制作仓储证券备忘账簿，并依本条规定在该账簿中记载本条中所要求的各法定事项。

通常认为，仓储证券备忘账簿的制作是一种公法上义务，该账簿不仅可以较为明确地反映仓库营业人所交付仓储证券的状况，同时，若日后出现纷争或存货人丢失仓储证券，也可以起到相应的证明作用。与本法第19条的规定相比较，本条规定之账簿的目的显然不在于体现出商人营业上的财产状况及损益情况，因此，其并不属于商业账簿的范畴。

第六百零三条 ［凭证交付的特殊情形］

寄存凭证及设质凭证的持有人，可以请求仓库营业人分割仓储物并交付分割后各部分仓储物所对应的寄存凭证及设质凭

证。在此情形中，凭证持有人应将原寄存凭证及设质凭证返还仓库营业人。

凭证持有人负担前款规定的仓储物分割及证券交付所需的费用。

本条是关于仓库营业人交付寄存凭证及设质凭证的特殊情形的规定。根据本法第598条之规定，寄存凭证及设质凭证须以"两单一组"的方式同时填发，存货人不得请求单独签发。但依据本条规定，同时持有寄存凭证及设质凭证的凭证持有人，向仓库营业人返还上述凭证后，在自我承担必要费用的基础上，可以请求仓库营业人"分割仓储物并交付分割后各部分仓储物所对应的寄存凭证及设质凭证"。

第六百零四条［凭证的文言证券性］

若已制作寄存凭证及设质凭证，则仓库营业人与凭证持有人应依据该凭证的规定处理与寄存相关的事项。

本条是关于寄存凭证及设质凭证具有文言证券之性质的规定。前已有述，文言证券，是指有价证券的权利仅以有价证券上的文字记载为凭，一切证券外的合意及条件均不能变更证券权利的内容。因此，当制作有寄存凭证及设质凭证时，应依凭证上的文字记载处理仓库营业人与凭证持有人间的权利义务关系。

第六百零五条［凭证的指示证券性及同时转让原则］

寄存凭证及设质凭证为记名式时，亦可通过背书方式转让或设质。但证券上已注明禁止背书时，不在此限。

寄存凭证的持有人在未就仓储物设质的期间内，不得分别转让寄存凭证及设质凭证。

本条是关于寄存凭证及设质凭证具有指示证券之性质及二者"同时转让原则"的规定。就法律性质而言，寄存凭证及设质凭证属于指示证券（Order Paper）的一种，但依据本条第1款之规定，只要提单未明确记载禁止背书，则即使二者以记名方式制作也不妨碍二者以背书形式转让。换言之，即使是记名式寄存凭证及设质凭证，当以背书方式转让时，就效力而言，也同样具有权利转移效力及资格授予效力。

本条第2款明确了二者须同时转让的原则，即当寄存凭证持有人未为设质行为时，不得将寄存凭证及设质凭证分别转让。规定该原则，主要基于设质之前，设质凭证事实上并不具有独立价值，而且，在设质之前认可二者可以分离转让，容易滋生交易风险（如转让寄存凭证后已对仓储物无任何权利，但手中仍持有设质凭证的持有人，仍可能利用设质凭证将仓储物出质）。因此，按照法律规定，设质凭证经初次背书、附债务负担后，才可与寄存凭证相分离进行转让。通常，在设质之前转让寄存凭证时，须将设质凭证一同交付。

第六百零六条［物权性效力］

第五百七十三条及第五百七十五条的规定，准用于寄存凭证及设质凭证。

本条是关于寄存凭证及设质凭证具有物权性效力的规定。本法第573条及第575条是关于提单具有物权性效力的规定，即提单是具有处分性质及交付性质的证券。依据本准用条款，寄存凭证及设质凭证具有处分证券的性质，即制作有寄存凭证及设质凭证的场合，对仓储物品的处分非凭寄存凭证及设质凭证不能为之。换言之，所仓储物品物权关系的变更必须通过寄存凭证及设质凭证来完成。同时，寄存凭证及设质凭证具有交付证券之性质，即当所有人转让已寄存之物品时，其向受让人或质权人交付寄存凭证及设质凭证的行为，与实际交付物品本身效力相同。（详见本法第573条及第575条注释）

第六百零七条 ［寄存凭证及设质凭证的可补发性］

寄存凭证及设质凭证灭失时，凭证持有人可以提供适当担保请求仓库营业人再次交付凭证。在此情形中，仓库营业人应将该事项记载于账簿。

本条是关于寄存凭证及设质凭证灭失时可补发的规定。依据本法第600条之规定，仓库营业人在向存货人交付寄存凭证及设质凭证后，应制作仓储证券备忘账簿，并依据第600条的规定于账目中记载各法定事项。其实，对仓库营业人课以该公法性义务，主要目的在于记载其所交付仓储证券的实际状况以备日后"不时之需"。本条所规定的寄存凭证及设质凭证灭失时，经特定程序后，凭证持有人可以请求仓库营业人再次交付凭证的情况，有赖于第600条所规定的仓储证券备忘账簿的证明作用。依据本条规定，当再次向原凭证持有人补发新的寄存凭证及设质凭证后，应将该事项记载于仓储证券备忘账簿。

第六百零八条 ［设质凭证的背书及成立］

首次在设质凭证上进行设质背书时，应记载债权额、利息及清偿期。

第一质权人非于寄存凭证上记载前款所列事项并署名，不得以该质权对抗第三人。

本条是关于设质凭证背书及其效力的规定。前已有述，未经设质背书的设质凭证并不具有独立的价值。依据本条第1款的规定，若当事人欲以仓储物出质时，存货人或同时持有二凭证的持有人应作为设质凭证的初始背书人，于凭证上记载债权额、利息及清偿期。经设质背书并将凭证交付质权人后，设质凭证方正式成为表征"凭证上记载之债权"，以及"担保该债权之仓储物上的质权"的有价证券；[1] 不过，根据本条第2款的规定，质权人须将第1款规定事项同时记载于寄存凭证并署名后，方能成为有效对抗第三人的质权。

第六百零九条 ［寄存凭证持有人的债务清偿义务］

寄存凭证持有人以仓储物为限对记载于寄存凭证上的债权额及利息负有清偿义务。

本条是关于寄存凭证持有人对寄存凭证上债务负有限清偿义务的规定。就债权债务关系而言，持有经背书之设质凭证的人，是寄存凭证上债权的债权人，而其所对应的债务人，在理论上理应是设质凭证的背书人。但事实上，设质背书人往往会将寄存凭证另行转让，而且，转让已设质背书的寄存凭证时，其转让金额通常是扣除债权额及其利息后的仓储物的剩余价额。因此，《日本商法典》于本条明确规定寄存凭证持有人为实际债务人。

在本条规定中，寄存凭证持有人"以仓储物为限"负清偿义务，是指寄存凭证持有人的清偿责任为有限责任，仓储物的实际价值为其清偿责任的最高限额。

---

［1］ 大隅健一郎：《商行为法》，青林书院新社1967年版，第186条。

第六百一十条［债务清偿场所］

对设质凭证持有人债权的清偿，应于仓库营业人的营业所进行。

本条是关于设质凭证持有人何处接受清偿的规定。如前条所述，寄存凭证持有人是设质凭证上债权的实际债务人，但是，由于两凭证作为有价证券，均可以以背书方式独立地进行转让，因此，通常凭证上的债权人及债务人互不相知。基于此特殊情况，《日本商法典》于本条明确规定，仓库营业人的营业所（Business Office）为设质凭证上债权的清偿场所。

第六百一十一条［拒绝证书的制作］

设质凭证的持有人至清偿期仍未受到清偿时，应依票据法相关规定制作拒绝证书。

本条是关于制作拒绝证书的规定。依据本条规定，至债权清偿期，设质凭证的持有人于法定清偿地点仓库营业人营业所仍未受到清偿时，其应按照票据法的相关规定制作拒绝证书（Protest），以保全自己的追索权（Recourse）[1]。

拒绝证书是有价证券持有人行使追索权时必备的公证性证明文件，其主要包括拒绝承兑证书和拒绝付款证书两类。日本专门

---

［1］追索权，日文原文为"溯求権"。从比较法上考察，追索权制度主要存在两种立法模式：一是一权模式。在此立法模式中，追索权为一种偿还请求权，允许持有人在清偿日期前进行追索。美、日、英、法现行法以及日内瓦统一汇票本票法等立法例采此模式。二是两权模式。通常认为追索权包含了担保请求权和偿还请求权两种权利，此模式不允许期前追索。德、日旧法曾持此种立法模式，此立法例今已少见。在比较法上，一权立法模式已成为追索权制度的首选模式，我国《票据法》也于第61条明确确立了该立法模式。

制定有《拒绝证书令》的单行法规，详细规定了拒绝证书为具有公证性的证书、票证持有人为申请主体，以及相关公证机关及执行机关为证书制作主体的内容。不过，目前在实务中现实流通的票据通常均明确记载有免除制作拒绝证书的文字，而且在实务中支票的拒绝支付声明也基本具有与拒绝证书相同的效果。因此，真正需要制作拒绝证书的情况并不常见，该《拒绝证书令》并不具有太多的现实意义。

第六百一十二条 [质权的实现]

设质凭证持有人在拒绝证书制作之日起经过一周，可以请求拍卖仓储物。

本条是关于设质凭证持有人实现质权的规定。依据本条之规定，当寄存凭证持有人未按照本法规定适时向设质凭证持有人即质权人进行清偿时，质权人可以通过向仓库营业人请求拍卖仓储物的方式，实现自己的质权。依据本条规定，质权人在请求拍卖仓储物之前，须制作有拒绝证书且须历时1周。

对此，日本商法学上学说认为，拒绝证书的制作仅为保全追索权的要件，并不是质权实现即请求拍卖程序的必备要件。换言之，当清偿期逾1周仍未受清偿时，即使未制作拒绝证书，亦不妨碍设质凭证持有人请求拍卖。[1]

---

[1] 石井照久：《商法Ⅱ》，劲草书房1964年版，第119页。

第六百一十三条 ［拍卖款的受偿顺位］

仓库营业人从拍卖款中扣除拍卖相关费用、仓储物应纳税款、仓储费等其他与保管相关的费用及垫付款后，应于收回设质凭证时将该余额交付设质凭证持有人。

自拍卖价款中扣除前款所列费用、税款、仓储费、垫付款、设质凭证持有人债权额、利息及拒绝证书制作费后尚有余额时，仓库营业人应于收回寄存凭证时将该余额交付寄存凭证持有人。

本条是关于仓储物拍卖款受偿顺位的规定。当仓储物拍卖后，各债权主体就拍卖款以何种顺位进行受偿，即由哪一方债权人优先受偿，是一个立法取向或立法政策的问题。通常，主要视所涉及社会关系在立法者的价值选择中的位置而定。从比较法角度考察，通过拍卖方式实现质权或抵押权时，拍卖费用及税款通常是最为优先受偿的权利。

根据本条规定，仓储物拍卖款的清偿顺序为拍卖费用、税款、仓储费用、垫付款、质权债权额及利息、拒绝证书制作费，若依上述顺序清偿后尚有余额，则由仓库营业人将该余额交付寄存凭证持有人。

第六百一十四条 ［设质凭证所载债权仅部分实现时的处理］

若拍卖款不足以全部清偿设质凭证所载债权时，仓库营业人应将已支付金额记载于设质凭证后返还该凭证，同时应将该事项记载于账簿。

本条是关于拍卖款不足以全部清偿质权时特殊处理的规定。依据本条规定，拍卖款仅能部分清偿设质凭证持有人债权时，为方便设质凭证持有人向凭证背书人行使偿还请求权，仓库营业人不得收回设质凭证。此时，仓库营业人有义务将已支付的金额记载于凭证，还应将该事项记载于第 600 条规定的仓储证券备忘账簿中，以备出现纷争或其他意外状况时证明之用。

第六百一十五条［追索权的行使］

设质凭证持有人应先就仓储物受偿。若受偿不足，可以请求设质凭证背书人支付该不足金额。

前款所规定之不足金额的请求，准用票据法第四十五条第一款、第三款、第五款、第六款第四十八条第一款、第四十九条及第五十条第一款的规定。

金额不足情形中，被请求方的营业所或住所所在地与请求方的营业所或住所所在地不同时，偿还金额的计算准用票据法第五十二条第三款的规定。

本条是关于设质凭证持有人行使追索权的规定。仓储物拍卖款仅能部分实现设质凭证所载债权时，就不足金额，设质凭证持有人可以向设质凭证背书人请求支付，就此角度而言，设质凭证的背书具有鲜明的担保效力。具体而言，根据本条第 2 款的准用性规定，设质凭证持有人可以按照票据法中规定的法定处理模式保障自己的权利，即其向背书人行使权利时，行使追索权的要件、偿还的金额、偿还的方式方法及偿还的效果等，均可准用票据法的相关规定。

第六百一十六条［追索权的丧失］

设质凭证持有人至清偿期仍未受清偿，若其未制作拒绝证书或者自拒绝证书制作之日起两周内未请求拍卖仓储物，丧失对背书人的请求权。

本条是关于设质凭证持有人追索权丧失的规定。当设质凭证持有人的债权至清偿期未受清偿时，其应根据本法第609条制作拒绝证书，以保全自己的追索权。依据本条规定，若设质凭证持有人未制作拒绝证书或者自拒绝证书制作之日起两周内未请求拍卖仓储物，则视为设质凭证持有人怠于完成追索权保全程序，并因此丧失对背书人的追索权。

第六百一十七条 [设质凭证持有人的权利时效]

设质凭证持有人对寄存凭证持有人的请求权，自清偿期开始之日起一年；对设质凭证背书人的请求权，自以仓储物进行清偿之日起六个月；对设质凭证背书人前手的请求权，自偿还之日起六个月，因时效消灭。

本条是关于设质凭证持有人权利时效的规定。就设质凭证持有人的权利，《日本商法典》于本条确立了短期消灭时效。即其对寄存凭证持有人的请求权自清偿期开始起1年，罹于时效；设质凭证持有人的债权就仓储物拍卖款受部分清偿后，对设质凭证背书人的追索权及对设质凭证背书人前手的再追索权，自受部分清偿之日起6个月，罹于时效。

第六百一十八条至第六百八十三条 【删除】

第三编　海商[1]

---

[1] 就海商法的性质,我国存在两种较为常见的观点:一种观点立足于航运业迅速发展的现状、日益重要的地位及逐渐形成的独具特色的法律体系,认为商事法应为独立的法律部门（司玉琢主编:《海商法》,法律出版社2003年版,第7页）;另一种观点着眼于学科的研究对象,认为海商法是国际经济法的分支部门（车丕照:《国际经济法概要》,清华大学出版社2003年版,第9页）。笔者认为,后一种观点较为合适,也更符合我国实际情况。按照国务院法学教育指导委员会对法学的分类标准,海商法学属于国际法学范畴,系国际经济法学的一个分支。基于此,本书仅对日本现行商法典的商法总则及商行为编做注释,本编部分在翻译条文基础上,仅对部分重要术语或易混淆之处简单注释。

第一章　船　舶

第一节　总　则

第六百八十四条 ［定义］

本法所称船舶，是指以实施商行为为目的供航海使用的船舶。

第六百八十五条 ［从属物推定等］

记载于船舶之船具目录上的物品，推定为船舶从属物。

船具目录的格式，由国土交通省令规定。

第二节　船　舶

第一分节　总　则

第六百八十六条 ［船舶登记等］

船舶所有人应依船舶法（明治32年法律第46号）规定，进行登记并申请领取船舶国籍证书。

前款规定不适用于总吨位不满二十吨的船舶。

第六百八十七条 ［船舶所有权转移的对抗要件］

船舶所有权的转移，非经登记并记载于船舶国籍证书，不得对抗第三人。

第六百八十八条［航海途中船舶所有权转让时损益的归属］

航海途中船舶所有权转让，则航海途中产生的损益归于受让人。

第六百八十九条［对航海途中船舶扣押等的限制］

对航行中船舶（不包括停泊中的船舶），不得执行扣押及临时扣押（基于临时扣押登记方法之事项除外）。

第六百九十条［船舶所有者的责任］

船长及其他船员在履行职务过程中因故意或过失造成他人损害时，船舶所有人应负赔偿责任。

第六百九十一条［社员[1]股权的出售请求］

执行人合公司[2]业务的社员转让所持份额，导致该人和公司拥有的船舶丧失日本国籍时，执行人合公司业务的其他社员，可以请求以合理的对价出售其所持份额。

第二分节　船舶共有

第六百九十二条［共有船舶的使用］

船舶共有人间，应按各共有人所持份额的价值过半数通过

---

〔1〕 社员（Member），日文为"社员"，类似于我国"出资人"。日本商法中，股份公司（日文"株式会社"）的出资人称为"株主（Shareholder）"，即我国公司法上"股东"；除股份公司外的各类型公司的出资人，通常均称为"社员（Member）"。

〔2〕 此处"人合公司"，即日语"持分公司（Membership Company）"，按日本公司法第575条规定，其包括"合名会社（General Partnership Company）""合资会社（Limited Partnership Company）"以及"合同会社（日本版LLC，即Limited Liability Company）"，分别类似我国的普通合伙、有限合伙以及有限责任公司。此人合公司，对应资合公司，日本商法上资合公司典型是"株式会社（Stock Company）"，即我国股份有限公司。

的方式，决定与船舶使用相关的事项。

第六百九十三条

　　船舶所有人按各自所持份额的价值，负担与船舶使用相关的费用。

第六百九十四条〔船舶共有人出售所持份额的请求权〕

　　船舶共有人决定下列事项之一时，对该决议存有异议者，可以请求其他共有人以适当价格购买其持有的权益份额。

　　I.进行新的航海（仅限船舶共有人之间事先未规划的航行）。

　　II.对船舶进行大修。

　　提出前款规定之请求者，应于形成前款决议之日起3日内（未参与该决定的，收到该决定之通知的次日），通知其他共有人、船舶管理人。

第六百九十五条〔船舶共有人对第三人的责任〕

　　船舶共有人按其所持份额的价值，对船舶使用所产生的债务负清偿责任。

第六百九十六条〔转让所持份额〕

　　即使船舶共有人之间存在合伙合同，各船舶共有人（不包括船舶管理人）也可不经其他船舶共有人同意，将其全部或部分所持份额转让给他人。

　　身为船舶管理人的船舶共有人，未经该船舶其他共有人一致同意，不得将其全部或部分所持份额转让他人。

第六百九十七条〔船舶管理人〕

　　船舶共有人，应选任船舶管理人。

非船舶共有人任船舶管理人时，应经船舶共有人一致同意。

船舶共有人在选任船舶管理人时，应进行登记；取消该管理人代理权时，亦同。

本法第9条规定，准用于前款规定之登记。

第六百九十八条［船舶管理人的代理权］

船舶管理人就船舶的利用，除下列行为外，有权代替船舶共有人实施一切裁判上或裁判外的行为：

Ⅰ. 出租船舶或者抵押船舶

Ⅱ. 船舶的投保

Ⅲ. 开辟新航线（限于船舶共有人间之前未计划之内容）

Ⅳ. 船舶大修

Ⅴ. 借债

对船舶管理人的代理权所加的限制，不能对抗善意第三人。

第六百九十九条［船舶管理人的义务］

船舶管理人应备置与职务相关的账簿，记载与船舶使用相关的一切事项。

每隔一定期间，船舶管理人应及时进行航海财务决算并请求船舶共有人承认。

第七百条［船舶共有人出售所持份额请求权等］

因船舶共有人转让所持份额或丧失国籍，致使船舶可能丧失日本国籍时，其他共有人可以请求以适当对价出售其所持份额或拍卖该份额。

第三节　船舶租赁

第七百零一条〔船舶租赁的对抗效力〕

经登记之船舶租赁,对此后取得该船舶物权者,亦有效。

第七百零二条〔船舶承租人的修缮义务〕

船舶承租人以实施商行为为目的将船舶用于航海时,在其接收船舶后所造成损伤,有义务进行必要的适航修缮。但是,如该损伤的产生应归咎于出租人之事由,不在此限。

第七百零三条〔船舶承租人的权利义务等〕

前条规定的船舶承租人,就该船舶使用相关事项,对第三人的权利义务与船舶所有人相同。

前款规定情形中,就船舶使用发生的优先权,对船舶所有人亦有效。但是,优先权人明知船舶承租人的使用方式违反其与船舶所有人间合同时,不在此限。

第四节　定期租船

第七百零四条〔定期租船合同[1]〕

当事人一方同意将经适航装备作业的船舶配备船员后,出租给对方使用一定时期,对方承诺为此支付租船费时,定期租船合同即告生效。

---

[1] Timecharter,又称期租船。

第七百零五条 ［船舶期租人的指示］
　　船舶期租人可以就航线的确定等船舶使用等必要事项，向船长发出指示。但启航前的检查等航行安全相关事项，不在此限。

第七百零六条 ［费用负担］
　　船舶的燃油、引航费、港务费及其他使用船舶相关通常费用，由船舶期租人承担。

第七百零七条 ［准用运输及船舶租赁的规定］
　　第572条、第739条第1款和第740条第1款与第3款规定，准用于在定期租船合同之船舶的货物运输；第703条第2款规定，准用于期租人使用船舶而产生的优先权。此情况下，第739条第1款中"启航时"应替换为"在每次启航时"。

第二章 船　长

第七百零八条［船长代理权］

　　在船籍港外，船长有权代替船舶所有人实施航海所必要的一切裁判上或裁判外行为。但下列两个事项除外：

　　Ⅰ. 抵押船舶。

　　Ⅱ. 借债。

　　对船长代理权所作限制，不得对抗善意第三人。

第七百零九条［选任船长之职务代行者］

　　船长因不得已之事由不能亲自指挥船舶时，除法律法规另有规定的情形外，可以选任他人执行自己的职务。此情形中，船长应就其选择事项对船舶所有人负责。

第七百一十条［备置船具目录］

　　船长应在船舶备置船具目录。

第七百一十一条［船长对船载货物的处分权］

　　在航海中，为船载货物利害关系人之利益徐处置货物时，船长应以最符合该货物利害关系人之利益的方式代其处分。

　　该利害关系人因前款规定之处分行为而承担与该货物相关的债务时，其可以将该货物委付于债权人而免除责任。但是，利害关系人存有过失时，不在此限。

第七百一十二条［为继续航行使用船载货物］

为继续航海，船长可在必要时将所运货物用于航海。

第576条第1款及第2款规定，准用于船舶所有人前款规定中应支付之赔偿金。此情况下，第576条第1款中的"交付"应替换为"卸货"。

第七百一十三条［船长责任］

海员在履行职务时，因故意或过失给他人造成损害，船长应承担损害赔偿责任。但是，船长能证明自己对海员并未怠于监督，不在此限。

第七百一十四条［船长的报告义务］

船长应及时将航海相关的重要事项报告船舶所有人。

第七百一十五条［船长的解职］

船舶所有人可以随时解除船长职务。

除解职有正当理由，前款规定中被解职的船长可以请求船舶所有人赔偿因解职而产生的损失。

船长为共有人时，如被解职违反其意愿，船长可以请求其他共有人以适当的对家购买其所持份额。

船长提出前款请求时，应及时通知其他共有人及船舶管理人。

第七百一十六条至第七百三十六条　【删除】

第三章　关于海上货运的特殊规定

第一节　单品运输

第七百三十七条［货物的装船等］

　　承运人基于单品运输合同（以单项物品为标的物的运输合同。本节中，下同）自托运人首领货物后，应及时将货物装船和装载。

　　托运人怠于将货物装船时，船长可以直接起航。此情形中，托运人仍应支付全额运费（承运人应扣除代而运输其他物品所得运输费）。

第七百三十八条［向船长交付必要的文件］

　　托运人应在装货期内向船长交付运输所需文件。

第七百三十九条［适航的注意义务］

　　因启航时为做好以下工作导致运输货物灭失、损坏或者迟延到达时，承运人应当承担损害赔偿责任。但是，承运人证明其当时该事项的处理未疏于注意时，不在此限。

　　I.使船舶处于适航状态。

　　II.妥当进行船舶的船员配备、船舶装备、补给工作。

　　III.将待运货物的货舱、冷藏室和其他装货场所置于适合接收、运输和保存待运货物的状态。

免除或减轻前款规定之承运人损害赔偿责任的特别约定，无效。

第七百四十条 ［违法船载货物的卸货等］

对于违反法律法规或单品运输合同而装船的运输货物，承运人可以随时卸货；若可能危及船舶或所运货物时，承运人可以将其丢弃。

若已运输前款规定的货物，承运人可以按照装船地及装船时同类运输货物的最高运费，请求支付运费。

前两款规定，不妨碍承运人及其他利害关系人向托运人请求损害赔偿。

第七百四十一条 ［收货人支付运费的义务等］

收货人收到货物后，有义务按照运输合同及提单内容，向承运人支付下列全部金额（本节，下称"运费等"）。

Ⅰ.运费、附随费用和垫付款

Ⅱ.按运输货物的价格，支付其在共同海损以及救助中应负担的总额

承运人收到运费等费用前，可以留置所运输货物。

第七百四十二条 ［运输货物的拍卖］

向收货人交付运输货物后，承运人也可以拍卖所运输货物以冲抵运费等款项。但是，第三方已占有该运输货物时，不在此限。

第七百四十三条 ［托运人启航前的解除合同］

启航前，托运人可以在支付全额运费后解除单品货物运输合同。但是，因解除货物运输合同给承运人造成的损失金额低于全部运输费用的，则赔偿该损失即可。

全部或部分货物已装船时，仅限已征得其他托运人及船舶承租人一致同意，方可适用前款的规定。此情况下，托运人应承担运输货物装卸所需费用。

第七百四十四条

依前条规定解除货物运输合同时，不免除托运人应支付承运人附随费用及垫付款的义务。

第七百四十五条［托运人启航后解除合同］

启航后，托运人除非经其他托运人、承租人一致同意，且支付运费等费用并赔偿因卸货而产生损失之总额，或提供相应担保，不得解除单品货物运输合同。

第七百四十六条［船载货物被用于航海时的运费］

船长按第712条第1款规定将运输货物用于航海时，承运人可以请求全额运费。

第七百四十七条［非航行船舶运输货物的准用］

本节的规定，准用于以商行为为目的在湖泊、港湾及其他海洋以外水域进行货物运输的船舶（小舟及其他仅以橹棹或主要以橹棹为主进行运行的舟除外；下称"非航海船"）。

第二节 航海租船

第七百四十八条［装运货物］

基于航海租船合同（以船舶整体或部分作为运输合同的标的。本节，下同），若已完成货物装载的必要准备，船长应及时通知船舶承租人。

规定有装船期间的航海租船合同中，未规定起始时间的，该期间应从前款规定的通知发出之日起计算。此情况下，因不可抗力导致不能装船的期间，不计入前款规定的装船期间。

船舶承租人在装船期间经过后进行装船的，无事先的特别约定，承运人也可以请求适当的船运滞期费。

第七百四十九条〔第三人装船〕

船长应从第三人处受领货物时，若不能确切知悉该第三人或该第三人未将货物装船时，船长应立即通知船舶承租人。

在此情形中，仅限装船期间内，船舶承租人可以装载货物。

第七百五十条〔承租人的启航请求〕

货物未被全部装船时，船舶承租人也可以请求船长启航。

船舶承租人提出前款请求时，除应向承运人全额支付运费外，还应支付因未全部装载货物而产生的费用，且应根据承运人请求提供支付该费用的相应担保。

第七百五十一条〔船长的启航权〕

已过装船期间时，船舶承租人即使尚未将货物全部装载，船长也可以立即起航。前条第2款的规定，准用于该情形。

第七百五十二条〔货物卸货〕

完成货物卸货的必要准备工作时，船长应立即向收货人发出通知。

规定有卸货期间的航海租船合同中，未规定起始时间的，该期间应从前款规定的通知发出之日起计算。此情形中，因不可抗力导致不能卸货的期间，不计入卸货期间。

收货人在卸货期间经过后进行卸货的，无事先的特别约定，承运人也可以请求适当的船运滞期费。

第七百五十三条［船舶承租人启航前解除包船合同］

启航前，签订包船合同（指租赁整船的船舶租赁合同。本节，下同）的承租人，支付全额运费以及船舶滞期费后，可以解除包船合同。但是，如解除包船合同给承运人造成的损失金额低于全额运费以及船舶滞期费，赔偿该损失即可。

全部或部分货物装船后，依据前款规定解除航海包船合同的，承租人负担该装船和卸船所需费用。

航海包船合同的承租人未在装船期间内将货物装船的，承运人可视其为已解除航海包船合同。

第七百五十四条［船舶承租人启航后解除包船合同］

启航后，除非支付第745条规定的全部费用以及滞期费，或提供相应担保，包船合同的承租人不得解除包船合同。

第七百五十五条［部分航海租船合同解除时的准用］

第743条、第745条和第753条第3款的规定，准用于以船舶的一部分作为标的之航海租船合同的解除。此情形中，第743条第1款中的"全额"应替换为"全额和滞期费"，第745条中的"总额"应替换为"总额和滞期费"。

第七百五十六条［单品运输合同相关规定的准用等］

第738条至第742条（不包括第739条第2款）、第744条、第746条和第747条的规定，准用于航海租船合同。此情形中，第741条第1款中的"金额"应替换为"金额和滞期费"，第744条中的"前条"应替换为"第753条第1款，或第755条中准用的前条"，第747条中的"本节"应视为"下一节"。

承运人依据前款中准用的第739条第1款规定,与他人达成的免除或减轻其损害赔偿责任的特别约定,不得对抗提单持有人。

第三节　海运提单等[1]

第七百五十七条〔海运提单的交付义务〕

承运人或船长应根据托运人或船舶承租人的请求,于货物装船后及时交付一份或数份记载已装船之内容的已装船提单(本节,下称"已装船提单")。在货物装船前,或接收货物后,应根据托运人或承租人的请求,交付一份或数份说明已接收货物的备运提单(以下称为"备运提单")。

在备运提单已交付的情况下,应提交全部备运提单,方可请求交付已装船提单。

---

〔1〕 日文商法上的"船荷証券",通常是指由海运承运人签发,用以证明已完成装船并作为提货依据的有价证券;属于装船文件的一种,甚至可以说是最为重要的装船文件(江头宪治郎:《商事交易法》(第3版),弘文堂2008年版,第338—339页);对于日文原文"船荷証券",我国商法学者通常翻译为"载货证券"(王书江、殷建平译:《日本商法典》,中国法制出版社2000年版,第195页)或"船运证券"(卞耀武主编、付黎旭、吴民译:《日本国商法》,法律出版社2000年版,第258页);其实,就定义而言,日文"船荷証券"与我国《海商法》第71条对"提单"的界定并无区别,根据该条规定,所谓提单是指"用以证明海上货物运输合同和货物已经由承运人接收或者装船,以及承运人保证据以交付货物的单证"。对比日语上述"船荷証券"定义可知,二者为同一制度;因此,将日文"船荷証券"翻译为提单,较为妥当,也更有利于对两国制度的比较研究。此外,日文"船荷証券"所对应的英译为"Bill of Lading",翻译为我国现有法律语境中的"海运提单",更为妥帖。需要说明的是,"海运提单"与本编第四节规定的"海运单(日语:海上運送状)"是法律性质完全不同的两种单据,"海运单"只具有收据和运输合同这两种性质,并非物权凭证。

前两款的规定，不适用于已实际交付海运单的货物。

第七百五十八条［提单中应说明的事项］

海运提单应当载明下列事项（备运提单中，第七、八项所列事项除外），承运人或者船长应当在海运提单上签字或记名签章。

I. 货物的种类

II. 货物的容积或重量及其包装、件数和货物标记

III. 从外部可辨识的货物状态

IV. 发货人或承租人的姓名或名称

V. 收货人的姓名或名称

VI. 承运人的姓名或名称

VII. 船舶的名称

VIII. 装货港以及装船的年月日

IX. 卸货港

X. 运费

XI. 制作有数份海运提单时，该具体份数

XII. 海运提单制作地及年月日

请求用备运提单交换已装船提单时，可以在备运提单上注明已装船之内容，并签名或记名签章，以代替制作已装船提单。该情况下，必须记载前款第七项以及第八项所列事项。

第七百五十九条［托运人或承租人的通知］

托运人或者承租人通过书面或者电子形式将前条第 1 款第 1 项、第 2 项所列事项进行通知时，应按该通知内容进行记载。

有正当理由确信前款通知之内容不准确，以及无法通过适当方法确认该通知内容是否准确时，不适用前款规定。航程结

束时，货物、容器或包装上的货物标记难以识别时，前款规定亦不适用。

因第1款通知内容不准确所造成的损害，托运人或者承租人应当对承运人承担损害赔偿责任。

第七百六十条 [海运提单的不实记载]

承运人不得以提单记载不实为由对抗善意提单持有人。

第七百六十一条 [货物的处分]

海运提单签发后，对所运货物的任何处分均应按提单进行。

第七百六十二条 [海运提单转让或质押]

记名提单，也可通过背书转让或质押；但时，若提单上注明禁止背书，不在此限。

第七百六十三条 [海运提单交付的效力]

向可以凭海运提单领受货物的人交付海运提单时，该交付行为与货物交付具有同样效力。

第七百六十四条 [交付货物的请求权]

海运提单签发后，应凭海运提单请求交付货物。

第七百六十五条 [签发数份海运提单时的货物交付]

在卸货港，数份海运提单中其中一份提单的持有人请求交付货物时，船长不得拒绝。

在卸货港之外，承运人除非收到全部海运提单，不得交付货物。

第七百六十六条

海运提单持有人有两名以上，其中一名先于其他持有人自承运人处受领货物时，其他持有人所持海运提单丧失效力。

第七百六十七条［两名以上的海运提单持有人请求交付时的提存］

　　两名以上的海运提单持有人请求交付货物时，承运人可以提存该货物。承运人根据第765条第1款规定交付部分货物后，其他海运提单持有人请求交付运输货物时，对该剩余部分货物，亦同。

　　承运人根据前款规定提存货物时，应立即将该事宜通知各海运提单持有人。

　　第1款规定的情形下，最先发送或交付海运提单的持有人应优先于其他持有人。

第七百六十八条［海运提单签发的特别规则］

　　所签发海运提单适用前编第8章第2节规定时，第580条中的"托运人"应替换为"海运提单持有人"；第581条、第582条第2款和第587条但书的规定，不适用。

第七百六十九条［联运海运提单］

　　依一份合同同时承接陆路运输和海上运输时，承运人或者船长应当在货物装船后，根据托运人请求，及时交付一份或者多份记载货物已经装船之内容的联运海运提单。在货物装船前，或接收后，也应根据托运人的请求，交付一份或多份记载已收到货物之内容的联运海运提单。

　　第757条第2款以及第758条至前条的规定，准用于联运海运提单。此情形中，第758条第1款中，"（……除外）"应替换为"（……除外）及发货地与收货地"。

第四节　海运单[1]

第七百七十条

　　货物装船后，应托运人或承租人的请求，承运人或船长应立即交付记载货物已装船之内容的海运单。在货物装船前、或接收后，也应依托运人或承租人的请求，交付记载已收到货物之内容的海运单。

　　海运单上应记载下列事项：

　　I. 第758条第1款各项（第11项除外）所列事项（记载有已收到货物之内容的海运单，该款第7项、第8项所列事项除外）

　　II. 制作有数份海运单时，该具体份数

　　第1款中的承运人或船长，可以根据法务省令的规定，经托运人或承租人的同意，以电磁方式提供海运单上载明的事项，代替交付海运单。此情形，应视为该承运人或船长已交付海运单。

　　在关于货物的海运提单交付时，前三款的规定不适用。

第七百七十一条至第七百八十七条　【删除】

---

〔1〕　前已备注，"海运单（日语：海上運送状）"与"海运提单"，是法律性质完全不同的两种单据，"海运单"不具有物权凭证的性质。

第四章　船舶碰撞

第七百八十八条［船舶所有人间的责任承担］

　　船舶与其他船舶发生碰撞（下称"船舶碰撞"）事故时，碰撞的任意一方船舶的船舶所有人或海员有过失时，法院应考量该过失的严重程度，确定各船舶所有人因该碰撞应承担的损害赔偿责任及其赔偿额。此情形中，如不能确定过失轻重程度，则损害赔偿责任及其赔偿额，由各船舶所有人按同等比例承担。

第七百八十九条［船舶碰撞损害赔偿请求权的消灭时效］

　　因船舶碰撞而产生的侵权损害赔偿请求权（限于因财产权被侵害而产生），自侵权行为发生时起两年内未行使的，因时效而消灭。

第七百九十条［准碰撞］

　　前两条的规定，准用于船舶因航行或操作相关行为或违反船舶相关法律法规的行为而明显接近另一船舶，并对另一船舶或另一船舶上的人员或物体造成损害的事故。

第七百九十一条［非航海船碰撞等的准用］

　　前三条规定，准用于船舶与非航海船间的事故。

第五章　海难救助

第七百九十二条［请求支付救助费等］
　　遭遇海难时，对船舶、船载货物及其他船舶内物品（下称"船载货物等"）的全部或部分，实施救助的人员（下称"救助人"）即使非基于合同而实施救助时，也可以对该救助结果请求支付救助费。
　　船舶所有人及船长有权代表船载货物等的所有人，签订救助相关合同。

第七百九十三条［救助费的金额］
　　对救助费未进行特别约定，就救助金额发生争议时，法院可以根据危险程度、救助结果、救助所需劳力及费用（包括为防止或减轻海洋污染所做努力）等其他关联事项进行确定。

第七百九十四条［救助费增减的请求］
　　以合同形式约定了遭遇海难时的救助费，若该金额明显不当时，当事人可以请求增加或减少该金额。在此情形中，准用前条规定。

第七百九十五条［救助费的上限］
　　无特别约定时，救助费金额不得超过被救助物（包含被救助物的运费）的总价值。

第七百九十六条［救助费的分配比例等］

数人共同实施救助时，各救助人应得救助费比例，准用第793条的规定。

第792条第1款规定的情形，实施救人者，亦可按照前款的规定请求支付救助费。

第七百九十七条

因救助所获得救助费，三分之二支付给船舶所有人，并应支付三分之一给船员。

违反前款规定而对船员不利的特别约定，视为无效。

尽管有前两项的规定，救助费的分配比例仍明显不当时，船舶所有者或船员中的一方，可以向其他一方请求增减。此时，准用第793条的规定。

应支付给各船员的救助费比例，由实施救助的船舶所有人决定。此情形中，准用前条的规定。

救助人是以救助为业者的情况，不局限于前四款规定，仍应向该救助人支付全额救助费。

第七百九十八条［救助费分配比例方案］

船舶所有人按前条第四款规定，决定所得救助费的比例时，应在航行结束前制定方案并向海员公布。

第七百九十九条

船员可以对前条的方案提出异议。此情形中，应在该方案公布后，向可以提出异议的最先到达之港口海事机关提出。

前款规定之异议理由成立的，海事机关可以变更方案。

海事机关未就依据第1款规定提出之异议作出决定之前，船舶所有者不得向船员支付救助费。

第八百条

船舶所有人怠于制作第798条规定的方案时,海事机关可以根据海员请求,命令船舶所有人制作方案。

船舶所有人不服从前款规定之命令时,海事机关可自行依据第797条第4款之规定作出决定。

第八百零一条 [不得请求救助费的情形]

在下列情形中,救助人不得请求救助费:

I. 其故意引发海难的。

II. 被救助方以正当理由拒绝救助,其仍实施救助的。

第八百零二条 [对船载货物等的优先权]

拥有救助费相关债权者,对被救助的船载货物等享有优先权。

前款规定的优先权,准用第843条第2款、第844条以及第846条的规定。

第八百零三条 [船长支付救助费等的权限]

对于救助费的支付,被救助船舶的船长有代替债务人实施一切诉讼上或诉讼外行为的权限。

有关救助费的诉讼中,被救助船舶的船长可为救助费的债务人,自为原告或被告。

前两款规定,准用于实施救助之船舶的船长。在此情形下,上述规定中的"债务人"应替换为"债权人(限该船舶的船舶所有人以及海员)"。

前三款规定,不适用于基于合同而实施的救助。

第八百零四条 [船载货物所有人的责任]

当货物等全部或部分获救时,该货物所有人应承担与救助费用有关的债务。

第八百零五条［特别补偿费］

遭遇海难的船舶排放的油类或者其他物质导致海洋污染，该污染在大范围沿岸海域对海洋环境的保护造成严重的妨害，或对人的健康造成危害，或者可能造成此类障害的情形，实施该船舶救助的人员采取措施防止或减轻该障害时，除有特殊约定，该人（本条，下称"污染处理船舶救助人"）可以请求船舶所有人支付特别补偿费。

特别补偿费的金额，应与实施前款规定中必要或有益的措施所产生的费用相当。

污染处理船舶救助人，通过该措施防止或减轻了第1款规定的障害时，特别补偿费由法院根据当事人的请求决定，酌定范围在前款规定费用相当金额之上，且不高于该金额与其乘30%所得金额（该金额与防止或减轻该障碍的结果相比明显较少，或有其他特殊事由时，乘100%）之和。在此情形下，准用第793条的规定

污染处理船舶救助人，因同一海难而享有与救助费相关的债权时，特别补偿费总额为扣除该救助费总额的金额。

因污染处理船舶救助人的过失而无法防止或减轻第1款规定的障害时，法院可以酌情决定特别补偿费的金额。

第八百零六条［与救助费相关的债权等的消灭时效］

救助费或特别补偿费相关债权，救助工作结束之日起2年不行使，罹于时效。

第八百零七条［非航海船救助的准用］

本章规定，准用于救助非航海船和非航海船内的货物等其他物品的情形。

第六章　共同海损

第八百零八条［共同海损的成立］

　　为避免船舶及所运输货物同时遭受危险而处分船舶或船载货物时，因该处分（下称"避免共同风险的处分"）产生的损害和费用，为共同海损。

　　当前款的规定的危险系因过失引发时，该款之规定不妨碍利害关系人向过失主体行使求偿权。

第八百零九条［共同海损的损失及费用］

　　共同海损的损失金额，根据以下各项所列分类及所定金额分别确定。但是，第2项和第4项规定的金额，应扣除因货物灭失或损坏而无须支付之相关费用的金额。

　　I. 船舶：到达地该船舶的时价
　　II. 货物：卸货地该货物的时价
　　III. 货物以外的船舶内物品：到达地该物品的时价
　　IV. 运输费：卸货地可请求之运输费的时价

　　海运提单及其他足以评估船载货物价值的文件（下称"价格评估文件"）上，所记载价格低于货物实际价值时，对船载货物造成的损失额，按该记载价格确定。若价格评估文件中对影响货物价格的事项作虚假陈述，且因此而导致评估价格低于货物实际价格，亦同。

以下所列损害或费用，无须利害关系人分担。

I. 下列物品遭受的损失。但是，以下情形除外：（3）中所列物品符合第577条第2款第1项规定之情形、（4）中所列物品存在装载于甲板的商业习惯。

（1）未经船舶所有人同意私自装船的货物

（2）装船时故意作虚假申报的货物

（3）本为高价值货物，托运人或承租人委托运输时，未确切告知其种类及价格的物品

（4）甲板上的货物

（5）未记载在船具目录中的船具

II. 特别补偿费

第八百一十条［共同海损的分摊值］

以下各项所列人员（船员及旅客除外），按各项规定之金额分担共同海损。

I. 船舶利害关系人：到达地该船舶的时价

II. 货物的利害关系人：从以下（1）中金额扣除（2）中金额

（1）卸货地该货物的时价

（2）实施避免共同风险的处分时，如（1）中规定的所有货物全部灭失，则该货物的利害关系人无须支付之运费及其他费用的总金额

III. 货物以外的船舶内物品（船舶所配备的武器除外）的利害关系人：卸货地该物品的时价

IV. 承运人：从以下（1）中金额扣除（2）中金额

（1）第二项（2）所规定的运费中，卸货时卸货地现存的债权金额

（2）船员工资及其他航海所需费用（不包括共同海损费用）中，实施避免共同风险的处分时，船舶和第二项（1）中所规定的所有货物灭失时，承运人无须支付的金额

实施避免共同风险的处分后，到达或卸货前，为该船舶或货物等实施必要或有益措施而支出费用时，前款第1项至第3项规定的金额应为除去该费用（共同海损的费用除外）的金额。

第1款规定的利害关系人，因避免共同风险的处分而遭受财产损失时，该款各项规定的数额应为已加算损失金额［如已就该财产支付了前款规定的必要或有益之费用，则应以超过其费用(仅限共同海损的费用)的部分为限］之总额。

价格评估文件中标明的价格，超过货物实际价值时，货物的利害关系人应当按照价格评估文件中标明的价值比例，分摊共同海损。价格评估文件中对影响货物价格的相关事项，作虚假记载，且评估的价格因此超过货物的实际价值时，亦同。

第八百一十一条［应分摊共同海损者的责任］
依前条规定应分摊共同海损者，仅以船舶到达（对于该条第1款第2项和第4项所列主体，为货物卸货）时现存价值为限承担责任。

第八百一十二条［基于共同海损分摊的债权失效规定］
基于共同海损分摊的债权，自计算完成后一年内未行使的，因时效而消灭。

第八百一十三条至第八百一十四条　【删除】

第七章　海上保险

第八百一十五条［定义等］

　　本章所称的"海上保险合同",是指保险人(限以承保业务进行营业者。本章,下同)承诺补偿基于航海相关事故产生之损失的损害保险合同。

　　除本章另有规定,海上保险合同适用保险法(平成20法律第56号)第2章第1至4节和第6节以及第5章的规定。

第八百一十六条［保险人的补偿责任］

　　除本章或保险合同另有规定,对于保险标的在保险期间内因航海事故发生的一切损失,保险人均应负补偿责任。

第八百一十七条

　　被保险人因海难救助或者共同海损分摊而应支付的金额,保险人负补偿责任。

　　保险法第19条规定,准用于前款规定之金额。此情形中,该条中的"补偿性损害赔偿金额"应替换为"商法典(明治32年法律第48号)第817条第1款规定之金额"。

第八百一十八条［船舶保险的保险价值］

　　以船舶为保险标的之海上保险合同(本章,下称"船舶保险合同"),保险价值为该船舶在保险期开始时的价值。

第八百一十九条 ［货物保险的保险价值］

以货物为保险标的之海上保险合同（本章，下称"货物保险合同"），保险价值为该货物在装船地当时的价值、运费及保险相关费用的总和。

第八百二十条 ［告知义务］

在订立海上保险合同时，投保人或者被保险人应就可能触发海上保险合同理赔之损害相关重要事项（下称"风险"）进行提示。

第八百二十一条 ［签订合同时应交付的书面记载事项］

保险人订立海上保险合同时，在保险法第6条第1款规定的文件中，应载明该款各项所列内容，并应当记载下列各项规定之事项：

I. 签订船舶保险合同时：船舶名称、国籍、种类、船舶质量、总吨位、建造年份以及航行区域（签订单航次船舶保险合同时，应注明出发港和目的港＜如规定有停靠港，应包括该港＞），及船舶所有人的姓名或名称。

II. 签订货物保险合同时：船舶的名称、货物的发货地、装货港、卸货港以及收货地。

第八百二十二条 ［航海变更］

保险期间开始前，航海变更的，保险合同丧失效力。

保险期间开始后，航海变更的，保险人对变更后发生的事故不承担赔偿责任。但该变更不可归责于投保人或被保险人的，不在此限。

变更目的港且已实际实施时，即使尚未离开保险航线，亦视为航海变更。

第八百二十三条［风险显著增加］

下列情形中，在该事实出现后发生之事故造成的任何损失，保险人不承担赔偿责任。但如该事实对该事故的发生无影响，或者该事故是由不可归责于投保人或被保险人的原因造成的，不在此限。

I. 被保险人贻误启航或继续航行时

II. 被保险人变更航线时

III. 除前两款所列内容外，投保人或被保险人使风险显著增加时

第八百二十四条［船舶变更］

已变更货物保险合同中船舶时，保险人对变更后发生的事故所产生的损害不负赔偿责任。但该变更因不应归责于投保人或被保险人之事由时，不在此限。

第八百二十五条［预约保险］

货物保险合同中，规定有保险期限、保险金额、保险标的、约定的保险价值、保险费或其支付方式、船舶名称、货物的发货地、装货港、卸货港或者货物到达地（本条，下称"保险期间等"）的决定方法时，则无须于保险法第6条第1款规定的文件记载保险期限等。

前款规定情形中，投保人或被保险人知悉保险期间等已确定时，应立即通知保险人该内容。

因投保人或被保险人故意或重大过失导致未能及时进行前款通知时，货物保险合同失效。

第八百二十六条［保险人免责］

保险人不承担下列损失的赔偿责任。但是，第4项所列损

失，投保人、被保险人证明其启航时对该项所规定之事项未疏于注意时，不在此限。

　　I.因保险标的物自身的性质、瑕疵、常规损耗所产生的损失

　　II.因投保人、被保险人故意或重大过失（责任保险合同中为"故意"）导致的损失

　　III.战争及其他暴乱造成的损失

　　IV.船舶保险合同中，启航时因缺少第739条第1款各项（包括准用第707条及第756条第1款的情形）所列事项而产生的损失

　　V.货物保险合同中，因货物包装不完整而产生的损失

第八百二十七条［货物损坏等情形的赔偿责任］

　　作为保险标的之货物，在到达目的地时损坏或者部分灭失时，对于第1项占第2项的比例乘以保险价格（有约定保险价格时，即该约定保险价格）所得金额，保险人负赔偿责任。

　　I.该货物未损坏或未部分灭失时的价格中，减去损坏或部分灭失后该货物的价格所得金额

　　II.该货物未损坏或未部分丢失时的价格

第八百二十八条［因不可抗力销售货物时的赔偿责任］

　　航海中，因不可抗力将作为保险标的物的货物出售时，对于下述第1项扣除第2项所得之差额，保险人负赔偿责任。

　　I.保险价格（约定保险价格时，即该约定保险价格）

　　II.从该货物出售所得的价款中扣除运输费及其他费用的金额

第八百二十九条［基于违反通知义务的解除］

　　投保人或被保险人因故意或重大过失，未告知或不实告知危险相关重要事项时，保险人可以解除海上保险合同。此时准用保险法第28条第2款（仅限第1项涉及部分）、第4款以及第31条第2款（仅限第1项涉及部分）之规定。

第八百三十条［相互保险的准用］

　　本章的规定准用于相互保险。但是，基于其性质不能适用的，不在此限。

第八百三十一条至第八百四十一条　【删除】

第八章　船舶优先权与船舶抵押权

第八百四十二条［船舶的优先权］

持有下列债权者，对船舶及其船具享有优先权：

Ⅰ.船舶航行直接关系人的生命或身体受到侵害所产生的损害赔偿请求权

Ⅱ.救助费相关债权及属于船舶应承担的基于分担共同海损而产生的债权

Ⅲ.基于国税征收法（1959年法律第147号）或者国税征收例可以行使的征收请求权，产生的船舶入港、港湾使用及其他与船舶航海相关的费用、领航费或拖船费相关的债权。

Ⅳ.为继续航海而产生的必要债权

Ⅴ.船长及其他船员基于雇佣合同享有的债权

第八百四十三条［船舶优先权的顺位］

前条各项所列债权有关的优先权（以下简称"船舶优先权"）互相竞合时，优先权的顺位遵照该条各项所列顺序。但是，该条第2项所列债权（仅限于救助费相关费用）相关的船舶优先权在发生时，优先于其他已经发生的船舶优先特权。

同一顺位的优先权人存在数人时，按其债权额的比例受偿。但是，前条第2项至第4项所列债权中，同一顺位的船舶优先权未同时产生时，后发生的船舶优先权优先于先发生的船舶优先权。

第八百四十四条［船舶优先权与其他优先权的竞合］
　　船舶优先权于其他优先权竞合时，船舶优先权优先于其他的优先权。

第八百四十五条［船舶优先权与船舶的受让人］
　　船舶所有人转让其船舶时，受让人在进行转让登记后，应公告提示船舶优先权人于一定期间内申报其债权。该公告期间，不得少于一个月。
　　船舶优先权人未于前款规定的期间内申报债权的，其船舶优先权消灭。

第八百四十六条［船舶优先权的消灭］
　　船舶优先权自产生之日起满一年不行使，权利消灭。

第八百四十七条［船舶抵押权］
　　已登记的船舶，可以作为抵押权标的。
　　船舶抵押权及于其船具。
　　船舶抵押权准用不动产抵押权相关规定。在此情形中，民法典第384条第1款中的"行使抵押权未进行拍卖申请时"，可替换为"行使抵押权的拍卖申请未通知第三取得人、未对第三取得人所提出的报价作出承诺通知，或者债权人虽作出该通知但在能够提出拍卖申请之期间经过一周但未提出该申请时"

第八百四十八条［船舶抵押权与船舶优先权等的竞合］
　　船舶抵押权和船舶优先权竞合时，船舶优先权优先于船舶抵押权。

船舶抵押权和优先权（船舶优先权除外）竞合时，船舶抵押权与民法第330条第1款规定的第一顺位优先权同顺位。

第八百四十九条［质权设定的禁止］

已登记的船舶，不得作为质权标的。

第八百五十条［建造中船舶的准用］

本章规定，准用于建造中的船舶。

附 录

日本商法典

（全条文）

公布：明治32年（1899年）3月9日
施行：明治32年（1899年）6月16日

朕批准帝国议会通过的商法修正案，兹于颁布。

商法条文如另册。

明治23年（1890年）法律第三十二号颁行之商法，除第三编外，自本法施行之日起废止。[1]

目　录

第一编　总　则

第一章　通则
第二章　商人
第三章　商业登记
第四章　商号

---

〔1〕 现行日本商法典自1899年颁行以来，百余年中共经历了近50次修改，修改内容多集中于原第二编公司法部分。

第五章　商业账簿　　　　　　　第七章　代理商

第六章　商业雇员

第二编　商行为

第一章　总则　　　　　　　　　第八章　运输营业

第二章　买卖　　　　　　　　　　第一节　总则

第三章　往来账　　　　　　　　　第二节　货运

第四章　隐名合伙　　　　　　　　第三节　客运

第五章　居间营业　　　　　　　第九章　保管

第六章　行纪营业　　　　　　　　第一节　总则

第七章　货运行纪营业　　　　　　第二节　仓储营业

第三编　海商

第一章　船舶　　　　　　　　　　第二节　航海租船

　第一节　总则　　　　　　　　　第三节　海运提单等

　第二节　船舶　　　　　　　　　第四节　海运单

　　第一分节　总则　　　　　　第四章　船舶碰撞

　　第二分节　船舶共有　　　　第五章　海难救助

　第三节　船舶租赁　　　　　　第六章　共同海损

　第四节　定期租船　　　　　　第七章　海上保险

第二章　船长　　　　　　　　　第八章　船舶优先权与船舶

第三章　关于海上货运的特殊　　　　　　抵押权

　　　　规定

　第一节　单品运输

第一编 总 则

第一章 通 则

第一条［宗旨等］ 商人的营业、商行为以及其他商事活动，除法律法规有特别规定，均适用本法规定。

关于商事活动，本法中未规定的事项遵照商习惯；无商习惯的，适用民法（明治29年法律第89号）规定。

第二条［公法人的商行为］ 公法人所为商行为，除法律法规另有规定外，适用本法规定。

第三条［单方商行为］ 当事人一方行为构成商行为的，本法适用于当事人双方。

当事人一方为两人以上时，其中一人行为构成商行为的，本法适用于其所有成员。

第二章 商 人

第四条［定义］ 本法中"商人"，是指以自己的名义从事商行为并以此为业者。

利用店铺及其他类似设施销售物品并以此为业者或者不以实施商行为为业的经营矿业者，亦视为商人。

第五条［未成年人登记］ 未成年人进行前条之营业时，必须办理登记。

第六条〔监护人登记〕 监护人为被监护人从事第四条规定之营业时，必须办理登记。

对监护人之代理权的限制，不能对抗善意第三人。

第七条〔小商人〕 第五条、第六条、第三章、第十一条第二款、第十五条第二款、第十七条第二款前段、第五章以及第二十六条之规定，不适用于小商人（商人中，法务省令中规定的其营业中所使用的财产价值总额不超过法务省相关省令所规定之金额者）。

第三章　商业登记

第八条〔通则〕 本编所规定之应登记事项，通过当事人的申请，依商业登记法（昭和三十八年法律第一百二十五号）规定登记于商业登记簿。

第九条〔登记的效力〕 本编所规定之应登记事项，未经登记不能对抗善意第三人。即使已做登记，当第三人因正当事由而未能知悉登记事项时，登记同样不具对抗效力。

故意或过失登记不实事项者，不能以此事项乃不实事项为由对抗善意第三人。

第十条〔变更登记与注销登记〕 依本编规定，登记之事项发生变更或该事项已消失时，当事人应立即办理变更登记或注销登记。

第四章　商　号

第十一条〔商号的选定〕 商人（公司及外国公司除外，下同），可以以其姓、全名或其他名称为商号。

商人可以办理商号登记。

第十二条［易误认名称等的禁用］　任何人均不得以不正当目的使用可能使人误认为是其他商人的名称或商号。

商人的营业上利益，因他人使用违反前款规定的名称或商号而受到侵害或者存在侵害可能时，商人可以请求侵害或可能侵害其营业上利益者停止或防止侵害。

第十三条［罚款］　违反前条第一款之规定者，处一百万日元以下的罚款。

第十四条［商人授权他人使用自己商号时的责任］　商人授权他人使用自己的商号从事营业或事业，第三人误以为是该商人的营业而与被授权人交易时，就该交易所生债务，该商人与该被授权人负连带清偿责任。

第十五条［商号转让］　商人的商号，仅限于与营业一起或者废止营业时可以转让。

前款规定之商号转让，非经登记不能对抗第三人。

第十六条［营业转让的竞业禁止］　当事人若无特别的意思表示，转让营业的商人（本章中，以下称"转让人"），自营业转让之日起二十年期间内，不得同一县乡村［东京都存在特别区的区域以及地方自治法（昭和二十二年法律第六十七号）第二百五十二条之十九第一款所指定的城市中，为区，下同］或者与其相邻的县乡村区域内从事同一营业。

转让人作出不进行同一营业的特别约定时，自营业转让之日起三十年期间内，该特别约定有效。

转让人不得无视前两款之规定，以不正当竞争的目的从事同一营业。

第十七条［受让人继续使用转让人商号的责任］　受让营业的商人（本章中，以下称"受让人"）继续使用转让人商号时，对转让人营业所生债务负清偿责任。

营业转让后，若受让人及时办理了不对转让人债务负清偿责任的登记，则前款规定不适用。营业转让后，受让人及转让人及时将上述登记事项通知第三人时，对于收到该通知的第三人，前款规定亦不适用。

受让人按照第一款规定对转让人的债务负清偿责任的情形，若债权人于营业转让之日起两年内未进行请求或请求预告,则该期间结束时转让人的责任消灭。

受让人继续使用转让人商号,转让人营业上所生债权之债务人向受让人进行清偿时,若该债务人善意且无重大过失,则其清偿行为有效。

第十八条 [受让人的债务承担] 受让人未继续使用转让人的商号,但其作出承担转让人营业上债务的启事时,转让人的债权人,可以向该受让人提出清偿债务的请求。

受让人按照前款规定对转让人的债务负清偿责任的情形,若债权人于前款启事公告之日起两年内未进行请求或请求预告,则该期间结束时转让人的责任消灭。

第五章 商 业 账 簿

第十九条 [商业账簿] 商人的会计行为,应遵循普遍认可的公正妥当的会计惯例。

对于营业上所使用的财产,商人必须根据法务省的规定制作适时、准确的商业账簿(会计账簿以及资产负债表;本条中,下同)。

自账簿封账时起,商人必须将其商业账簿以及与其营业相关的重要资料保存十年。

法院可以应申请或者依职权命令诉讼当事人提交全部或部分商业账簿。

第六章 商 业 雇 员

第二十条 [经理] 在营业所,商人可以选任经理进行营业。

第二十一条 [经理的代理权] 经理有权代替商人实施一切与其营业相关的裁判上或裁判外行为。

经理可以选任或解聘其他雇员。

对经理代理权的限制，不能对抗善意第三人。

第二十二条 [经理的登记] 商人选任经理时，必须进行登记。经理代理权消灭时，亦同。

第二十三条 [经理的义务] 未经商人准许，经理不得实施以下行为：

Ⅰ.自营业

Ⅱ.为自己或他人进行与该商人的营业属于同一部类的交易

Ⅲ.成为其他商人、公司或外国公司的雇员

Ⅳ.成为公司的董事、执行官或者执行业务的社员

经理违反前款规定实施前款第Ⅱ项所规定之行为时，经理本人或第三人因该行为所得利益的金额推定为商人所遭受损失的金额。

第二十四条 [表见经理] 被商人冠以营业所营业主管之类名称的雇员，视为其有权实施与该营业所营业相关的一切裁判上或裁判外行为。但对方基于恶意时，不在此限。

第二十五条 [被委任处理某类或者特定事项的雇员] 被委任处理与商人营业相关的某类或者特定事项的雇员，有权实施与该事项相关的一切裁判外行为。

对前款雇员代理权的限制，不能对抗善意第三人。

第二十六条 [以出售物品等为目的之店铺的雇员] 以出售物品等（指出售、出租等与此类似的行为，本条中下同）为目的之店铺的雇员，视为其有权对该店铺中的物品实施出售等行为。但对方基于恶意时，不在此限。

第七章　代　理　商

第二十七条 [通知义务] 代理商（指经常性地为商人就其营业部类的交易从事交易代理或媒介的非从属于该商人的人，下同）从事交易代理

或媒介时，必须及时向商人通知该事项。

第二十八条［代理商的竞业禁止］ 未经商人准许，代理商不得实施以下行为：

Ⅰ.为自己或他人进行与该商人的营业属于同一部类的交易。

Ⅱ.成为与该商人经营同种类营业之公司的董事、执行官或者执行业务的社员。

代理商违反前款规定实施前款第一项所规定之行为时，代理商或第三人因该行为所得利益的金额推定为商人所遭受损失的金额。

第二十九条［接收通知的权限］ 被委托出售物品或其媒介的代理商，有权接收第五百二十六条第二款规定的通知以及其他与买卖相关的通知。

第三十条［合同的解除］ 商人与代理商之间未约定合同期间时，可以提前两个月发出预告解除双方间的合同。

当存在不得已事由时，商人及代理商可以不受前款规定的约束随时解除合同。

第三十一条［代理商的留置权］ 代理商从事交易代理或媒介所生债权的清偿期到来时，在该债权得到清偿以前，可以留置其为商人占有的物或有价证券。但当事人间有特别意思表示时，不在此限。

第三十二条至第五百条　【删除】

第二编　商行为

第一章　总　则

第五百零一条［绝对性商行为］ 下列行为，为商行为：

Ⅰ.以获利转让的意思，有偿取得动产、不动产或有价证券的行为或者以转让取得物为目的的行为

Ⅱ.缔结自他人处取得动产或有价证券的供给合同以及为履行该合同而实施的以有偿取得为目的的行为

Ⅲ.交易所中的交易行为

Ⅳ.有关票据及其他商业证券的行为

第五百零二条［营业性商行为］ 下列行为，被作为营业实施时为商行为。但专以取得工资报酬为目的制造物品或者从事劳务的行为，不在此限。

Ⅰ.以出租的意思，有偿取得或承租动产、不动产或者以出租其取得或承租物为目的的行为

Ⅱ.为他人实施制造或加工的行为

Ⅲ.供电或供气行为

Ⅳ.运输行为

Ⅴ.工程或劳务承包

Ⅵ.出版、印刷或摄影行为

Ⅶ.以招徕顾客为目的的服务业经营场所中进行的设施利用交易

Ⅷ.兑换及其他银行交易

Ⅸ.保险

Ⅹ.保管行为

Ⅺ.居间或行纪行为

Ⅻ.商行为代理

ⅩⅢ.信托行为

第五百零三条〔附属性商行为〕 商人为其营业所实施的行为为商行为。

商人的行为，推定为为其营业实施的行为。

第五百零四条〔商行为的代理〕 商行为的代理人未表明为委托人本人实施代理行为时，其行为亦对本人发生效力。但对方不知代理人为本人从事代理之事项时，其亦可向代理人请求履行。

第五百零五条〔商行为的委任〕 商行为的受委任人，在不违反委任本意的范围内，可以实施未被授权的行为。

第五百零六条〔商行为委任代理权消灭事由的特例〕 商行为的委任代理权，不因本人的死亡而消灭。

第五百零七条 【删除】

第五百零八条〔身处两地之商人间的合同要约〕 身处两地之商人间发出未规定承诺期间的合同要约时，若受要约人在适当期间内未作出承诺通知，则该要约失效。

民法第五百二十四条的规定，准用于前款规定的情形。

第五百零九条〔合同受要约人承诺与否的通知义务〕 商人收到与其存在经常性交易关系的交易方所提出的属于其营业部类的合同要约时，必须及时发出对合同要约承诺与否的通知。

商人怠于发出前款规定之通知时，视为该商人承诺前款之要约。

第五百一十条〔受要约人的物品保管义务〕 商人收到属于其营业部类的合同要约且同时接收到物品时，即使拒绝该要约，也必须以要约人的费用保管该物品。但该物品的价额不足以支付保管费用或者商人会因保管该物品遭受损失的情形，不在此限。

第五百一十一条［数名当事人间的债务连带］ 数人中一人或全部人员的行为构成商行为，且因此产生债务负担时，每人均对该债务负连带责任。

存在保证人时，若该债务产生于主债务人的商行为或者保证为商行为，则即使主债务人及保证人以各自的行为负担了债务，仍应对该债务负连带责任。

第五百一十二条［报酬请求权］ 商人在其营业范围内为他人实施行为时，可以请求适当的报酬。

第五百一十三条［利息请求权］ 商人间进行金钱消费借贷时，贷款人可以请求法定利息（指按照下条中规定的法定利率产生的利息，下同）。

商人在其营业范围内为他人垫付金钱时，可以请求该垫付之日起的法定利息。

第五百一十四条 【删除】

第五百一十五条［禁止处分合同质物的适用例外］ 民法第三百四十九条之规定，不适用于担保商行为所生债权而设定的质权。

第五百一十六条［债务履行的场所］ 商行为所产生债务的应履行地，按照该行为的性质或者按当事人的意思表示不能确定时，特定物的交付，应在行为时该物所在地进行；其他债务的履行应在债权人现在的营业所进行（无营业所的，在其住所）。

指示债权及无记名债权的清偿，应在债务人现营业所（无营业所的，在其住所）进行。

第五百一十七条至第二十条 【删除】

第五百二十一条［商人间的留置权］ 商人双方间商行为所产生的债权有清偿期时，在该债权被清偿之前，债权人可以留置基于与债务人间商行为而由自己占有的债务人所有物或有价证券。但当事人间有特别的意思表示时，不在此限。

第五百二十二条至第五百二十三条 【删除】

第二章 买　卖

第五百二十四条〔卖方对标的物的提存及拍卖〕　商人间的买卖，买方拒绝受领或者不能受领买卖标的物时，卖方可以将该物提存或规定适当的期间并经催告后进行拍卖。此情形中，卖方将物提存或进行拍卖时，必须及时向买方通知该事项。

对于存在"损伤及其他事由将致价格跌落"之虞的物品，可以不经催告直接进行拍卖。

按照前两款规定将买卖标的物进行拍卖时，卖方必须将该拍卖金提存。但可以将该拍卖金的全部或部分充抵买卖价金。

第五百二十五条〔定期买卖履行迟延时的解除〕　商人间的买卖中，依买卖的性质或者当事人的意思表示，若不在特定日期、时间或一定的期间内履行就不能达到合同目的时，当事人一方未履行合同且已超过指定期间，除对方立即请求履行外，视为合同已解除。

第五百二十六条〔买方对标的物的检查及通知〕　商人间的买卖，买方受领买卖的标的物时，必须及时检查该物。

前款规定情形中，买方按规定检查发现买卖标的物存在瑕疵或者数量不足时，如未立即将该事项通知卖方，则其不能以存在瑕疵或数量不足为由解除合同、减少货款或者请求损害赔偿。买卖标的物存在不能直接发现的瑕疵时，买方于六个月以内发现该瑕疵，亦同。

前款规定不适用于卖方对上述瑕疵及数量不足存在恶意的情形。

第五百二十七条〔买方对标的物的保管及提存〕　于前条第一款的情形，即使已解除合同，买方也必须以卖方的费用保管或者提存买卖标的物。但该物可能灭失或损伤时，应经法院许可将该物拍卖并保管或提存拍卖金。

前款但书中的许可案件，由该买卖标的物所在地的管辖法院管辖。

买方按第一款规定拍卖买卖标的物时，应及时将该事项通知卖方。

前三款规定不适用于买卖双方的营业所（无营业所时，为其住所）处于同一县乡村区域内的情形。

第五百二十八条〔买方对标的物的保管及提存〕 卖方向买方交付的物品与定购物品不一致以及卖方向买方交付物品的数量超过定购量时，前条规定准用于该不一致物品以及该超过数量部分的物品。

第三章 往 来 账

第五百二十九条〔往来账〕 往来账，是指存在持续交易关系的商人间或商人与非商人间，相互约定将一定期间内交易所生债权及债务的总额进行抵销，仅支付抵销后余额的具有约定效力的制度。

第五百三十条〔关于商业证券债权债务关系的特别规定〕 将票据等其他商业证券所生债权债务纳入往来账时，若商业证券的债务人未进行清偿，则双方当事人可以将该债务的相关项目从往来账中排除。

第五百三十一条〔往来账的期间〕 双方当事人未约定应抵销的期间时，期间为六个月。

第五百三十二条〔往来账的承认〕 当事人承认记载有债权债务各项目的财务报表后，不能就该文件各项目提出异议。但该财务报表存在记载错误或遗漏时，不在此限。

第五百三十三条〔余额利息请求权等〕 财务结算封账日之后，债权人可就抵销之后的余额请求法定利息。

前款规定，不妨碍对上述用于抵销的债券债务各项目自纳入往来账之日起计算利息。

第五百三十四条〔往来账的解除〕 当事人双方可以随时解除往来账关系。解除往来账关系后，立即封账结算并可以请求支付余额。

第四章　隐名合伙

第五百三十五条［隐名合伙合同］　隐名合伙合同，是指当事人双方间约定当事人一方为对方营业出资并分配其营业利益的有效协议。

第五百三十六条［隐名合伙人的出资及权利义务］　隐名合伙人的出资，归入出名营业人的财产。

隐名合伙人的出资标的仅限于金钱及其他财产。

隐名合伙人不能执行出名营业人的业务或者代表出名营业人。

隐名合伙人不因出名营业人的行为与第三人产生权利义务关系。

第五百三十七条［隐名合伙人同意他人使用自己姓名等时的责任］　隐名合伙人同意将自己的姓氏或全名用于出名营业人商号中或者同意将自己的商号用于出名营业人的商号中的，隐名合伙人应对此后所发生债务与出名营业人一起负连带清偿责任。

第五百三十八条［利益分配的限制］　出资因损失减少时，隐名合伙人不能在该损失未补足前请求利益分配。

第五百三十九条［资产负债表的阅览以及业务与财产状况的检查］　营业年度结束时，隐名合伙人可以在出名营业人的营业时间内，提出下列请求或者检查出名营业人的业务及财产状况：

Ⅰ.出名营业人以书面形式制作资产负债表时，请求阅览或者复印该书面文件

Ⅱ.出名营业人以电磁记录（日本法务省所规定的电子方式、磁性方式及依他人知觉能够认识的方式制作并能够通过计算机进行信息处理的记录形式）的方式制作资产负债表时，请求阅览或拷贝依法务省规定的方法表示出的该电磁记录所记载的事项

隐名合伙人有重要理由时，经法院许可后可以随时检查出名营业人的业务及财产状况。

前款许可案件，由该出名营业人营业所所在地的管辖法院管辖。

第五百四十条［隐名合伙合同的解除］　隐名合伙合同中未规定隐名

合伙的存续期间或者所规定隐名合伙的存续期间与当事人寿命相同时，当事人可以在营业年度结束时解除协议。但必须于六个月前预先通知。

隐名合伙无论是否规定了存续期间，当出现不得已之事由时，各当事人均可随时解除隐名合伙合同。

第五百四十一条〔隐名合伙合同的终止事由〕 除前条规定的情形外，隐名合伙合同因下列事由终止：

Ⅰ.作为隐名合伙之目的的事业已成功或者不能成功；

Ⅱ.出名营业人死亡或者出名营业人受到监护开始的审判；

Ⅲ.出名营业人或者隐名合伙人受到破产程序开始的决定。

第五百四十二条〔隐名合伙合同终止时出资额的返还〕 隐名合伙合同终止时，出名营业人必须向隐名合伙人返还其出资额。但出资因损失减少时，仅返还其余额即可。

第五章 居间营业

第五百四十三条〔定义〕 居间商，是指充当他人间商行为的媒介并以此为业者。

第五百四十四条〔居间商的给付受领权限〕 居间商进行媒介行为时，不得为当事人受领支付及其他给付。但有特别的意思表示或者习惯的，不在此限。

第五百四十五条〔居间商的样品保管义务〕 居间商进行媒介行为时，若收到样品，则在其行为完成之前必须保管样品。

第五百四十六条〔缔约书制作及交付义务等〕 当事人间与媒介相关之行为成立时，居间商应及时制作记载有下列事项的书面文书（下称"缔约书"）并于各方署名或记名签章后交付各当事人。

Ⅰ.各当事人的姓名或名称

Ⅱ.该行为的年月日及其主要内容

前款规定之情形，除当事人应立即履行外，居间商应要求各当事人于缔约书署名或记名签章，并将缔约书交付相对人。

前两款规定之情形，若当事人一方不接受缔约书，或者不在其上署名或记名签章时，居间商应及时将该事项通知相对人。

第五百四十七条 [账簿记载义务等] 居间商应将前条第一款规定事项记载于其账簿。

当事人就居间商为其所作媒介行为，随时可以请求居间商交付相关账簿的誊本。

第五百四十八条 [不得向对方表明当事人姓名等的情形] 当事人要求居间商不得向相对人表明其姓名或名称时，居间商不得将该姓名或名称记载于缔约书及前条第二款规定的誊本文件。

第五百四十九条 [居间商的介入义务] 居间商未向相对人表明当事人一方的姓名或名称时，应自行负履行责任。

第五百五十条 [居间商的报酬] 居间商在完成第五百四十六条规定的手续之前，不得请求支付报酬。

居间商的报酬由当事人双方平均分担。

第六章　行纪营业

第五百五十一条 [定义] 行纪商，是指以自己的名义为他人销售或购买物品并以此为业者。

第五百五十二条 [行纪商的权利义务] 行纪商为他人从事销售或购买行为时，对相对人享有权利、担负义务。

行纪商与委托人之间，除本章规定外，准用委任及代理的相关规定。

第五百五十三条 [行纪商的担保责任] 行纪商为委托人从事销售或购买行为时，若相对人不履行其债务，则行纪商承担该履行责任。但另有意思表示或习惯时，不在此限。

第五百五十四条[行纪商负担委托人指定价格之差额时销售或购买的效力] 行纪商以低于委托人指示价格销售或者高于委托人指示价格购买物品时,若自己负担该差额,则其销售或购买行为对委托人有效。

第五百五十五条[介入权] 行纪商受托销售或购买有交易所报价的物品时,自己可以成为买方或者卖方。在此情形中,买卖的价格依据行纪商发出自己成为买方或卖方之通知时交易所报价确定。前款情形中,行纪商亦可以向委托人请求报酬。

第五百五十六条[行纪商购买之物品的提存及拍卖] 行纪商受托购买物品,委托人拒绝受领或不能受领所购物品时,准用第五百二十四条的规定。

第五百五十七条[准用代理商相关规定] 本法第二十七条及第三十一条的规定,准用于行纪商。

第五百五十八条[准行纪商] 本章规定准用于以自己的名义为他人从事销售及购买以外的行为并以此为业者。

第七章　货运行纪营业

第五百五十九条[定义等] 本章所规定的货运行纪商,是指以自己的名义从事货运行纪行为并以此为业者。

除本章有特别规定外,货运行纪商准用第五百五十一条行纪商相关规定。

第五百六十条[货运行纪商的责任] 货运行纪商自受领物品至收货人收货期间,所运送物品的灭失、毁损或因其原因造成物品灭失、毁损,或者延迟送达,则应承担损害赔偿责任。但是,货运行纪商能够证明自己在物品的受领、保管、交付、选择承运人或其他货运行纪商事宜中未疏于注意,不在此限。

第五百六十一条[报酬请求权] 货运行纪商将运输物品交付承运人

时，可以直接向托运人请求支付报酬。

货运行纪合同中规定有运费金额时，除有特别约定外，货运行纪商不得另外请求报酬。

第五六十二条［留置权］ 货运行纪商仅可因应得报酬、附随费用、运费及其他为委托人垫付的费用，在获清偿之前，留置所运送物品。

第五六十三条［介入权］ 货运行纪商可自行运送。该情形中，货运行纪商与承运人权利义务相同。

货运行纪商按照托运人的请求制作海运提单或联运提单时，视为自己进行运送。

第五六十四条［准用物品运送相关规定］ 第572条、第577条、第579条（第三款除外）、第581条、第585条、第586条、第587条（仅限第五百七十七条以及第五百八十五条规定中的准用部分）以及第588条的规定，准用于货运行纪商。在此情形中，第579条第2款中的"前者"可视为"之前的货运行纪商或承运人"，第585条第1款中的"受领货物"可视为"收货人受领货物"。

第五六十五条至第五六十八条　【删除】

第八章　运　输　营　业

第一节　总　则

第五六十九条［承运人］ 本法中，下列术语的含义，从其规定。

Ⅰ.承运人：从事陆上、海上或航空运输业务并以此为业者。

Ⅱ.陆上运送：指陆上货物或乘客的运输。

Ⅲ.海上运送：使用本法第684条规定的船只（包括第747条规定的非航海船只）进行货物或乘客的运输。

Ⅳ.航空运送：航空法（1952年法律第231号）第2条第1款规定的飞

机运输货物或乘客。

第二节 货 运

第五百七十条［货物运输合同］ 在承运人承诺从托运人处接收某种物品并将其运送和交付收货人，且托运人承诺为该结果支付运费时，货物运输合同生效。

第五百七十一条［托运单交付义务等］ 托运人应按承运人请求交付记载如下事项的书面文件（下称"托运单"）

Ⅰ.运送品的种类

Ⅱ.运送品的体积或重量、包裹或者单品的数量以及标记

Ⅲ.包装的种类

Ⅳ.托运人以及收货人的姓名或名称

Ⅴ.发货地以及收货地

前款规定的托运人，可以根据法务省令的规定，经承运人同意，以电磁方式（指使用法务省令规定电子数据处理系统和其他信息通信技术方法，下同）交付提单上载明的事项，代替交付托运单。此情形，应视为该托运人已交付托运单。

第五百七十二条［告知危险货物的义务］ 货物为易燃、易爆或者有其他危险的，托运人应当在交货前将该事实以及货物的名称、性质和安全运输所必需的其他信息告知承运人。

第五百七十三条［运输费］ 运费应在货物到达目的地交付的同时支付。

因货物的性质或者缺陷造成运输货物灭失或者损坏的，托运人不得拒付运输费。

第五百七十四条［承运人的留置权］ 承运人仅可因运送物品应得运费、附随费用以及垫付款（以下将称"运费等"），在获清偿之前，留置所运送物品。

第五百七十五条［承运人的责任］ 承运人自收到货物至交付期间，

所运输货物的灭失、毁损或因其原因造成物品灭失、毁损，或者延迟送达时，应承担损害赔偿责任。但是，承运人能够证明自己在物品的受领、运输、保管以及交付中未疏于注意，不在此限。

第五百七十六条 [损害赔偿额] 运输货物灭失或毁损时，损害赔偿额根据货物应交货地及应交货时的市场价格（如是存在交易所市场定价的物品，则从其价格）确定。但是，如无市场价格，则应按应交货地和应交货时同种同质货物的正常价格确定金额。

因所运输货物灭失或毁损而无须支付的运费等其他费用，从前两款所规定的赔偿额中扣除。

因承运人故意为或重大过失造成货物灭失或者损毁时，不适用前两款规定。

第五百七十七条 [贵重物品特别规定] 承运人受托运输货币、有价证券及其他贵重物品时，除托运人于委托时明确告知物品种类及价格外，承运人不负货物灭失、损坏或者迟延交付的损害赔偿责任。

下列情形，不适用前款规定：

I. 承运人在签订货物运输合同时知道货物是贵重物品。

II. 因承运人故意或重大过失造成贵重物品灭失、损坏或延迟交付。

第五百七十八条 [联合承运人的责任] 同一合同下使用陆运、海运、空运两种或者两种以上运输方式，承运人对运输货物的灭失等（指运输货物的灭失、损坏或者延迟送达，本节以下同）承担赔偿责任时，应根据不同运输段中货物灭失等的原因，分别适用调整该区段运输方式的我国法令或我国所缔结的条约的规定。

同一合同下，陆上运输的不同区间需适用两条以上不同法令的情形，准用前款规定。

第五百七十九条 [相继运输] 承运人数人相继进行陆上运输时，后一承运人替代前一承运人行使权利、履行义务。

前款规定中，后一承运人已向前一承运人偿付的，后一承运人取得前一承运人的权利。

数位承运人相继为托运人陆上运送货物时，各承运人应对所运输货物的灭失等负连带赔偿责任。

前三款规定，海路运输与航空运输准用。

第五百八十条[托运人终止运输等的请求] 托运人可以请求承运人终止运输、变更收货人以及做出其他处分。此情形中，承运人可以按已运输比例请求对方支付相应的运费、附随费用、垫付款及其他处分行为中所产生的费用。

第五百八十一条[收货人的权利义务等] 所运输货物运达目的地后，或当所有运输货物灭失时，收货人取得与托运人在货物运输合同中产生的相同权利。

在前款的情况下，收货人已请求交付运输的货物或者赔偿其损失时，托运人不得行使该请求权。

收货人受领所运输货物时，对承运人负有支付运费及其他费用的义务。

第五百八十二条[携带物品的提存和拍卖] 无法查明收货人时，承运人可以提存所运输货物。

在前款规定情形中，承运人应向托运人催告要求其在指定的合理期限内就货物的处分作出指示，但托运人未就此作出指示时，承运人可以将货物进行拍卖。

因损伤或任何其他原因可能导致降价的货物，可以不作前款规定的催告进行拍卖。

根据前两款规定拍卖货物时，承运人应提存该货款。但是，不妨碍承运人将全部或部分货款充当运输费等。

承运人根据第1款至第3款规定提存或拍卖货物时，应及时将该事项通知托运人。

第五百八十三条 收货人拒绝或者不能接收货物时，准用前条规定。此情形中，前条第2款中的"承运人"应替换为"承运人向托运人催告要求其在指定的合理期限内接收货物，且该期间已届满"，上述条款第5款中的"托运人"应替换为"托运人和收货人"。

第五百八十四条〔承运人责任的消灭〕 收货人无保留地受领货物时，承运人对货物的损坏或部分灭失的责任消灭。但是，若该货物存在不能立即发现的损坏或部分灭失，收货人交付之日起两周以内通知承运人时，不在此限。

承运人在交付货物时知道货物损坏或者部分灭失的，不适用前款规定。

承运人另将运输委托给第三方的情形中，收货人在第1款但书的期间内对承运人发出该款但书的通知时，第三方对承运人承担责任的该款但书所规定的期间，延长至承运人接到收货人通知之日起满两周之日。

第五百八十五条 自货物交付之日起（货物全部灭失时，自应当交付之日起）1年内未提起诉讼请求的，承运人对货物灭失等的赔偿责任消灭。

仅货物灭失等情况造成的损害，可通过合意延长前款规定的期限。

承运人另将运输委托给第三方，且承运人在第1款规定的期间内赔偿损失或被提出诉讼请求时，则第三方对承运人承担责任的该款规定的期间，延长至承运人赔偿损害或被提起诉讼请求日起满三个月之日。

第五百八十六条〔承运人债权的消灭时效〕 承运人对托运人、收货人的债权，自可以行使之日起一年内未行使的，时效消灭。

第五百八十七条〔承运人的侵权责任〕 第576条、第577条、第584条和第585条之规定，准用于承运人因货物灭失等原因向托运人或收货人承担的侵权损害赔偿责任。但是，如收货人事先既拒绝托运人所委托的运输，则接受托运人之委托的承运人对收货人的责任，不在此限。

第五百八十八条〔承运人之雇员的侵权责任〕 根据前条规定免除或者减轻承运人因货物灭失等而承担的损害赔偿责任时，承运人的雇员因货物灭失等对托运人或收货人承担的侵权损害赔偿责任，也在该责任免除或减轻的限度内，得以免除或者减轻。

因承运人之雇员故意或者重大过失导致货物的灭失等情形发生时，不适用前款规定。

第三节　客　运

第五百八十九条［准用规定］　承运人承诺承运旅客，对方承诺为此支付车费，则客运合同生效。

第五百九十条［客运合同］　对于旅客因运输所受损害，承运人应承担损害赔偿责任。但是，承运人能证明自己在运输方面并未疏于注意的，不在此限。

第五百九十一条［禁止特别协定］　豁免或减轻承运人因侵害旅客生命或身体而产生损害赔偿责任之特别约定（运输迟延为主要原因的情形除外），无效。

下列情况下，不适用前上款规定：

Ⅰ.发生大规模火灾、地震等灾害，或者可能发生火灾、地震等灾害时的运输行为；

Ⅱ.运输中通常存在震动等情况造成的旅客生命或身体重大危险；

第五百九十二条［承运人对受托行李的责任等］　承运人对旅客交付之未收取运送费的行李，也应与货运合同中的承运人承担同等责任。

承运人的雇员对前款规定之行李承担的责任，应与货运合同中承运人的雇员承担同等责任。

第1款规定之行李运达目的地之日起一周内，乘客未请求交付时，承运人可对行李进行提存，或经合理时间催告后，将该行李进行拍卖。在此情况下，承运人应将提存或拍卖该行李之事宜及时通知乘客。

因损坏等原因可能贬值的行李，可不经前款催告进行拍卖。

承运人根据前两款规定将行李进行拍卖时，应提存该拍卖款。但是，不妨碍承运人将全部或部分拍卖款冲抵运输费。

旅客住所或住处不明时，无须进行第3款规定的催告和通知。

第五百九十三条［承运人对未交付托运之行李的责任等］　旅客未交付托运的行李（包括随身物品）发生灭失或损伤时，除存在故意或过失，承运人不负损害赔偿责任。

第576条第1款及第3款、第584条第1款、第585条第1款及第2款、第587条（仅限于第576条第1款及第3款、第584条第1款、第585条第1款及第2款准用的部分）及第588条的规定，准用于前款规定之行李灭失或损坏情形中承运人的损害赔偿责任。此情形下，第576条第1款中的"应交货时"应替换为"应完成客运"；第584条第1款中的"收货人无保留地受领货物时"应替换为"客运结束时无异议"，"收货人交付之日"应替换为"客运结束之日"，第585条第1款中的"货物交付之日（货物全部灭失时，自应当交付之日起）"应视为"客运结束之日"。

第五百九十四条〔承运人债权的消灭时效〕 客运，准用第586条之规定。

第九章 保 管

第一节 总 则

第五百九十五条〔接受寄存之商人的责任〕 商人在其营业范围内接受寄存时，即使未收取报酬，也应尽善良管理人的注意进行管理。

第五百九十六条〔服务业经营场所经营者的特别责任〕 旅馆、饭店、公共浴室及其他以招徕顾客为目的的服务业经营场所的经营者，对顾客寄存物品的灭失或毁损，除能证明系不可抗力所致外，应负损害赔偿责任。

顾客携带至服务业经营场所但未特意寄存的物品，因经营者或其雇员疏于注意灭失或毁损时，该经营者应负损害赔偿责任。

服务业经营场所的经营者即使作出对顾客携带物品不负责任的告示，亦不得免除前两款所规定的责任。

第五百九十七条〔贵重物品的特别规定〕 前条规定中的经营者受托保管货币、有价证券及其他贵重物品时，除非顾客于寄存时明确告知了物品种类及价格，否则经营者对寄存物品的灭失或毁损不负损害赔偿责任。

第五百九十八条〔短期消灭时效〕 前两条规定的责任，自经营者返还或顾客取走寄存物品时起经过一年，因时效消灭。寄存物品全部灭失时，前款规定的期间自顾客离开经营场所时起计算。

前两款规定不适用于经营者恶意的情形。

第二节 仓储营业

第五百九十九条［定义］ 仓库营业人，是指利用仓库为他人保管物品并以此为业者。

第六百条［复券凭证交付义务］ 仓库营业人应根据存货人的请求，交付仓储物的寄存凭证及设质凭证。

第六百零一条［寄存凭证及设质凭证的形式要件］ 仓库营业人应在寄存凭证及设质凭证中载下列事项及编号，并应在证券上署名：

Ⅰ. 仓储物的种类、品质、数量及其包装的种类、件数与标记

Ⅱ. 存货人的全称或商号

Ⅲ. 保管的场所

Ⅳ. 仓储费

Ⅴ. 有保管期间时，该保管期间

Ⅵ. 仓储物被投保时，其保险金额、保险期间以及保险人的全称或商号

Ⅶ. 凭证的填写地及填写日期

第六百零二条［账簿备置义务］ 仓库营业人向存货人交付寄存凭证及设质凭证后，应在其账簿中记载下列事项：

Ⅰ. 前条第Ⅰ项、第Ⅱ项、第Ⅳ项及第Ⅵ项所列事项；

Ⅱ. 凭证的编号及其填写日期。

第六百零三条［凭证交付的特殊情形］ 寄存凭证及设质凭证的持有人，可以请求仓库营业人分割仓储物并交付分割后各部分仓储物所对应的寄存凭证及设质凭证。在此情形中，凭证持有人应将原寄存凭证及设质凭证返还仓库营业人。

凭证持有人负担前款规定的仓储物分割及证券交付所需的费用。

第六百零四条〔凭证的文言证券性〕 若已制作寄存凭证及设质凭证,则仓库营业人与凭证持有人应依据该凭证的规定处理与寄存相关的事项。

第六百零五条〔凭证的指示证券性及同时转让原则〕 寄存凭证及设质凭证为记名式时,亦可通过背书方式转让或设质。但证券上已注明禁止背书时,不在此限。

寄存凭证的持有人在未就仓储物设质的期间内,不得分别转让寄存凭证及设质凭证。

第六百零六条〔物权性效力〕 第五百七十三条及第五百七十五条的规定,准用于寄存凭证及设质凭证。

第六百零七条〔寄存凭证及设质凭证的可补发性〕 寄存凭证及设质凭证灭失时,凭证持有人可以提供适当担保请求仓库营业人再次交付凭证。在此情形中,仓库营业人应将该事项记载于账簿。

第六百零八条〔设质凭证的背书及成立〕 首次在设质凭证上进行设质背书时,应记载债权额、利息及清偿期。

第一质权人非于寄存凭证上记载前款所列事项并署名,不得以该质权对抗第三人。

第六百零九条〔寄存凭证持有人的债务清偿义务〕 寄存凭证持有人以仓储物为限对记载于寄存凭证上的债权额及利息负有清偿义务。

第六百一十条〔债务清偿场所〕 对设质凭证持有人债权的清偿,应于仓库营业人的营业所进行。

第六百一十一条〔拒绝证书的制作〕 设质凭证的持有人至清偿期仍未受到清偿时,应依票据法相关规定制作拒绝证书。

第六百一十二条〔质权的实现〕 设质凭证持有人在拒绝证书制作之日起经过一周,可以请求拍卖仓储物。

第六百一十三条〔拍卖款的受偿顺位〕 仓库营业人从拍卖款中扣除拍卖相关费用、仓储物应纳税款、仓储费等其他与保管相关的费用及垫付款后,应于收回设质凭证时将该余额交付设质凭证持有人。

自拍卖价款中扣除前款所列费用、税款、仓储费、垫付款、设质凭证持有人债权额、利息及拒绝证书制作费后尚有余额时，仓库营业人应于收回寄存凭证时将该余额交付寄存凭证持有人。

第六百一十四条［设质凭证所载债权仅部分实现时的处理］ 若拍卖款不足以全部清偿设质凭证所载债权时，仓库营业人应将已支付金额记载于设质凭证后返还该凭证，同时应将该事项记载于账簿。

第六百一十五条［追索权的行使］ 设质凭证持有人应先就仓储物受偿。若受偿不足，可以请求设质凭证背书人支付该不足金额。

前款所规定之不足金额的请求，准用票据法第四十五条第一款、第三款、第五款、第六款第四十八条第一款、第四十九条及第五十条第一款的规定。

金额不足情形中，被请求方的营业所或住所所在地与请求方的营业所或住所所在地不同时，偿还金额的计算准用票据法第五十二条第三款的规定。

第六百一十六条［追索权的丧失］ 设质凭证持有人至清偿期仍未受清偿，若其未制作拒绝证书或者自拒绝证书制作之日起两周内未请求拍卖仓储物，丧失对背书人的请求权。

第六百一十七条［设质凭证持有人的权利时效］ 设质凭证持有人对寄存凭证持有人的请求权，自清偿期开始之日起一年；对设质凭证背书人的请求权，自以仓储物进行清偿之日起六个月；对设质凭证背书人前手的请求权，自偿还之日起六个月，因时效消灭。

第六百一十八条至第六百八十三条 【删除】

第三编　海商

第一章　船　舶

第一节　总　则

第六百八十四条〔定义〕　本法所称船舶，是指以实施商行为为目的供航海使用的船舶。

第六百八十五条〔从属物推定等〕　记载于船舶之船具目录上的物品，推定为船舶从属物。

船具目录的格式，由国土交通省令规定。

第二节　船　舶

第一分节　总　则

第六百八十六条〔船舶登记等〕　船舶所有人应依船舶法（明治32年法律第46号）规定，进行登记并申请领取船舶国籍证书。

前款规定不适用于总吨位不满二十吨的船舶。

第六百八十七条〔船舶所有权转移的对抗要件〕　船舶所有权的转移，非经登记并记载于船舶国籍证书，不得对抗第三人。

第六百八十八条〔航海途中船舶所有权转让时损益的归属〕　航海途中船舶所有权转让，则航海途中产生的损益归于受让人。

第六百八十九条［对航海途中船舶扣押等的限制］ 对航行中船舶（不包括停泊中的船舶），不得执行扣押及临时扣押（基于临时扣押登记方法之事项除外）。

第六百九十条［船舶所有者的责任］ 船长及其他船员在履行职务过程中因故意或过失造成他人损害时，船舶所有人应负赔偿责任。

第六百九十一条［社员股权的出售请求］ 执行人合公司业务的社员转让所持份额，导致该人和公司拥有的船舶丧失日本国籍时，执行人合公司业务的其他社员，可以请求以合理的对价出售其所持份额。

第二分节　船舶共有

第六百九十二条［共有船舶的使用］ 船舶共有人间，应按各共有人所持份额的价值过半数通过的方式，决定与船舶使用相关的事项。

第六百九十三条 船舶所有人按各自所持份额的价值，负担与船舶使用相关的费用。

第六百九十四条［船舶共有人出售所持份额的请求权］ 船舶共有人决定下列事项之一时，对该决议存有异议者，可以请求其他共有人以适当价格购买其持有的权益份额。

Ⅰ.进行新的航海（仅限船舶共有人之间事先未规划的航行）。

Ⅱ.对船舶进行大修。

提出前款规定之请求者，应于形成前款决议之日起3日内（未参与该决定的，收到该决定之通知的次日），通知其他共有人、船舶管理人。

第六百九十五条［船舶共有人对第三人的责任］ 船舶共有人按其所持份额的价值，对船舶使用所产生的债务负清偿责任。

第六百九十六条［转让所持份额］ 即使船舶共有人之间存在合伙合同，各船舶共有人（不包括船舶管理人）也可不经其他船舶共有人同意，将其全部或部分所持份额转让给他人。

身为船舶管理人的船舶共有人，未经该船舶其他共有人一致同意，不得将其全部或部分所持份额转让他人。

第六百九十七条〔船舶管理人〕 船舶共有人，应选任船舶管理人。

非船舶共有人任船舶管理人时，应经船舶共有人一致同意。

船舶共有人在选任船舶管理人时，应进行登记；取消该管理人代理权时，亦同。

本法第9条规定，准用于前款规定之登记。

第六百九十八条〔船舶管理人的代理权〕 船舶管理人就船舶的利用，除下列行为外，有权代替船舶共有人实施一切裁判上或裁判外的行为：

I.出租船舶或者抵押船舶。

II.船舶的投保。

III.开辟新航线（限于船舶共有人间之前未计划之内容）。

IV.船舶大修。

V.借债。

对船舶管理人的代理权所加的限制，不能对抗善意第三人。

第六百九十九条〔船舶管理人的义务〕 船舶管理人应备置与职务相关的账簿，记载与船舶使用相关的一切事项。

每隔一定期间，船舶管理人应及时进行航海财务决算并请求船舶共有人承认。

第七百条〔船舶共有人出售所持份额请求权等〕 因船舶共有人转让所持份额或丧失国籍，致使船舶可能丧失日本国籍时，其他共有人可以请求以适当对价出售其所持份额或拍卖该份额。

第三节 船舶租赁

第七百零一条〔船舶租赁的对抗效力〕 经登记之船舶租赁，对此后取得该船舶物权者，亦有效。

第七百零二条〔船舶承租人的修缮义务〕 船舶承租人以实施商行为为目的将船舶用于航海时，在其接收船舶后所造成损伤，有义务进行必要的适航修缮。但是，如该损伤的产生应归咎于出租人之事由，不在此限。

第七百零三条〔船舶承租人的权利义务等〕 前条规定的船舶承租人，就该船舶使用相关事项，对第三人的权利义务与船舶所有人相同。

前款规定情形中，就船舶使用发生的优先权，对船舶所有人亦有效。但是，优先权人明知船舶承租人的使用方式违反其与船舶所有人间合同时，不在此限。

第四节 定期租船

第七百零四条〔定期租船合同〕 当事人一方同意将经适航装备作业的船舶配备船员后，出租给对方使用一定时期，对方承诺为此支付租船费时，定期租船合同即告生效。

第七百零五条〔船舶期租人的指示〕 船舶期租人可以就航线的确定等船舶使用等必要事项，向船长发出指示。但启航前的检查等航行安全相关事项，不在此限。

第七百零六条〔费用负担〕 船舶的燃油、引航费、港务费及其他使用船舶相关通常费用，由船舶期租人承担。

第七百零七条〔准用运输及船舶租赁的规定〕 第572条、第739条第1款和第740条第1款与第3款规定，准用于在定期租船合同之船舶的货物运输；第703条第2款规定，准用于期租人使用船舶而产生的优先权。此情况下，第739条第1款中"启航时"应替换为"在每次启航时"。

第二章 船　长

第七百零八条〔船长代理权〕 在船籍港外，船长有权代替船舶所有人实施航海所必要的一切裁判上或裁判外行为。但下列两个事项除外：

I. 抵押船舶。

II. 借债。

对船长代理权所作限制，不得对抗善意第三人。

第七百零九条〔选任船长之职务代行者〕 船长因不得已之事由不能亲自指挥船舶时，除法律法规另有规定的情形外，可以选任他人执行自己的职务。此情形中，船长应就其选择事项对船舶所有人负责。

第七百一十条〔备置船具目录〕 船长应在船舶备置船具目录。

第七百一十一条〔船长对船载货物的处分权〕 在航海中，为船载货物利害关系人之利益徐处置货物时，船长应以最符合该货物利害关系人之利益的方式代其处分。

该利害关系人因前款规定之处分行为而承担与该货物相关的债务时，其可以将该货物委付于债权人而免除责任。但是，利害关系人存有过失时，不在此限。

第七百一十二条〔为继续航行使用船载货物〕 为继续航海，船长可在必要时将所运货物用于航海。

第576条第1款及第2款规定，准用于船舶所有人前款规定中应支付之赔偿金。此情况下，第576条第1款中的"交付"应替换为"卸货"。

第七百一十三条〔船长责任〕 海员在履行职务时，因故意或过失给他人造成损害，船长应承担损害赔偿责任。但是，船长能证明自己对海员并未怠于监督，不在此限。

第七百一十四条〔船长的报告义务〕 船长应及时将航海相关的重要事项报告船舶所有人。

第七百一十五条〔船长的解职〕 船舶所有人可以随时解除船长职务。

除解职有正当理由，前款规定中被解职的船长可以请求船舶所有人赔偿因解职而产生的损失。

船长为共有人时，如被解职违反其意愿，船长可以请求其他共有人以适当的对家购买其所持份额。

船长提出前款请求时，应及时通知其他共有人及船舶管理人。

第七百一十六条至第七百三十六条【删除】

第三章　关于海上货运的特殊规定

第一节　单品运输

第七百三十七条［货物的装船等］　承运人基于单品运输合同（以单项物品为标的物的运输合同。本节中，下同）自托运人首领货物后，应及时将货物装船和装载。

托运人怠于将货物装船时，船长可以直接起航。此情形中，托运人仍应支付全额运费（承运人应扣除代而运输其他物品所得运输费）。

第七百三十八条［向船长交付必要的文件］　托运人应在装货期内向船长交付运输所需文件。

第七百三十九条［适航的注意义务］　因启航时为做好以下工作导致运输货物灭失、损坏或者迟延到达时，承运人应当承担损害赔偿责任。但是，承运人证明其当时该事项的处理未疏于注意时，不在此限。

Ⅰ.使船舶处于适航状态。

Ⅱ.妥当进行船舶的船员配备、船舶装备、补给工作。

Ⅲ.将待运货物的货舱、冷藏室和其他装货场所置于适合接收、运输和保存待运货物的状态。

免除或减轻前款规定之承运人损害赔偿责任的特别约定，无效。

第七百四十条［违法船载货物的卸货等］　对于违反法律法规或单品运输合同而装船的运输货物，承运人可以随时卸货；若可能危及船舶或所运货物时，承运人可以将其丢弃。

若已运输前款规定的货物，承运人可以按照装船地及装船时同类运输货物的最高运费，请求支付运费。

前两款规定，不妨碍承运人及其他利害关系人向托运人请求损害赔偿。

第七百四十一条［收货人支付运费的义务等］　收货人收到货物后，有义务按照运输合同及提单内容，向承运人支付下列全部金额（本节，下称"运费等"）。

Ⅰ.运费、附随费用和垫付款

Ⅱ.按运输货物的价格,支付其在共同海损以及救助中应负担的总额

承运人收到运费等费用前,可以留置所运输货物。

第七百四十二条 [运输货物的拍卖] 向收货人交付运输货物后,承运人也可以拍卖所运输货物以冲抵运费等款项。但是,第三方已占有该运输货物时,不在此限。

第七百四十三条 [托运人启航前的解除合同] 启航前,托运人可以在支付全额运费后解除单品货物运输合同。但是,因解除货物运输合同给承运人造成的损失金额低于全部运输费用的,则赔偿该损失即可。

全部或部分货物已装船时,仅限已征得其他托运人及船舶承租人一致同意,方可适用前款的规定。此情况下,托运人应承担运输货物装卸所需费用。

第七百四十四条 依前条规定解除货物运输合同时,不免除托运人应支付承运人附随费用及垫付款的义务。

第七百四十五条 [托运人启航后解除合同] 启航后,托运人除非经其他托运人、承租人一致同意,且支付运费等费用并赔偿因卸货而产生损失之总额,或提供相应担保,不得解除单品货物运输合同。

第七百四十六条 [船载货物被用于航海时的运费] 船长按第712条第1款规定将运输货物用于航海时,承运人可以请求全额运费。

第七百四十七条 [非航行船舶运输货物的准用] 本节的规定,准用于以商行为为目的在湖泊、港湾及其他海洋以外水域进行货物运输的船舶(小舟及其他仅以橹棹或主要以橹棹为主进行运行的舟除外;下称"非航海船")。

第二节 航海租船

第七百四十八条 [装运货物] 基于航海租船合同(以船舶整体或部分作为运输合同的标的。本节,下同),若已完成货物装载的必要准备,

船长应及时通知船舶承租人。

规定有装船期间的航海租船合同中，未规定起始时间的，该期间应从前款规定的通知发出之日起计算。此情况下，因不可抗力导致不能装船的期间，不计入前款规定的装船期间。

船舶承租人在装船期间经过后进行装船的，无事先的特别约定，承运人也可以请求适当的船运滞期费。

第七百四十九条［第三人装船］ 船长应从第三人处受领货物时，若不能确切知悉该第三人或该第三人未将货物装船时，船长应立即通知船舶承租人。

在此情形中，仅限装船期间内，船舶承租人可以装载货物。

第七百五十条［承租人的启航请求］ 货物未被全部装船时，船舶承租人也可以请求船长启航。

船舶承租人提出前款请求时，除应向承运人全额支付运费外，还应支付因未全部装载货物而产生的费用，且应根据承运人请求提供支付该费用的相应担保。

第七百五十一条［船长的启航权］ 已过装船期间时，船舶承租人即使尚未将货物全部装载，船长也可以立即起航。前条第2款的规定，准用于该情形。

第七百五十二条［货物卸货］ 完成货物卸货的必要准备工作时，船长应立即向收货人发出通知。

规定有卸货期间的航海租船合同中，未规定起始时间的，该期间应从前款规定的通知发出之日起计算。此情形中，因不可抗力导致不能卸货的期间，不计入卸货期间。

收货人在卸货期间经过后进行卸货的，无事先的特别约定，承运人也可以请求适当的船运滞期费。

第七百五十三条［船舶承租人启航前解除包船合同］ 启航前，签订包船合同（指租赁整船的船舶租赁合同。本节，下同）的承租人，支付全额运费以及船舶滞期费后，可以解除包船合同。但是，如解除包船合同给承运人造成的损失金额低于全额运费以及船舶滞期费，赔偿该损失即可。

全部或部分货物装船后，依据前款规定解除航海包船合同的，承租人负担该装船和卸船所需费用。

航海包船合同的承租人未在装船期间内将货物装船的，承运人可视其为已解除航海包船合同。

第七百五十四条［船舶承租人启航后解除包船合同］ 启航后，除非支付第745条规定的全部费用以及滞期费，或提供相应担保，包船合同的承租人不得解除包船合同。

第七百五十五条［部分航海租船合同解除时的准用］ 第743条、第745条和第753条第3款的规定，准用于以船舶的一部分作为标的之航海租船合同的解除。此情形中，第743条第1款中的"全额"应替换为"全额和滞期费"，第745条中的"总额"应替换为"总额和滞期费"。

第七百五十六条［单品运输合同相关规定的准用等］ 第738条至第742条（不包括第739条第2款）、第744条、第746条和第747条的规定，准用于航海租船合同。此情形中，第741条第1款中的"金额"应替换为"金额和滞期费"，第744条中的"前条"应替换为"第753条第1款，或第755条中准用的前条"，第747条中的"本节"应视为"下一节"。

承运人依据前款中准用的第739条第1款规定，与他人达成的免除或减轻其损害赔偿责任的特别约定，不得对抗提单持有人。

第三节　海运提单等

第七百五十七条［海运提单的交付义务］ 承运人或船长应根据托运人或船舶承租人的请求，于货物装船后及时交付一份或数份记载已装船之内容的已装船提单（本节，下称"已装船提单"）。在货物装船前，或接收货物后，应根据托运人或承租人的请求，交付一份或数份说明已接收货物的备运提单（以下称为"备运提单"）。

在备运提单已交付的情况下，应提交全部备运提单，方可请求交付已装船提单。

前两款的规定，不适用于已实际交付海运单的货物。

第七百五十八条［提单中应说明的事项］ 海运提单应当载明下列事项（备运提单中，第七、八项所列事项除外），承运人或者船长应当在海运提单上签字或记名签章。

I. 货物的种类

II. 货物的容积或重量及其包装、件数和货物标记

III. 从外部可辨识的货物状态

IV. 发货人或承租人的姓名或名称

V. 收货人的姓名或名称

VI. 承运人的姓名或名称

VII. 船舶的名称

VIII. 装货港以及装船的年月日

IX. 卸货港

X. 运费

XI. 制作有数份海运提单时，该具体份数

XII. 海运提单制作地及年月日

请求用备运提单交换已装船提单时，可以在备运提单上注明已装船之内容，并签名或记名签章，以代替制作已装船提单。该情况下，必须记载前款第七项以及第八项所列事项。

第七百五十九条［托运人或承租人的通知］ 托运人或者承租人通过书面或者电子形式将前条第1款第1项、第2项所列事项进行通知时，应按该通知内容进行记载。

有正当理由确信前款通知之内容不准确，以及无法通过适当方法确认该通知内容是否准确时，不适用前款规定。航程结束时，货物、容器或包装上的货物标记难以识别时，前款规定亦不适用。

因第1款通知内容不准确所造成的损害，托运人或者承租人应当对承运人承担损害赔偿责任。

第七百六十条［海运提单的不实记载］ 承运人不得以提单记载不实为由对抗善意提单持有人。

第七百六十一条［货物的处分］ 海运提单签发后，对所运货物的任何处分均应按提单进行。

第七百六十二条［海运提单转让或质押］ 记名提单，也可通过背书转让或质押；但时，若提单上注明禁止背书，不在此限。

第七百六十三条［海运提单交付的效力］ 向可以凭海运提单领受货物的人交付海运提单时，该交付行为与货物交付具有同样效力。

第七百六十四条［交付货物的请求权］ 海运提单签发后，应凭海运提单请求交付货物。

第七百六十五条［签发数份海运提单时的货物交付］ 在卸货港，数份海运提单中其中一份提单的持有人请求交付货物时，船长不得拒绝。

在卸货港之外，承运人除非收到全部海运提单，不得交付货物。

第七百六十六条 海运提单持有人有两名以上，其中一名先于其他持有人自承运人处受领货物时，其他持有人所持海运提单丧失效力。

第七百六十七条［两名以上的海运提单持有人请求交付时的提存］ 两名以上的海运提单持有人请求交付货物时，承运人可以提存该货物。承运人根据第765条第1款规定交付部分货物后，其他海运提单持有人请求交付运输货物时，对该剩余部分货物，亦同。

承运人根据前款规定提存货物时，应立即将该事宜通知各海运提单持有人。

第1款规定的情形下，最先发送或交付海运提单的持有人应优先于其他持有人。

第七百六十八条［海运提单签发的特别规则］ 所签发海运提单适用前编第8章第2节规定时，第580条中的"托运人"应替换为"海运提单持有人"；第581条、第582条第2款和第587条但书的规定，不适用。

第七百六十九条［联运海运提单］ 依一份合同同时承接陆路运输和海上运输时，承运人或者船长应当在货物装船后，根据托运人请求，及时交付一份或者多份记载货物已经装船之内容的联运海运提单。在货物装船前，或接收后，也应根据托运人的请求，交付一份或多份记载已收到货物之内容的联运海运提单。

第757条第2款以及第758条至前条的规定，准用于联运海运提单。此情形中，第758条第1款中，"（……除外）"应替换为"（……除外）及发货地与收货地"。

第四节　海运单

第七百七十条　货物装船后，应托运人或承租人的请求，承运人或船长应立即交付记载货物已装船之内容的海运单。在货物装船前、或接收后，也应依托运人或承租人的请求，交付记载已收到货物之内容的海运单。

海运单上应记载下列事项：

Ⅰ.第758条第1款各项（第11项除外）所列事项（记载有已收到货物之内容的海运单，该款第7项、第8项所列事项除外）

Ⅱ.制作有数份海运单时，该具体份数

第1款中的承运人或船长，可以根据法务省令的规定，经托运人或承租人的同意，以电磁方式提供海运单上载明的事项，代替交付海运单。此情形，应视为该承运人或船长已交付海运单。

在关于货物的海运提单交付时，前三款的规定不适用。

第七百七十一条至第七百八十七条　【删除】

第四章　船舶碰撞

第七百八十八条［船舶所有人间的责任承担］　船舶与其他船舶发生碰撞（下称"船舶碰撞"）事故时，碰撞的任意一方船舶的船舶所有人或海员有过失时，法院应考量该过失的严重程度，确定各船舶所有人因该碰撞应承担的损害赔偿责任及其赔偿额。此情形中，如不能确定过失轻重程度，则损害赔偿责任及其赔偿额，由各船舶所有人按同等比例承担。

第七百八十九条 [船舶碰撞损害赔偿请求权的消灭时效] 因船舶碰撞而产生的侵权损害赔偿请求权（限于因财产权被侵害而产生），自侵权行为发生时起两年内未行使的，因时效而消灭。

第七百九十条 [准碰撞] 前两条的规定，准用于船舶因航行或操作相关行为或违反船舶相关法律法规的行为而明显接近另一船舶，并对另一船舶或另一船舶上的人员或物体造成损害的事故。

第七百九十一条 [非航海船碰撞等的准用] 前三条规定，准用于船舶与非航海船间的事故。

第五章　海难救助

第七百九十二条 [请求支付救助费等] 遭遇海难时，对船舶、船载货物及其他船舶内物品（下称"船载货物等"）的全部或部分，实施救助的人员（下称"救助人"）即使非基于合同而实施救助时，也可以对该救助结果请求支付救助费。

船舶所有人及船长有权代表船载货物等的所有人，签订救助相关合同。

第七百九十三条 [救助费的金额] 对救助费未进行特别约定，就救助金额发生争议时，法院可以根据危险程度、救助结果、救助所需劳力及费用（包括为防止或减轻海洋污染所做努力）等其他关联事项进行确定。

第七百九十四条 [救助费增减的请求] 以合同形式约定了遭遇海难时的救助费，若该金额明显不当时，当事人可以请求增加或减少该金额。在此情形中，准用前条规定。

第七百九十五条 [救助费的上限] 无特别约定时，救助费金额不得超过被救助物（包含被救助物的运费）的总价值。

第七百九十六条 [救助费的分配比例等] 数人共同实施救助时，各救助人应得救助费比例，准用第793条的规定。

第792条第1款规定的情形，实施救人者，亦可按照前款的规定请求支付救助费。

第七百九十七条 因救助所获得救助费，三分之二支付给船舶所有人，并应支付三分之一给船员。

违反前款规定而对船员不利的特别约定，视为无效。

尽管有前两项的规定，救助费的分配比例仍明显不当时，船舶所有者或船员中的一方，可以向其他一方请求增减。此时，准用第793条的规定。

应支付给各船员的救助费比例，由实施救助的船舶所有人决定。此情形中，准用前条的规定。

救助人是以救助为业者的情况，不局限于前四款规定，仍应向该救助人支付全额救助费。

第七百九十八条 [救助费分配比例方案] 船舶所有人按前条第四款规定，决定所得救助费的比例时，应在航行结束前制定方案并向海员公布。

第七百九十九条 船员可以对前条的方案提出异议。此情形中，应在该方案公布后，向可以提出异议的最先到达之港口海事机关提出。

前款规定之异议理由成立的，海事机关可以变更方案。

海事机关未就依据第1款规定提出之异议作出决定之前，船舶所有者不得向船员支付救助费。

第八百条 船舶所有人怠于制作第798条规定的方案时，海事机关可以根据海员请求，命令船舶所有人制作方案。

船舶所有人不服从前款规定之命令时，海事机关可自行依据第797条第4款之规定作出决定。

第八百零一条 [不得请求救助费的情形] 在下列情形中，救助人不得请求救助费：

I. 其故意引发海难的。

II. 被救助方以正当理由拒绝救助，其仍实施救助的。

第八百零二条 [对船载货物等的优先权] 拥有救助费相关债权者，对被救助的船载货物等享有优先权。

前款规定的优先权，准用第843条第2款、第844条以及第846条的规定。

第八百零三条 [船长支付救助费等的权限] 对于救助费的支付，被救助船舶的船长有代替债务人实施一切诉讼上或诉讼外行为的权限。

有关救助费的诉讼中，被救助船舶的船长可为救助费的债务人，自为原告或被告。

前两款规定，准用于实施救助之船舶的船长。在此情形下，上述规定中的"债务人"应替换为"债权人（限该船舶的船舶所有人以及海员）"。

前三款规定，不适用于基于合同而实施的救助。

第八百零四条 [船载货物所有人的责任] 当货物等全部或部分获救时，该货物所有人应承担与救助费用有关的债务。

第八百零五条 [特别补偿费] 遭遇海难的船舶排放的油类或者其他物质导致海洋污染，该污染在大范围沿岸海域对海洋环境的保护造成严重的妨害，或对人的健康造成危害，或者可能造成此类障害的情形，实施该船舶救助的人员采取措施防止或减轻该障害时，除有特殊约定，该人（本条，下称"污染处理船舶救助人"）可以请求船舶所有人支付特别补偿费。

特别补偿费的金额，应与实施前款规定中必要或有益的措施所产生的费用相当。

污染处理船舶救助人，通过该措施防止或减轻了第1款规定的障害时，特别补偿费由法院根据当事人的请求决定，酌定范围在前款规定费用相当金额之上，且不高于该金额与其乘30%所得金额（该金额与防止或减轻该障碍的结果相比明显较少，或有其他特殊事由时，乘100%）之和。在此情形下，准用第793条的规定污染处理船舶救助人，因同一海难而享有与救助费相关的债权时，特别补偿费总额为扣除该救助费总额的金额。

因污染处理船舶救助人的过失而无法防止或减轻第1款规定的障害时，法院可以酌情决定特别补偿费的金额。

第八百零六条 [与救助费相关的债权等的消灭时效] 救助费或特别补偿费相关债权，救助工作结束之日起2年不行使，罹于时效。

第八百零七条 [非航海船救助的准用] 本章规定，准用于救助非航海船和非航海船内的货物等其他物品的情形。

第六章 共同海损

第八百零八条 [共同海损的成立] 为避免船舶及所运输货物同时遭受危险而处分船舶或船载货物时，因该处分（下称"避免共同风险的处分"）产生的损害和费用，为共同海损。

当前款的规定的危险系因过失引发时，该款之规定不妨碍利害关系人向过失主体行使求偿权。

第八百零九条 [共同海损的损失及费用] 共同海损的损失金额，根据以下各项所列分类及所定金额分别确定。但是，第2项和第4项规定的金额，应扣除因货物灭失或损坏而无须支付之相关费用的金额。

  I. 船舶：到达地该船舶的时价
  II. 货物：卸货地该货物的时价
  III. 货物以外的船舶内物品：到达地该物品的时价
  IV. 运输费：卸货地可请求之运输费的时价

海运提单及其他足以评估船载货物价值的文件（下称"价格评估文件"）上，所记载价格低于货物实际价值时，对船载货物造成的损失额，按该记载价格确定。若价格评估文件中对影响货物价格的事项作虚假陈述，且因此而导致评估价格低于货物实际价格，亦同。

以下所列损害或费用,无须利害关系人分担。

I.下列物品遭受的损失。但是,以下情形除外:(3)中所列物品符合第577条第2款第1项规定之情形、(4)中所列物品存在装载于甲板的商业习惯。

(1)未经船舶所有人同意私自装船的货物

(2)装船时故意作虚假申报的货物

(3)本为高价值货物,托运人或承租人委托运输时,未确切告知其种类及价格的物品

(4)甲板上的货物

(5)未记载在船具目录中的船具

II.特别补偿费

第八百一十条[共同海损的分摊值] 以下各项所列人员(船员及旅客除外),按各项规定之金额分担共同海损。

I.船舶利害关系人:到达地该船舶的时价

II.货物的利害关系人:从以下(1)中金额扣除(2)中金额

(1)卸货地该货物的时价

(2)实施避免共同风险的处分时,如(1)中规定的所有货物全部灭失,则该货物的利害关系人无须支付之运费及其他费用的总金额

III.货物以外的船舶内物品(船舶所配备的武器除外)的利害关系人:卸货地该物品的时价

IV.承运人:从以下(1)中金额扣除(2)中金额

(1)第二项(2)所规定的运费中,卸货时卸货地现存的债权金额

(2)船员工资及其他航海所需费用(不包括共同海损费用)中,实施避免共同风险的处分时,船舶和第二项(1)中所规定的所有货物灭失时,承运人无须支付的金额

实施避免共同风险的处分后,到达或卸货前,为该船舶或货物等实施必要或有益措施而支出费用时,前款第1项至第3项规定的金额应为除去该费用(共同海损的费用除外)的金额。

第1款规定的利害关系人，因避免共同风险的处分而遭受财产损失时，该款各项规定的数额应为已加算损失金额［如已就该财产支付了前款规定的必要或有益之费用，则应以超过其费用(仅限共同海损的费用)的部分为限］之总额。

价格评估文件中标明的价格，超过货物实际价值时，货物的利害关系人应当按照价格评估文件中标明的价值比例，分摊共同海损。价格评估文件中对影响货物价格的相关事项，作虚假记载，且评估的价格因此超过货物的实际价值时，亦同。

第八百一十一条［应分摊共同海损者的责任］ 依前条规定应分摊共同海损者，仅以船舶到达（对于该条第1款第2项和第4项所列主体，为货物卸货）时现存价值为限承担责任。

第八百一十二条［基于共同海损分摊的债权失效规定］ 基于共同海损分摊的债权，自计算完成后一年内未行使的，因时效而消灭。

第八百一十三条至第八百一十四条　【删除】

第七章　海上保险

第八百一十五条［定义等］ 本章所称的"海上保险合同"，是指保险人（限以承保业务进行营业者。本章，下同）承诺补偿基于航海相关事故产生之损失的损害保险合同。

除本章另有规定，海上保险合同适用保险法（平成20法律第56号）第2章第1至4节和第6节以及第5章的规定。

第八百一十六条［保险人的补偿责任］ 除本章或保险合同另有规定，对于保险标的在保险期间内因航海事故发生的一切损失，保险人均应负补偿责任。

第八百一十七条 被保险人因海难救助或者共同海损分摊而应支付的金额，保险人负补偿责任。

保险法第 19 条规定，准用于前款规定之金额。此情形中，该条中的"补偿性损害赔偿金额"应替换为"商法典（明治 32 年法律第 48 号）第 817 条第 1 款规定之金额"。

第八百一十八条 [船舶保险的保险价值] 以船舶为保险标的之海上保险合同（本章，下称"船舶保险合同"），保险价值为该船舶在保险期开始时的价值。

第八百一十九条 [货物保险的保险价值] 以货物为保险标的之海上保险合同（本章，下称"货物保险合同"），保险价值为该货物在装船地当时的价值、运费及保险相关费用的总和。

第八百二十条 [告知义务] 在订立海上保险合同时，投保人或者被保险人应就可能触发海上保险合同理赔之损害相关重要事项（下称"风险"）进行提示。

第八百二十一条 [签订合同时应交付的书面记载事项] 保险人订立海上保险合同时，在保险法第 6 条第 1 款规定的文件中，应载明该款各项所列内容，并应当记载下列各项规定之事项：

I. 签订船舶保险合同时：船舶名称、国籍、种类、船舶质量、总吨位、建造年份以及航行区域（签订单航次船舶保险合同时，应注明出发港和目的港，如规定有停靠港，应包括该港），及船舶所有人的姓名或名称

II. 签订货物保险合同时：船舶的名称、货物的发货地、装货港、卸货港以及收货地

第八百二十二条 [航海变更] 保险期间开始前，航海变更的，保险合同丧失效力。

保险期间开始后，航海变更的，保险人对变更后发生的事故不承担赔偿责任。但该变更不可归责于投保人或被保险人的，不在此限。

变更目的港且已实际实施时，即使尚未离开保险航线，亦视为航海变更。

第八百二十三条 [风险显著增加] 下列情形中，在该事实出现后发生之事故造成的任何损失，保险人不承担赔偿责任。但如该事实对该事故的发生无影响，或者该事故是由不可归责于投保人或被保险人的原因造成

的，不在此限。

I.被保险人贻误启航或继续航行时

II.被保险人变更航线时

III.除前两款所列内容外，投保人或被保险人使风险显著增加时

第八百二十四条［船舶变更］ 已变更货物保险合同中船舶时，保险人对变更后发生的事故所产生的损害不负赔偿责任。但该变更因不应归责于投保人或被保险人之事由时，不在此限。

第八百二十五条［预约保险］ 货物保险合同中，规定有保险期限、保险金额、保险标的、约定的保险价值、保险费或其支付方式、船舶名称、货物的发货地、装货港、卸货港或者货物到达地（本条，下称"保险期间等"）的决定方法时，则无须于保险法第6条第1款规定的文件记载保险期限等。

前款规定情形中，投保人或被保险人知悉保险期间等已确定时，应立即通知保险人该内容。

因投保人或被保险人故意或重大过失导致未能及时进行前款通知时，货物保险合同失效。

第八百二十六条［保险人免责］ 保险人不承担下列损失的赔偿责任。但是，第4项所列损失，投保人、被保险人证明其启航时对该项所规定之事项未疏于注意时，不在此限。

I.因保险标的物自身的性质、瑕疵、常规损耗所产生的损失

II.因投保人、被保险人故意或重大过失（责任保险合同中为"故意"）导致的损失

III.战争及其他暴乱造成的损失

IV.船舶保险合同中，启航时因缺少第739条第1款各项（包括准用第707条及第756条第1款的情形）所列事项而产生的损失

V.货物保险合同中，因货物包装不完整而产生的损失

第八百二十七条［货物损坏等情形的赔偿责任］ 作为保险标的之货物，在到达目的地时损坏或者部分灭失时，对于第1项占第2项的比例乘

以保险价格（有约定保险价格时，即该约定保险价格）所得金额，保险人负赔偿责任。

Ⅰ.该货物未损坏或未部分灭失时的价格中，减去损坏或部分灭失后该货物的价格所得金额

Ⅱ.该货物未损坏或未部分丢失时的价格

第八百二十八条〔因不可抗力销售货物时的赔偿责任〕 航海中，因不可抗力将作为保险标的物的货物出售时，对于下述第1项扣除第2项所得之差额，保险人负赔偿责任。

Ⅰ.保险价格（约定保险价格时，即该约定保险价格）

Ⅱ.从该货物出售所得的价款中扣除运输费及其他费用的金额

第八百二十九条〔基于违反通知义务的解除〕 投保人或被保险人因故意或重大过失，未告知或不实告知危险相关重要事项时，保险人可以解除海上保险合同。此时准用保险法第28条第2款（仅限第1项涉及部分）、第4款以及第31条第2款（仅限第1项涉及部分）之规定。

第八百三十条〔相互保险的准用〕 本章的规定准用于相互保险。但是，基于其性质不能适用的，不在此限。

第八百三十一条至第八百四十一条　【删除】

第八章　船舶优先权与船舶抵押权

第八百四十二条〔船舶的优先权〕 持有下列债权者，对船舶及其船具享有优先权：

Ⅰ.船舶航行直接关系人的生命或身体受到侵害所产生的损害赔偿请求权

Ⅱ.救助费相关债权及属于船舶应承担的基于分担共同海损而产生的债权

Ⅲ.基于国税征收法（1959年法律第147号）或者国税征收例可以行使的征收请求权，产生的船舶入港、港湾使用及其他与船舶航海相关的费

用、领航费或拖船费相关的债权。

Ⅳ.为继续航海而产生的必要债权

Ⅴ.船长及其他船员基于雇佣合同享有的债权

第八百四十三条［船舶优先权的顺位］ 前条各项所列债权有关的优先权（以下简称"船舶优先权"）互相竞合时，优先权的顺位遵照该条各项所列顺序。但是，该条第2项所列债权（仅限于救助费相关费用）相关的船舶优先权在发生时，优先于其他已经发生的船舶优先特权。

同一顺位的优先权人存在数人时，按其债权额的比例受偿。但是，前条第2项至第4项所列债权中，同一顺位的船舶优先权未同时产生时，后发生的船舶优先权优先于先发生的船舶优先权。

第八百四十四条［船舶优先权与其他优先权的竞合］ 船舶优先权于其他优先权竞合时，船舶优先权优先于其他的优先权。

第八百四十五条［船舶优先权与船舶的受让人］ 船舶所有人转让其船舶时，受让人在进行转让登记后，应公告提示船舶优先权人于一定期间内申报其债权。该公告期间，不得少于一个月。

船舶优先权人未于前款规定的期间内申报债权的，其船舶优先权消灭。

第八百四十六条［船舶优先权的消灭］ 船舶优先权自产生之日起满一年不行使，权利消灭。

第八百四十七条［船舶抵押权］ 已登记的船舶，可以作为抵押权标的。

船舶抵押权及于其船具。

船舶抵押权准用不动产抵押权相关规定。在此情形中，民法典第384条第1款中的"行使抵押权未进行拍卖申请时"，可替换为"行使抵押权的拍卖申请未通知第三取得人、未对第三取得人所提出的报价作出承诺通知，或者债权人虽作出该通知但在能够提出拍卖申请之期间经过一周但未提出该申请时"

第八百四十八条［船舶抵押权与船舶优先权等的竞合］ 船舶抵押权和船舶优先权竞合时，船舶优先权优先于船舶抵押权。

船舶抵押权和优先权（船舶优先权除外）竞合时，船舶抵押权与民法

第330条第1款规定的第一顺位优先权同顺位。

第八百四十九条［质权设定的禁止］ 已登记的船舶，不得作为质权标的。

第八百五十条［建造中船舶的准用］ 本章规定，准用于建造中的船舶。

专业术语中日英互译对照表

中　文	日　文	英　文
保管	寄託	Deposit
保证金	担保金	Security Deposit
表见经理	表見支配人	Apparent Manager
不得已事由	やむを得ない事由	Compelling Reason
部门规章	省令	Ordinance of the Ministry
财务报表	計算書	Financial Statement
仓储营业	倉庫営業	Warehouse Business
仓储证券	倉庫証券	Warehouse Receipt
仓单	倉荷証券	Warehouse Receipt
仓库	倉庫	Warehouse
查明	確知	Ascertain
承运人	運送人	Carrier
程序	手続	Procedure
迟延	遅延	Delay
出租人	賃貸人	Lessor
储备金	積立金	Reserve Fund
处置、分配	処分	Disposition / Appropriation
催告抗辩权	催告の抗弁権	Defense Right of Demand
代理商	代理商	Commercial Agent

续表

中　文	日　文	英　文
抵押品	担保物	Collateral
地方法规	条例	Prefectural Ordinance
地上权	地上権	Superficies Right
地役权	地役権	Servitude
典当	質屋	Pawnbroker
垫付	立替払	Payment for a third Party
订购人	注文者	Orderer
兑换	両替	Exchange
法律	法律	Act / Code
服务业经营场所	場屋	Establishment
抚慰金、赔偿费	慰謝料	Solatium / Solatia
工资、薪水	賃金	Wage
公布日	公布の日	the Day of Promulgation
公益法人	非営利活動法人	Nonprofit Corporation
购买	買取り	Purchase
股东	社員	Member
股份公司	株式会社	Stock Company
国务院令	政令	Cabinet Order
海运提单	船荷証券	B / L（Bill of Lading）
货物提单	貨物引換証	Bill of Lading
货运行纪商	運送取扱人	Freight Forwarder
货运行纪营业	運送取扱営業	Forwarding Agency
及时	遅滞なく	Without Delay
记名签章	記名押印	Affix the Nameand Seal

续表

中文	日文	英文
监护人	後見人	Guardian
检索抗辩权	検索の抗弁権	Defense Right of Reference
经理	支配人	Manager
经营	営む	Operate
居间商	仲立人	Brokerage
拒绝证书	拒絶証書	Protest
立即	直ちに	Immediatel
两合公司	合資会社	Limited Partnership Company
临时扣押	仮差押	Provisional Attachment
买方	買主	Buyer
卖方	売主	Seller
目的	趣旨	Purpose
目录	目次	Table of Contents
破产	破産	Bankruptcy
破产财产管理人	破産管財人	Bankruptcy Trustee
取消、废止	取消し	Rescission
任意准备金、自愿准备金	任意積立金	Voluntary Reserve Fund
商号	商号	Trade Name
设计专利权	意匠権	Design Right
设质凭证	質入証券	Pledge Receipt
适当期间	相当の期間	Considerable Period of Time
收货人	荷受人	Consignee
手续费	手数料	Fee

续表

中文	日文	英文
署名	署名	Signature
特别规定	特则	Special Provision
特别约定	特約	Special Provision
提存	供託	Deposit
提示	呈示	Presentation
通则	通則	General Rules
托运单	運送状	Way Bill
托运人	荷送人	Consignor
外国公司	外国会社	Foreign Corporation
往来账	交互計算	Open Account
委任	委任	Mandate/Delegation
委托	委託	Entrustment
委托人	委託者	Consignor
无记名债权	無記名債権	Bearer Certificate of Claim
无限公司	合名会社	General Partnership Company
宪法	憲法	Constitution
信托	信託	Trust
行纪商	問屋	Commission Agent
迅速	速やかに	Promptly
一次性支付	一時金	Lump Sum Payment
遗失物	遺失物	Lost Property
意思	意思	Intention
意思能力	意思能力	Manifestation of Intention
隐名合伙	匿名組合	Silent Partnership

续表

中　文	日　文	英　文
营业所	営業所	Business Office
有限责任公司	合同会社	Limited Liability Company
章程	定款	Articles of Incorporation
账簿文件	帳簿書類	Booksand Documents
争议	争い	Dispute
指示债权	指図債権	Instrument Payable to Order
中间法人	中間法人	Nonprofit Mutual Benefit Corporation
注解	コンメンタール	Kommentar
追索权	遡求権	Recourse
资不抵债	倒産	Insolvency
总则	総則	General Provisions
租赁	賃貸借	Lease
租赁权	賃借権	Right of Lease
租赁人	賃借人	Lessee

主要参考文献

一、日本公司法独立于商法典后出版的著作

1. 近藤光男：《商法总则·商行为法》（第5版），有斐阁2019年版。
2. 北村雅史：《商法总则·商行为法》，法律文化社2019年版。
3. 青竹正一：《商法总则·商行为法总则》（第2版），成文2019年版。
4. 森本滋：《商法总则讲义》（第3版），成文堂2007年版。
5. 弥永真生：《商法总则·商行为法》（第3版），有斐阁2014年版。
6. 田边光政：《商法总则·商行为法》（第4版），新世社2016年版。
7. 落合诚一、大塚龙儿、山下友信：《商法Ⅰ——总则·商行为》，有斐阁2006年版。
8. 莲井良宪、森淳二朗：《商法总则·商行为法》（第4版），法律文化社2006年版。
9. 江头宪治郎：《商事交易法》（第3版），弘文堂2008年版。

二、日本公司法独立于商法典前出版的经典著作[1]

1. 大隅健一郎：《商法总则》，有斐阁1978年版。
2. 泓常夫：《商法总则》（第5版），弘文堂1999年版。
3. 田中誠二：《全订商法总则详论》，劲草书房1976年版。
4. 服部荣三：《商法总则》（第3版），青林书院新社1983年版。
5. 西原宽一：《商行为法》，有斐阁1973年版。
6. 田中诚二：《新版商行为法》，千仓书房1970年版。
7. 大隅健一郎：《商行为法》，青林书院新社1967年版。
8. 石井照久、泓常夫：《商行为法》，劲草书房1978年版。
9. 平出庆道：《商行为法》，青林书院1988年版。
10. 片木晴彦：《商法总则·商行为法》，新世纪2001年版。
11. 吉田直：《现代商行为法》，中央经济社2004年版。
12. 末永敏和：《商法总则·商行为法》，中央经济社2004年版。

---

[1] 现行日本商法典颁行于1899年，至今虽已历经百年沧桑，且其间经过数十次修改，但所修改的内容主要集中于公司法部分，其中的商法总则及商行为法部分修改幅度不大。因此，一些经典的商法总则及商行为法著作，有的虽已面世数十年，但并未明显显现脱离实际的一面。例如，大隅健一郎出版于1978年的《商法总则》及西原宽一出版于1969的《商行为法》两部著作，虽面世已有三四十年，但至今仍为日本商法研究中不可或缺的经典著作，而且两部书中的许多观点及见解已成为商法学界的通说或者已为司法实务界的判例所支持。甚至可以说，两部著作在学术性、经典性上所达到的高度至今超越者寡，其后所面世的商法总论性著作及相关论文的引著中未出现此两部书者，尚为罕见。

后　记

　　翻译日本商法典的计划，最初始于读硕士研究生期间。法典翻译文本定稿，基本到了博士研究生毕业。不得不提的是，本书之所以能以目前这样注释的体例面世，还需要感谢两位与我素不相识的"路人甲乙"。记得一天我去中国政法大学学院路校区图书馆查阅资料，出门的路上无意听到两位同学谈论国内在外国法典翻译上存在的一些问题，其中一人抱怨说他手中那个中译本的法律文本某些条款直译术语过多及语句过长，导致无法理解，尤其他那句大意为"外语好的只看原文不会看翻译文本，外语不好的想看翻译文本却又看不懂"的话，直接使我萌生了注解日本最新商法典的想法，打算以己所学完成一部"不仅有翻译条文，还能使读者较为全面地了解法律条文中各项制度的立法背景及相关学术观点"的日本商法典。我将该想法汇报了导师柳经纬教授，柳老师对我的想法给予了非常积极的肯定，并鼓励我说逐条注解工作虽然非常枯燥和烦琐，但该基础性的研究工作不仅可以给国内提供一部内容较新且较为全面的日本商法典，对自己也是一个非常有益和难得的学术训练机会。

　　真正开始注解工作后，我才深刻体会到柳老师所言的"枯燥与烦琐"，有时一天才完成一条比较重要条文的注释，有时则为了精准地考证一个日文法律术语所对应的中文，可能要花上几天的时间。记得当时为了较为准确地翻译日文"交互計算"之法律制度，我曾查阅了几乎所有的中日法律辞典及相关著作，为考证该词的翻译几天内曾数次往返于国家图书馆和学院路校区图书馆。待正式确定翻译为"往来账"之时，真正是"身心已疲惫"，不过看到摆在自己面前的种种考证资料及翻译定案，却也真正有几分"心亦悠悠然"的感觉。整个翻译、校对及注解过程中，时常翻看严复《天演论》中的"译例言"，对"求其信，已大难矣！顾信矣，不达，虽译，犹不译也，则达尚焉。……信、达而外，求其尔雅"之"译事三难"有了更深层的认识。我也在翻译与注解的过程中逐渐确定了"信""达"之余而后求"雅"的翻译与注解标准。不过，必须要说明的是，虽然力求"信""达"，也为之做出了诸多努力，但毕竟学识有限，书中难免存在谬误和疏漏之处，敬请各位前辈及同仁多多批判指正（cjliu@ustb.edu.cn），不胜感激！

在书稿即将面世之际，要特别感谢我的导师柳经纬教授，先生的指导使我更为顺利地完成了书稿的翻译与校对，先生的学术性建议及审阅意见使书稿内容更为准确和充实。先生一直以来的教诲使我获益良多，先生为人的谦逊与治学的严谨更使我受益终身。还要衷心感谢我硕士研究生时代的导师王光进教授，先生的支持与鼓励曾给予我极大精神支持，于我的教导、关心和包容更令我终生难忘。近几年，自己也开始指导学生，时常感觉到两位先生的言传身教给予我的方向和力量。

还需要特别感谢的是，本书的第一版出版有赖于中国政法大学出版社彭江主任的鼎力相助，同时非常感谢第二版出版给予大力支持的中译出版社刘香玲主任，两位主任从篇章布局到附录体例都给予了建设性的意见和建议。还要感谢对书稿进行编辑校对的法大出版社的陈菀、徐丽编辑及中译出版社张旭编辑，三位编辑在审读修订中表现出来的专业水准及职业素养使我深有感触。毫无疑问，各位的严谨和专业，赋予了这些文字一种新的生命力，在此深表谢意！

刘成杰

2021年4月6日修订